KB175242

원조예산의 패턴

원조를 위한 돈은
어떻게 변화해왔는가?

원조예산의 패턴

원조를 위한 돈은
어떻게 변화해왔는가?

김민주 지음

머리말

우리 사회에서 '원조', 'ODA(공적개발원조)', '대외원조', '해외원조', '국제개발', '국제개발협력' 등의 단어가 이제는 일상의 단어가 되었다. 정책현장에서뿐만 아니라 뉴스나 일상의 대화에서도 종종 들을 수 있다. 소위 말하는 스펙이 중요한 대학생들도 방학이면 해외봉사활동을 하기 위해 원조 관련 기관에 이력서를 제출하기도 한다. 나 역시 제자들에게 좋은 국제개발협력 프로그램을 소개하기도 하고, 행정학이나 정책학 강의시간에 원조활동과 관련된 사례를 자주 언급하기도 한다. 그만큼 원조활동에 대한 관심이 과거에 비해 크게 높아졌다.

사회적 관심이 높아진 만큼 원조활동에 대한 연구나 분석도 많은 분야에서 이루어지고 있다. 경제학에서 원조의 효과성 검토를 하기도 하고, 정치외교학에서는 원조활동을 소재로 정치적 역학관계나 국제관계를 분석하기도 한다. 그리고 정치철학에서는 원조활동의 당위성에 관한 논의를 하기도 한다. 최근에는 원조분야별로 관련된 학문이 원조활동을 분석하기도 하는데 예를 들어, 의료 분야의 원조활동에 대한 보건학의 분석이나, 복지 분야의 원조활동에 대한 사회복지학의 분석, 그리고 여성학에서 여성주의적 시각으로 원조활동을 분석하는 연구 등이 그것이 한다. 이와 함께 원조활동은 행정학에서도 연구되고 있다. 하지만 그동안 원조활동이 행정학 연구에서 주류의 연구 대상은 아니었다. 그래서 간헐적으로 연구되어 왔다. 그러다 최근에 학위논문 위주로 연구가 조금씩 증가하고 있다.

사실, 행정학 연구의 대상으로서 원조활동은 상당히 흥미로운 속성을 지니고 있다. 정부활동이 모두 그러하지만, 어떤 활동을 하기 위해서는 돈이 있어야 한다. 아무리 멋진 계획을 세우더라도 돈이 없으면 무용지물이다. 오늘날 일상의 단어가 되었고 많은 관심을 받고 있는 원조활동도 마찬가지다. 특히 원조는 물건으로 이루어지기도 하지만 직접적으로 돈을 이동시킴으로써 이루어지기도 한다. 바로 이 점이 흥미롭다. 정부의 활동에서 돈이 필요하다는 것은 잘 알고 있지만, 돈 자체가 활동의 핵심으로 위치하고 있는 것이 원조활동인 것이다. 대학원 재학 시절 재무행정과 계량분석 그리고 정책학에 대해 학습하면서, 동시에 개인적으로 원조활동에 관해 지식을 넓혀 갈 때 바로 이 점에 주목하였다. 국민들의 세금으로 정부활동이 이루어지는데, 원조활동은 국민들의 세금 그 자체가 이동되는 모습이라는 점과 더구나 국내의 세금이 전혀 보지도 듣지도 못한 외국의 누군가를 돕는 데 사용된다는 점이 내 호기심을 유발하였다.

그래서 정부활동에서 흥미로운 활동 중 하나인 원조활동에 대해 연구하기 시작하였다. 그중에서도 원조를 위한 돈(예산)에 관해 연구하기 시작하였다. 원조가 곧 돕는 행위이고 도울 때의 핵심인 돈에 관해 행정학적인 지식에 기초하여 연구하였다. 특히, 그동안 원조를 위한 돈은 어떻게 변화해 왔는지에 대한 의문이 내 연구의 초점이었다. 원조에 사용된 돈의 패턴이 발견된다면 앞으로의 원조활동이나 정책에 많은 도움이 될 수 있다는 판단에서였다.

그 결과 이 책은 먼저 나의 박사학위논문으로 탄생하였다. 즉, 이 책은 2012년 고려대학교에서 취득한 나의 행정학 박사학위논문에 기초하고 있다. 내용은 큰 변함이 없다. 단지 일반대중의 이해를 돕고 접근성을 높이기 위해 제목과 목차 그리고 소제목 및 용어들을 수정하였다. 이러한 과정을 거쳐 학위논문의 지식으로만 머물기보다는 관심 있는 대중과도 함께 공유하면 더 좋겠다는 주위의 권유에 따라 지금의 일반서적으로 출간하였다. 이 책이 일반대중과 행정학·국제개발·국제협력·정책학·정치학·경제학 등 관련된 사람들에게 도움이 되었으면 한다. 한 번 더 분명히 언급하지만 이 책은 내 행정학 박사학위논문(공적개발원조의 유형별 예산변화에 대한 패턴 분석: 단절균형 예산이론의 적용)을 수정하여 출간한 것이다.

박사학위논문과 이 책은 많은 분들께 신세를 지고 있다. 그래서 감사의 마음을 전해야 할 분이 많다. 그중에서도 지도교수님이신 고려대학교 행정학과의 윤성식 교수님께 깊은 감사의 마음을 전하고 싶다. 윤성식 교수님은 내게 학문의 스승이시고 생활의 스승이시다. 언제나 감사의 마음을 전하지만 늘 부족하다. 그리고 현재 내가 몸담고 있는 동양대학교 행정경찰학부 교수님들께도 감사의 마음을 전하고 싶다. 교수님들은 신임 교수인 내가 활발히 연구할 수 있도록 항상 적극적인 지원과 응원을 많이 해 주신다. 아울러, 지금 이 순간까지 아낌없는 사랑과 지지를 보내는 가족들에게도 감사의 마음을 전하고자 한다. 아버지(김석웅)와 어머니(이재선), 첫째 자형(임상홍)과 첫째 누나(김혜숙), 둘째 자형(최명원)과 둘째 누나(김미숙), 막내 자형(김석근)과 막내 누나(김현숙)는 언제나 든든한 내 후원자들이다. 그리고 귀여운 조카들(임아름, 임창우, 최은지, 최지혁, 김유라)은 항상 나를 미소 짓게 해 주어서 참 고맙다. 변함없는 응원과 신뢰를 보내는 김유라에게도 감사의 마음을 전한다. 마지막으로 이 책의 출간을 흔쾌히 받아들여서 출간 과정에 많은 도움을 준 한국학술정보(주)에도 감사의 마음을 전하고 싶다. 부디 이 책이 관련자들에게 도움이 되었으면 한다.

2014년 1월 19일 연구실에서

차 례

표 차례

그림 차례

원조예산에 대한 관심이 왜

높아졌는가?

1. 원조예산에 대한 관심 증대

관심 증대의 배경

정부의 활동은 여러 영역과 범위에서 이루어진다. 기본적인 공공재 제공에서부터 재산권 보호, 보건, 복지, 교육, 환경, 그리고 사적 부문과의 관계 조정에 이르기까지 다양한 활동들을 한다. 다양한 활동을 하는 만큼 과거에 비해 정부활동은 증가되었다. 비록 그동안 정부개혁과 신자유주의의 영향 등으로 작은 정부가 논의되기도 했지만, 정부역량과 기능 강화는 더욱 강조되었고 무엇보다도 새로운 사회문제들의 등장과 증가하는 복지에 대한 요구는 정부의 새로운 역할을 낳기도 했다. 이러한 정부활동의 다양함과 증가모습은 비단 하나의 현상에 지나는 것이 아니다. 중요한 것은 정부활동을 하기 위해서는 예산이 필요하다는 점에서, 정부활동이 증가하고 또 영역이 다양할수록 정부활동을 가능하게 하는 예산에 대한 관심도 증가하였다는 점이다. 정부규모를 축소하는 일 자체에도 비용이 필요하며 정부비용을 줄이고자 하는 정부개혁에도 개혁비용이 소요되는 만큼 정부활동과 정부예산은 불가분의 관계에 있다.

그런 점에서 정부의 공적개발원조 활동 역시 정부활동의 하나이므로 여기에 소요되는 예산에 대한 관심도 당연하다고 할 수 있다. 특히 최근 한국에서 공적개발원조 정책이나 예산에 대한 관심이 과거에 비해 높아지고 있는데, 이는 한국이 2010년에 OECD의 Development Assistance Committee(이하 OECD/DAC로 지칭)에 가입하면서부터이다.[1] 물론 그 이전에도 공적개발원조 활동에 대한 국민들의 관심이 꾸준히 존재해 왔고 또 점점 높아져 왔다. 실제로 1999년에 공적개발원조에 대한 일반 국민들의 인지도는 16.8%에 불과했지만 조금씩 증가하여 가장 최근의 조사인 2008년도 조사에서는 약 50.8%로 나타났다(김은미 외, 2011: 116 - 119).[2] 이처럼 공적개발원조 자체에 대한 관심은 OECD/DAC 회원국이 되기 전부터 꾸준히 증가해 왔다고 하더라도, 무엇보다도 공적개발원조의 '예산'에 대한 관심은 특히 OECD/DAC 회원국으로의 가입이 결정적인 역할을 했다. 다시 말해 공적개발원조 활동이 무엇인가에 대한 국민들의 인지도는 높아져 왔지만, 공적개발원조 예

---

1) OECD/DAC는 OECD의 산하위원회 중 하나로 개발도상국의 개발원조문제를 전문적으로 다루면서 원조공여국 간의 정보와 의견교환 및 원조정책의 조정과 전략결정을 하는 기관이다. 여기에 속한 국가들은 현재 국제적인 공적개발원조 활동의 주요 공여국들이라고 할 수 있다.

2) 추측건대 한국의 OECD/DAC 가입과 2011년 11월에 한국에서 개최된 원조 효과성에 대한 제4차 고위급 회의(High Level Forum on Aid Effectiveness) 등의 영향으로 현시점에서 다시 조사가 이루어진다면 더 높은 인지도를 보일 것이다.

산이 어느 정도이고 얼마나 증가 혹은 감소 및 변화되고 있는가에 대한 관심은 OECD/DAC 회원국이 되면서부터인 것이다. 실제로 OECD/DAC 가입 이후 우리나라나 다른 OECD/DAC 회원국들의 공적개발원조 예산 현황이나 증가에 대해 국회나 언론에서 많은 관심을 보였다.[3] 이는 OECD/DAC 회원국으로서 DAC에서 정한 공적개발원조 예산의 목표치에 도달하기 위해서는 정부의 예산 증대와 같은 노력들이 필요하다는 점에서 비롯된 관심이라고 할 수 있다. 따라서 최근의 공적개발원조 활동에 대한 국민들의 관심 증대는 공적개발원조 예산의 규모나 변화에 대한 관심과 특히 관련이 깊다고 할 수 있다.

그래서 공적개발원조 예산의 규모나 변화는 정부의 공적개발원조 활동에 관한 논의에서 핵심적인 주제라 할 수 있다. 그중에서도 공적개발원조 예산의 증가와 감소, 그리고 증가의 정도나 감소의 정도와 같은 예산변화에 대한 논의는 공적개발원조 예산의 규모에 대한 현황도 동시에 알 수 있게 해 주기 때문에 주요 논제(論題)가 된다. 하지만 주의할 점은 여기서 말하는 예산변화에 대한 논의가 단순히 'OECD/DAC 회원국이 되었으니 다른 회원국들의 사례나 전체 회원국들의 전반적인 현황을 참고해서 앞으로 원조예산을 증대(변화)하여 원조규모를 늘리는 방안을 살펴보고자' 하는 것을 의미하지는 않는다는 점이다. OECD/DAC 회원국으로서 DAC에서 목표한 원조예산규모를 달성하기 위해 예산증가 노

---

3) 단적으로 국내 11개 주요 일간지에 실린 공적개발원조 관련 기사 건수의 경우만 보더라도 2000년에 약 20여 개 정도였지만, 2010년에는 약 350여 개의 기사가 실렸다(김경훈, 2011: 3).

력을 해야 한다는 당위론적 주장에 대해서는 누구나 동의하는 바이다. 하지만 중요한 것은 공적개발원조 예산을 늘리기 위한 노력에 앞서 지금까지 공적개발원조의 예산변화가 어떻게 이루어져 왔는지를 우선 검토할 필요가 있다는 점이다. 공적개발원조의 예산변화에 대한 과거와 현재의 맥락을 먼저 이해함으로써 공적개발원조 정책 자체에 대한 이해와 앞으로의 예산변화에 대한 대응을 모색할 수 있기 때문이다.

그렇다면 해당 예산이 사용되는 정책에 대한 이해나 앞으로의 대응을 위해 예산변화를 살펴보고자 할 때 예산변화의 어디에 초점을 두고 분석해야 하는가? 다시 말해, 공적개발원조에 대한 이해를 높이고 앞으로의 대응방안을 예상하기 위해 예산변화를 살펴보고자 한다면, 예산변화의 무엇에 초점을 두어야 하는가라는 점이다. 이 책에서는 예산변화의 '패턴' 분석에 초점을 두기로 한다. 그 이유는 공적개발원조 예산의 역사적 변화에서 일정한 패턴이 발견된다면 그 자체가 공적개발원조에 대한 이해를 넓히는 것이 되고 미래의 예산변화 경향을 예상할 수도 있기 때문이다. 특히 만일 공적개발원조의 유형별 예산변화의 모습이나 패턴이 다르다는 것이 발견된다면 구체적인 원조유형별 속성을 이해할 수도 있을 것이고, 이는 원조유형별로 예산변화의 패턴에 기초하여 현재의 경향이나 앞으로의 변화를 예상하는 데도 유용한 정보가 되기 때문이다. 그리고 어떠한 현상이 패턴화된 것은 관련 요인들의 영향이나 상호작용에 따른 것이므로, 사회현상 연구에서 패턴을 탐구하는 것은 패턴 탐구의 대상과 관련된 제반 사항을 동시에 그리고 서로 관련지어 알 수 있는 기회를 제공해 준다는 점에서 공적개발원조의 유형별 예산변화의 패턴 분석도 그에서 비롯되는 함의를 도출할 수 있게 해주기 때문이다. 또 원조 자체가 예산의 이동을 의미하는 것이므로 이에 대한 분석은 예산이론의 관점에서 분석될 때 원조정책에 대한 이해를 높일 수 있는데, 문제는 예산연구에서 예산변화의 현상을 적절하게 설명해 주는 유일하고 단일한 예산이론이 부재(不在)한 까닭에 예산변화에 대한 패턴 분석이 그 대안으로 제시되어 왔다는 점에서 이 책에서도 공적개발원조의 예산변화를 패턴으로 분석하고자 하는 것이다.

이 책의 목적과 흐름

이처럼 왜 공적개발원조의 예산변화를 분석하는가, 그리고 왜 예산변화를 패턴 분석으로 실시하며, 또 원조유형별로 패턴 분석을 하는가에 대한 앞의 논의에서의 답들은 이 책의 목적을 명확히 하는데 일조(一助)한다. 이 책의 목적은 공적개발원조 예산에 대한 관심이 높아지고 있는 상황에서 (1) 원조유형별로 예산변화의 패턴을 도출하고, (2) 원조유형별 패턴 차이에 대한 설명을 통해 (3) 현재의 공적개발원조에 대한 이해를 높이는 것은 물론이고 앞으로의 예산변화에 대한 정책적 정보를 제공하기 위한 것이다. 그리고 이 과정에서 비교적 최근의 예산이론인 단절균형 예산이론이 패턴 분석의 이론적 배경으로 적용되고 있기 때문에, (4) 예산연구에서 단절균형 예산이론의 발전적인 적용 및 비판을 위한 목적도 지니고 있다.

따라서 이 책은 이러한 연구목적을 통해 연구 완료 후에 다음과 같은 의의를 지닐 것으로 기대된다. 먼저 원조정책적으로는 원조유형별로 심층적인 이해와 새로운 이해를 할 수 있게 하여 원조정책에 대한 전반적인 이해를 높인다. 그리고 정부의 원조예산 결정 시 이 책에서 도출된 예산변화 패턴에 기초해서 유형별 특징을 고려한 결정이 이루어질 수 있게 하는 의의도 지닌다. 다른 한편으로 예산 연구 측면에서는 그동안 예산 연구에서 소홀히 다루어져 왔던 공적개발원조의 예산을 분석대상으로 선정하였다는 점을 들 수 있다. 그리고 특히 단절균형 예산이론의 적용대상으로 예산변화에 대한 연구가 요구되는 공적개발원조 예산을 실제 적용하였다는 점과 적용 시 분석대상의 범위가 기존의 단절균형 예산이론을 적용한 연구들보다 더 넓다는 점에서 단절균형 예산이론의 적용범위를 확대시킨다는 의의도 지닌다. 그리고 이때 단절균형 예산이론의 적용을 통해 이론에 대한 비판적 검토도 함께 이루어지기 때문에 예산이론에서의 발전적인 대안을 제시할 수 있다는 점도 의의가 된다. 마지막으로 앞으로 예산연구에서 패턴분석에 대한 선구적인 방향을 제시한다는 의의도 지니고 있다.

이를 위해 이어지는 Ⅰ장의 나머지에서는 패턴 찾기의 틀과 원조예산의 범위 및 유형에 대해 설명하고, Ⅱ장에서는 예산패턴과 원조에 관한 분석이 그동안 어떻게 이루어져 왔는가에 대해 살펴본다. Ⅲ장에서는 원조예산의 패턴을 어떻게 찾을 것인가에 대해 논의하고, Ⅳ장에서는 원조예산이 어떤 패턴으로 변화해 왔는가에 대한 분석결과를 제시한다. Ⅴ장에서는 원조유형별로 예산의 패턴이 다른 이유에 대한 설명을 하고, Ⅵ장에서는 원조예산의 패턴을 발견한 이 책의 의의에 대해 살펴본다.

2. 패턴 찾기의 틀

이론적 접근의 필요성

이 책은 공적개발원조의 예산변화를 분석하는 것이기 때문에 예산이론이 이론적 배경이 되고 그에 기초해서 공적개발원조 예산을 분석하게 된다. 다시 말해 현실의 사실들에 대한 분석은 이론이나 적절한 개념적 틀에 의존한 관찰에서 비롯된다는 점에서(Chalmers, 1999: 10 – 12), 이 책에서도 예산이론을 통해 공적개발원조 예산의 변화를 관찰하고 분석하는 것이다. 여기서 말하는 예산이론은 예산현상을 설명하는 유일의 독점적인 예산이론을 의미하는 것이 아니다. 앞서 언급한 바와 같이 예산이론에서 그와 같은 지위를 누리고 있는 이론은 존재하지 않는다. 다만, Choudhury(2007)의 말처럼 그동안 예산이론의 진화는 예산변화를 정의(일정한 양태에 대한 설명)하려는 노력들이었다는 점에서 그 노력들을 보여주는 여러 이론적 설명들이 존재해 왔고, 그것들이 Caiden(1978)의 제안처럼 예산연구에서 패턴을 분석하고자 할 때 유용하게 사용될 수 있기 때문에 그러한 이론들의 존재를 의미한다. 따라서 유일한 대안으로서 존재하는 포괄적 이론이 부재하다는 것과, 비록 전반적인 현상에 대한 설명에는 제약이 있더라도 특정 현상에 대한 설명력을 지닌 이론이 존재한다는 것은 서로 다른 의미이다. 이 책에서 공적개발원조의 예산변화 현상을 이론이나 개념적 틀에 의해 분석을 시작한다는 것은 바로 후자의 의미에 해당하는 것이다. 사실,

존재하는 예산이론의 전부가 후자에 해당하는 것일 수 있으며, 이는 비단 예산연구에서만 해당되지는 않을 것이다.

그렇기 때문에 이 책에서는 분석을 위한 이론적 배경으로 선정된 예산이론이 설명하기에 다소 제약이 따르는 현상이 관찰될 수도 있을 가능성을 배제하지 않는다. 이는 사실에 대한 관찰이 기존이론이나 개념적 틀에 의해 설명이 이루어진나고 해서 그 이론과 개념적 틀이 항상 참(true)이라는 것을 의미하지 않는다는 Chalmers (1999: 12−14)의 주장과 같은 맥락이다. 오히려 적절하다고 여겨지는 기존이론으로 설명했을 때 그에 부합하지 않은 사실이 발견된다면, 그것은 새로운 지식이나 정보가 관찰을 통해 입증되는 계기가 된다. 따라서 공적개발원조 예산의 변화를 설명하는 데 적절하다고 검토된 이론에 기초해서 원조유형별 패턴을 관찰할 때, 그 이론에 부합한 패턴이 도출되기도 하겠지만 그렇지 않을 수도 있는 것이다. 단일한 예산이론의 부재와 그렇기 때문에 예산연구에서 예산변화의 패턴을 연구하게 된 데서 오는 예상 가능한 결과이기도 하겠지만, 이는 이론이나 법칙의 반증주의(falsificationism) 적 속성에 비추어 볼 때 모든 것을 다 설명하려고 하다가 아무것도 설명하지 못하게 되는 것은 이론이라 할 수 없으므로, '이론'으로서 지니는 당연한 속성에서 기인한 것이다(Chalmers, 1999: 59−65). 반증 가능한 현상에 대한 한정된 주장이 포함된 이론이 더 유용한 정보를 제공해 준다. 그런 점에서 현존하는 예산이론에 의해 공적개발원조의 예산변화 패턴을 살펴보는 것은 한편으로는 예산이론의 발전을 위한 작은 시도일 수도 있다.

틀

이 책에서도 이론적 관점에 의해 현실의 경험적 사실을 분석한다. 즉, 공적개발원조의 예산변화에 대한 패턴 분석을 단절균형 예산이론에 기초해서 분석하는 것이다. 여기서 공적개발원조 예산이라는 현실적 사례를 단절균형 예산이론으로 분석하는 이유는, 이책에서 시도하는 예산변화의 패턴 분석은 예산변화의 모습에 대해 중점적으로 논의하는 예산이론이 그 기초가 되어야 하므로 단절균형 예산이론이 그에 부합하기 때문이다. 하지만 단절균형 예산이론은 점증주의 예산이론에 기초하여 그에 대한 비판적인 수정 및 대안으로 제시된 것이기 때문에, 단절균형 예산이론을 논의하기 위해서는 점증주의 예산이론에 대한 비판적 검토가 선행되어야 한다. 오히려 점증주의 예산이론의 일부 한계점(문제점)을 수정한다면 단절균형 예산이론과 연계하여 예산변화를 설명하는 데 더 유용할 수 있다. 따라서 이 책에서 공적개발원조의 예산변화 패턴을 분석하는 이론적 배경은 전반적으로 보자면 단절균형 예산이론이라고 하겠지만, 이 책에서 비판적으로 검토될 점증주의 예산이론 역시 단절균형 예산이론과 함께 이론적 배경으로 그 역할을 한다.

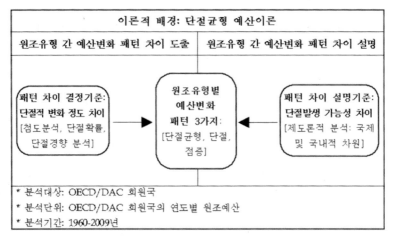

[그림 1] 분석틀

공적개발원조의 예산변화가 어떠한 패턴을 보이는가에 대한 이론적 배경은 단절균형 예산이론에 의해 이루어지지만, 다음으로 논의되어야 할 것은 공적개발원조 유형별로 나타난 예산변화의 패턴 차이를 어떻게 설명할 것인가 하는 점이다. 이 책에서 단절균형 예산이론에 의한 예산변화의 패턴은 '점증성'과 '단절성'의 조작적 의미를 구체화하고 그것을 적용해서 도출된다. 따라서 '유형 간 예산변화 패턴 차이의 결정기준'은 유형 간 단절적 변화의 정도 차이가 된다. 이를 위해 세 가지 측면, 즉 단절성 검정, 단절확률 측정, 단절경향 분석을 통해 각 원조유형별 패턴이 제시된다. 따라서 예산변화의 단절성의 강도나 확률 및 경향 등이 원조유형별 예산변화의 패턴을 구분 짓게 하는 요인이 된다. 단절균형 예산이론에 기초한 연구이므로 지속적 균형과 간헐적 단절의 반복에 가까운 형태는 단절균형적 예산변화라 할 수 있고, 그렇지 않은 지속적 단절 형태나 지속적 균형 형태는 각각 단절적 형태와 점증주의적 형태에 가까운 패턴이라고 할 수 있다. 이렇게 본다면, 각 공적개발원조의 유형별 패턴 차이는 단절이 자주 발생하거나 그 정도가 심한 것에 따라 구분되므로, 원조유형별로 단절발생의 정도가 다른 이유를 설명하는 것이 곧 예산변화의 패턴 차이를 설명하는 것이 된다. 즉, '유형 간 예산변화 패턴 차이의 설명기준'은 유형 간 단절발생 가능성의 차이인 것이다. 따라서 단절균형 예산이론에서의 단절발생 가능성에 대한 설명에 기초해서 원조유형별 단절발생 가능성의 차이를 설명할 수 있을 것이다.

이를 위해 기존의 단절균형 예산이론에서 제시된 단절발생 가능성에 대한 설명을 검토할 필요가 있다. 예산변화의 점증성과 비점증성 그리고 단절균형에 관한 선구적인 연구들은 예산과정의 합의(consensus)가 이루어지는 정도에 따라 단절적이거나 점증적인 예산변화의 가능성이 다르다는 주장을 한다. Wildavsky가 처음 점증적 예산변화에 대해 논의(*The Politics of the Budgetary Process*, 1964, 이 책에서는 1984년의 제4판 참조)한 이후 추가된 논의(*The New Politics of the budgetary Process*, 1988, 이 책에서는 1992년의 제2판 참조)에서 점증적 예산산출의 이유에 대해 구체적인 설명을 한다. 예산과정의 합의의 정도가 높을수록 점증적 예산산출이 나타나고 그 정도가 낮을수록 급변적인 예산변화가 나타난다는 것이다. 여기서 합의는 예산과정에서 기존의 예산산출을 낳는 '제도(예산결정과정)적 안정성'과 관련된다.[4] 이 주장은 Jones, True and Baumgartner(1998)

---

4) 이에 대한 구체적인 설명(단절발생의 메커니즘 등)은 Ⅲ장에서 논의된다. 여기서는 이 책의 전반적인 진행방법 중 유형 간 예산변화 패턴의 차이를 제도론적 접

등의 분석에서 실증적으로 확인된다.

　이처럼 기존연구들은 예산변화의 단절발생 가능성을 주로 예산과정을 분석하는 데 초점을 두고 있다. 의사결정과정으로서 예산과정을 분석함으로써 예산산출의 단절적 발생 가능성을 논의하는 것이다. 물론 예산변화의 단절 여부만 확인하는 경우에는 예산과정이 아닌 단절을 초래한 역사적 사건이나 경제적 사건 등에 초점을 두는 연구도 존재하지만, 이러한 연구 역시 사건에서 비롯된 예산과정에서의 정책의제 변화에 따른 예산변화의 단절을 설명하고 있으므로 포괄적으로 보면 이런 연구들 역시 예산과정에 기초한 단절적 예산변화에 대한 설명이라고 할 수 있다. 따라서 선행연구들에서 의사결정과정으로서 예산과정을 분석해서 단절을 설명할 때, 의사결정과정으로서 예산결정과정도 제도의 영역에 포함되기 때문에 예산결정과정에서의 단절적 산출의 가능성은 제도론적 접근으로 설명되고 있는 것이다(Breunig and Koski, 2009; Breunig, Koski and Mortensen, 2009; Jones and Baumgartner, 2005; Robinson: 2004; Jones et al., 2003; Kemp, 1982). 이처럼 원조유형 간 예산변화의 패턴 차이는 원조유형별 예산결정과정에서 보이는 제도적 (비)안정성에 따른 단절적 예산산출의 발생 가능성 차이에서 비롯된 것으로 설명될 수 있을 것이다.[5]

　그래서 이 책에서도 원조유형별 예산변화의 패턴 차이를 예산결정과정에 초점을 둔 제도론적 관점으로 설명한다. 즉, 원조유형

근을 통해 논의할 것이라 점을 밝히는 정도이다.

5) 이 책에서 말하는 제도의 의미는 신제도주의론에 따른다(Hall and Taylor, 1996). 이에 대한 구체적인 설명 역시 Ⅲ장에서 논의된다.

별로 예산결정과정에서 예산산출의 단절적 발생 가능성이 다르기 때문에 예산변화의 패턴에 차이가 존재함을 설명하는 것이다. 설명은 국제적 차원과 국내적 차원으로 구분하여 각 차원에서 보이는 원조예산의 결정 및 지출과정에서의 제도적 측면에 초점을 둔다. 결국 공적개발원조 예산의 변화 패턴이 유형별로 차이가 발생하는 이유에 대한 설명은, 유형 간 국제적 차원과 국내적 차원에서 보이는 원조예산결정 및 집행과정상의 제도적 안정성에 초점을 둔 단절발생의 가능성 차이로 설명하는 것이다.

이 책에서 분석대상은 OECD/DAC 회원국들이며, 분석단위는 23개국 회원국들의 연도별 공적개발원조 예산이 된다.[6] 현재 공적개발원조 활동을 하는 원조공여국은 OECD/DAC 회원국 이외에도 많은 나라들이 있다. 그럼에도 불구하고 이 책에서 OECD/DAC 회원국으로 한정하여 분석하는 것은 이들 나라가 전 세계의 전체 공적개발원조의 약 97% 이상을 차지하며, 또 기타 나라들의 경우 원조에 대한 완전한 정보를 공개하고 있지 않거나 제공하고 있지 않기 때문에 엄격한 의미에서 공적개발원조에 부합하지 않은 경우가 많기 때문이다(Brown, 2009: 137; Riddell, 2007: 52). 따라서 OECD/DAC 회원국들을 대상으로 분석하는 것이 오늘날 공적개발원조에 대한 전반적이고 적절한 연구 함의를 도출할 수 있게 해 준다.

공적개발원조의 유형은 양자원조인 무상원조와 유상원조, 그리고 다자원조로 각각 구분하였다. 이 구분은 원조공여국과 원조수혜국 사이의 원조예산 지출과 유입이 이루어지는 관계에 초점을

---

6) 현재 OECD/DAC의 회원 수는 24개이지만 이 책에서는 단일국가만 포함하였기 때문에 EU는 제외하였다. 따라서 23개국이 분석되었다.

둔 것이다. 양자원조인 무상원조와 유상원조는 양 국가 간의 직접적인 원조공여와 수혜가 이루어지는 것을 말하고, 다자는 원조공여국이 원조 관련 국제기구에 원조예산을 지원하는 간접적인 원조제공 행태를 말한다. 이러한 세 가지 유형으로의 구분은 분석단위인 원조공여국가별 원조예산이 원조수혜국에게 지출되는 대표적인 형태들이고, 공적개발원조의 통계자료 구축에도 이 세 유형이 기본적인 분류기준으로 사용되고 있다. 이에 대한 보다 구체적인 설명은 연구 범위와 관련하여 다음 절에서 논의된다.

분석기간은 공적개발원조에 관한 공식적인 통계자료가 구축되기 시작한 연도를 시작점으로 하여 최근 50년간(자료집의 구축연도는 1960~2009년, 자료집의 발간연도는 1961~2010년)으로 하였으며, 표본 수는 공적개발 무상원조의 경우 988개이고 공적개발 유상원조의 경우는 813개 그리고 공적개발 다자원조는 992개이다. 분석기법은 Kolmogorov – Smirnov test, 첨도분석(Leptokurtic Distribution), 파레티안 확률(Paretian Probability Distribution)분석, 기술분석 등을 사용하였다.

3. 원조예산의 범위와 유형

공적개발원조 예산의 범위

이 책에서 분석되는 원조예산이란 '공적개발원조의 예산'을 의미하고, 원조유형 구분도 공적개발원조의 유형 구분에 따른다.

국가의 모든 원조활동과 관련한 예산을 분석하는 것이 아니라 공적개발원조에 한정하여 분석하는 것이다. 따라서 공적개발원조에 대한 개념과 공적개발원조의 유형별 정의를 명확히 규정할 필요가 있다.

공적개발원조(Official Development Assistance)는 다른 유사 용어들과 종종 혼용되고 있다. 일상생활에서는 물론이고 정미경·김동열(2010)의 지적과 같이 일부 학술적인 연구들에서도 공적개발원조는 유사 용어들과 구분되지 않고 사용되고 있다. 그 결과 성격이나 내용이 다른 원조활동을 대상으로 분석해서 얻은 정책적 교훈을 공적개발원조 모델에 접목하려는 시도를 보이는 일부 연구들이 존재하고 있는 것도 사실이다. 이는 현실성과 타당성이 떨어지는 연구라 할 수 있다. 그리고 우리나라 정부에서도 정부기관마다 '대외원조', '국제개발협력' 등의 용어가 공적개발원조의 의미로 사용되고 있다(진상기, 2010: 105). 이는 정부의 공적개발원조 정책의 유기적 연계성을 해치는 것은 물론이고 국민들의 정책 이해에도 방해가 된다. 따라서 구체적인 분석에 앞서 공적개발원조의 개념을 유사한 다른 개념들과 명확히 구분할 필요가 있다. 이는 곧 공적개발원조 예산의 범위를 명확히 하는 것이다.

공적개발원조와 가장 많이 혼용되는 용어는 '대외(혹은 해외, 국제)원조(Foreign Aid)'이다. 둘 다 국가 간 자원의 이전(Public Transfer)을 의미하는 원조활동이지만, 대외원조가 제2차 세계대전 이후 식민지 종주국이 피식민지 국가를 지속적으로 관리하기 위한 신식민주의 정책이나 냉전질서에서 파생된 안보 전략적인 지원, 외국인 직접투자, 군사원조, 인도적 지원, 공적개발원조를 모두 포함하는 거시적 의미를 지닌다면, 공적개발원조는 해외원조의 한 부분으로 개발도상국가의 발전과 개발에 기여하기 위한 특정한 목적으로 지원되는 원조를 의미한다(정미경·김동열, 2010: 115; 이태주, 2003: 141). 그래서 대외원조가 공적개발원조보다 더 포괄적인 활동들을 아우르고 있다고 볼 수 있고, 그렇기 때문에 공적개발원조가 대외원조의 한 부분이 된다. 따라서 대외원조와 공적개발원조를 혼용해서 같은 의미로 사용해서는 안 되며, 공적개발원조를 대외원조라는 용어로 사용할 경우에는 그 범위를 명확히 밝혀야 한다.

공적개발원조의 개념은 OECD의 DAC에서 정의하고 있는 것이 공식적으로 통용되고 있다. 그에 따르면, 공적개발원조는 DAC가 정한 공적개발원조 수혜국 목록(DAC List of ODA Recipients)[7]에 포함되어 있는 국가와 지역 또는 다자간 개발기구(Multilateral Development Institutions)에 제공되는 자금 등의 흐름을 의미한다. 이때 원조제공은 중앙정부나 지방정부 또는 집행기관을 포함하는 공적인 기관(Official Agencies)들에 의해 이루어지며, 주목적은 개발도상국가의 경제발전과 복지증진이 되며, 지원자금은 양허적 성격으로 10%의 할인율을 적용해서 최소 25% 이상의 증여율(Grant Element)이 되어야 한다(OECD, 2010a: 11; OECD, 2008a).[8] 이처럼 공적개발

---

7) 연도별로 발표되는 이 목록에는 원조수혜국을 1인당 GNI를 기준으로 Least Developed Countries, Other Low Income Countries, Lower Middle Income Countries and Territories, Upper Middle Income Countries and Territories로 구분하고 있다. 연도별로 해당 그룹에 속하는 국가가 달라지기도 하고 GNI 기준이 부분적으로 조정되기도 한다. 이들 국가들은 Torres and Anderson(2004)의 논의에서와 같이 연구에 따라 국가의 개발 능력과 의지(State's Developmental Capacity and Willingness)를 기준으로 다시 구분되기도 한다.

8) 여기서 증여율은 차관액과 차관원리금 상환액의 현재가치 간의 차액이 차관액에서 차지하는 비중을 나타내는 지표이다. 이때 차관원리금 상환액은 통화의 종류

원조는 원조활동의 주체나 목적, 그리고 조건에서 포괄적 의미를 지닌 대외원조와는 구별된다. 단적으로 군사적인 지원이 목적인 원조는 대외원조로 포함될 수는 있으나 공적개발원조에는 포함되지 않는다.9)

그리고 원조의 목적이 개발이라고 해서 원조수혜국에 지원되는 개발자금이 모두 공적개발원조가 되는 것도 아니다. 예컨대 개발 목적의 지원이지만 증여율이 25%에 미치지 못하는 경우는 기타 공적자금(Other Official Flow)으로 분류된다. 기타 공적자금에는 공적 수출신용이나 투자금융 자금 등도 포함된다. 그리고 원조활동의 주체가 다른 경우에도 공적개발원조에 포함되지 않는다. 예를 들어, NGO 등의 민간부문으로부터 개발도상국이나 다자간 국제기구 등에 대한 지원을 할 경우 이는 순민간증여(Net Private Grant)로 분류된다.10) 그리고 무상에 의해 이루어지면서 NGO에 의한 공여로도 불리는 순민간증여와 같이 그 주체가 민간부문이지만 그와는 성격이 다른, 즉 민간부문으로부터의 개발자금의 또 다른 한 형태로 민간자금(Private Flows)도 존재한다. 이는 시장거래조건에 의해 이루어지는 것으로 순민간증여와 달리 주로 유상원조의 형태를 보인다. 하지만 순민간증여나 민간자금 모두 원조주체 측면에서 공적개발원조와는 구별된다.11) 또 다자간 국제개

에 상관없이 10%의 할인율로 계산된다. 이처럼 증여율은 차관액 중에서 실질적으로 무상으로 지원되는 비중을 의미하며, 따라서 무상원조라면 원리금 상환액의 현재가치가 0이 되므로 증여율은 100%가 된다.

9) 그러나 개발활동을 지원하기 위해 공여국의 군사력을 사용함에 따라 추가적으로 발생하는 비용은 공적개발원조로 간주된다(한국국제협력단, 2009: 31).

10) 다만, 공여국 정부가 개발도상국의 개발과 관련된 활동을 하는 자국의 NGO에 대한 지원자금은 공적개발원조에 포함된다(권해룡, 2006: 37).

발기구에 대한 자금지원이라고 해서 모두 공적개발원조에 포함되는 것도 아니다. OECD/DAC에서 정하는 국제기구나 국제 민간단체에 대한 지원만이 공적개발원조에 포함된다. 이와 같이 공적개발원조는 대외원조의 한 부분이면서 동시에 대외원조활동에 포함되는 다양한 원조활동들(특히 개발도상국가로 유입되는 다양한 원조형태)과는 구분된다고 할 수 있다.

공적개발원조 예산의 유형

공적개발원조는 지원형태와 상환조건에 따라 세부적인 유형으로 구분된다. 지원형태별로는 크게 양자 간 원조와 다자간 원조로 나누어진다. 양자 간 원조는 원조공여국이 원조수혜국으로 원조자금 및 물자 등을 직접 지원하는 형태를 말하고, 다자간 원조는 원조공여국이 원조수혜국들에게 원조활동을 하는 여러 국제개발기구들에 출자 및 출연(분담금)을 통하여 간접적으로 지원하는 형태를 말한다. 양자원조의 경우 앞서 살펴본 공적개발원조의 개념에 따라 양 국가 간에 직접적으로 원조가 이루어지는 것이고, 다자원조는 지원받은 기관이 원조예산을 개발과 관련된 활동에 사용해야 하고 이때 국제기관은 회원이 각국의 정부로 구성되어 국제사

---

11) 원조제공의 주체가 정부 및 공공기관이라고 하더라고 OECD/DAC 규정에 따르면 종교, 예술, 문화 활동을 위한 지원, 민간 개인에 대한 지원은 개발도상국의 경제성장이나 복지증진에 기여하지 않기 때문에 공적개발원조에 포함되지 않는다. 예를 들어 외교부 산하 재외동포재단이 추진하고 있는 사업의 경우 국가 차원이 아닌 재외동포인 민간에 지원하고 있고, 학술활동 성격도 대부분 문화 사업에 속해 있으므로 공적개발원조 통계에서 제외된다(권율·정지선·박수경, 2008: 10).

회에서 활동하는 조직이어야 하며 기여금은 원조공여국가의 간섭을 받지 않고 국제기관의 재량으로 사용할 수 있는 것을 말한다(OECD, 2007). 유형별로 세분화하면 다음과 같다.

양자 간 원조는 다시 상환조건에 따라 무상원조와 유상원조로 구분된다. 무상원조는 개발도상국의 빈곤퇴치에 필요한 다양한 형태의 무상지원이나 법적 채무를 동반하지 않는 현금 또는 현물이 이전되는 것이다. 간단히 말해 개발도상국이 원조자금에 대한 상환의무를 지지 않는 원조공여 행위를 무상원조라 하는 것이다. 반면 유상원조는 개발도상국이 원조자금에 대한 상환의무를 지니고 있는 것으로, 비교적 개발도상국의 민간자금에 비해 유리한 조건으로 공여되는 양허적 공공차관이나 법적 채무를 동반하는 현금 또는 현물이전을 말한다.

다자원조는 OECD/DAC에 의해 공적개발원조 관련 국제기구로 인정된 국제기구로의 원조공여국의 원조 자금 이동을 의미하기 때문에 모든 국제기구로 유입되는 국가들의 자금이 공적개발원조로 인정되는 것은 아니다. 구체적인 조건을 보면, 개별 국가의 정부가 회원으로 구성되는 국제기구(International Organization)에 대한 지원으로서 해당 기구의 모든 사업 또는 상당 부분의 사업이 개발을 목적으로 진행되어야 하고, 또 각국 정부가 공여한 지원금은 국제기구의 재원으로 귀속되어 출처 구분이 불가능해야 하며 재원의 용도는 전적으로 해당 기구의 결정사항이라는 점이 만족할 때이다(OECD, 2011a: 22; OECD, 2010b: 21). 이러한 조건들을 동시에 만족하지 않는 지원은 '지정 기여(earmarked 또는 non‑core contribution)' 또는 는 '다자적 양자(multi‑bi)' 지원으로 시칭하고 DAC 통계 분류상 양자원조로 구분된다(정지원 외, 2010: 22). 따라서 원조공여국에서 지출되는 다자원조예산은 원조대상국으로의 직접적인 자금이동이 아니라 국제기구를 통한 간접적인 자금흐름인 것으로, 이때 그 자금이 국제기구에 의해 어떠한 형태로 사용될 것인지는 알 수 없다. 현재 (2010년 기준) 공적개발원조 적격국제기구로 약 200여 개 이상이 등재되어 있다.[12)

요컨대, 공적개발원조를 크게 유형별로 구분하면, 양자 간 원조와 다자간 원조가 있으며 양자 간 원조에는 무상원조와 유상원조로 구성되어 있는 것이다. 그래서 일반적으로 공적개발원조의 지원유형을 무상원조, 유상원조, 다자원조로 나타낸다. 이는 국가별 공적개발원조와 관련된 사항들을 조사하고 자료로 구축하는 데 사용되는 기본적인 구분법이다(OECD, 2010a). 따라서 이 책에서도 이 구분법에 따라 공적개발원조 유형을 공적개발 무상원조, 공적개발 유상원조, 공적개발 다자원조로 유형화하기로 한다. 물론 무상원조와 유상원조 그리고 다자간 원조에 포함되는 더 세부적인 여러 원조형태(하위 항목)가 존재하지만, 그 모두를 고려하면 분석에 사용되는 원조유형이 지나치게 많아지게 되므로 여기서는 이 세 가지 유형으로 한정한다. 그리고 공

---

12) 다자기구는 크게 유엔기구, 국제금융기구(IFIs: International Financial Institutions), EU, 글로벌 펀드를 포함하는 기타 기구로 구분할 수 있다. 유엔에는 55개(산하기구, 기금, 위원회 등 39개, 전문기구 16개), 국제금융기구에는 26개(세계은행그룹 7개, 지역개발은행 15개), EU 2개, 여타 기구 120개가 해당된다. 여기에는 UNCCD, ESCAP, IFAD, UNICEF, UNCTAD, UNIFEM, UNDP, UNEP, UNHCR, WFP, FAO, ILO, UN, UNDPKO, UNFCCC, WHO, WIPO, IBRD, IDA, IDA－HIPC, IFC, MIGA, AfDB, ADB, EBRD, IDB, IMF－PRG－HIPC, IMF－PRG－MDRI, EC, EDF, AU, CARICOM, CIFOR, GAVI, GEF, Global Fund, IF, IFFIm, OECD, WTO 등이 속한다.

적개발원조와 관련된 그동안의 이슈들을 보더라도 공적개발원조를 무상원조, 유상원조, 다자원조로 구분해서 그에 대한 논의들 (원조규모 논쟁, 원조효과성 논쟁, 원조체계 방법 등)이 진행되는 경우가 대부분이다.[13)]

---

13) 유형 구분과 관련하여 한 가지 밝혀둘 것은, 다자원조의 경우에도 무상원조와 유상원조로 다시 나누어질 수 있지 않는가 하는 의문점에 대한 답이다. 이 점은 앞서 논한 이 책의 분석단위를 고려한다면 다자원조를 다시 구분하는 것이 가능하지 않다는 것을 알 수 있다. 왜냐하면 이 책은 원조공여국가의 연도별 원조예산이 분석단위이므로 원조공여국에서 원조예산이 지출되는 것에 초점을 두고 있기 때문이다. 다자원조는 원조공여국에서 지출되는 예산이 국제기구에 의해 무상으로 사용될 것인지 유상으로 사용될 것인지를 결정하기 때문에 일단 원조공여국의 원조예산은 양자원조처럼 원조공여국이 예산결정에서 무상이나 유상을 결정할 수 없다. 따라서 다자원조는 원조공여국의 입장에서 볼 때 다자원조로만 결정되고 지출될 뿐 그것이 원조수혜국에 무상으로 제공될 것인지 유상으로 제공될 것인지 결정할 수 없는 것이다. 다시 말해 원조공여국의 원조예산지출에 초점을 둔 이 책에서 다자원조를 무상과 유상으로 다시 구분할 수 없는 것이다.

II

예산패턴과 원조에 관한 분석은

어떻게 이루어져 왔는가?

1. 기존의 예산패턴과 원조분석의 의의

이 책은 공적개발원조의 유형별 예산변화의 패턴을 단절균형 예산이론을 적용하여 분석하는 것이기 때문에 이와 관련된 선행연구는 크게 두 가지로 구분될 수 있다. 공적개발원조 예산에 관한 선행연구와, 단절균형 예산이론을 적용한 선행연구가 그것이다. 하지만 그에 앞서 예산연구에서 패턴 분석에 대하여 논의한 선행논의를 먼저 살펴볼 필요가 있다. 이는 앞장의 연구 배경을 논의한 절에서 살펴본 바와 같이 공적개발원조 예산의 '패턴'을 분석함으로써 얻게 되는 유용성 이외에 예산연구 자체에서 패턴 분석이 갖는 의미를 선행논의로 확인하기 위함이다. 따라서 예산연구에서의 패턴 분석의 의의를 먼저 논의한 후, 원조예산과 관련된 선행연구와 단절균형 예산이론을 적용한 선행연구들의 의의를 각각 살펴보고, 이어서 선행연구들의 한계점을 언급하면서 동시에 수정 및 보완할 수 있는 방안을 논의한다. 이 점은 선행연구에 대한 이 책의 차별성이기도 하다.

기존의 예산패턴 분석에 대한 의의

예산변화를 분석할 때 예산변화의 모습이나 패턴에 특히 분석의 초점을 두는 것은 예산연구에서 예산현상을 설명해 주는 유일의 단일한 예산이론이 존재하지 않는 데서 비롯된 현실적 이유때문이라는 것이 기존 논의의 핵심 내용이다. 기존 논의에 따르면 공공예산은 많은 학문분과가 관련되므로 관점에 따라 다른 예산이론이 가능하기 때문에 포괄적 이론에 관한 주장은 잘못된 것일 수 있다(Caiden, 1978: 539). 이에 대해 Caiden(1978: 539 - 544)은 예산의 모든 것을 설명하는 유일한 예산이론이나 모델 정립보다는 맥락과 상황을 고려한 예산패턴을 찾아 설명하는 것이 더 현실적인 대안이라고 주장한다. 그는 역사적 연구를 통해 네 가지 예산패턴을 제시하면서 각 예산의 변화에서 도출한 예산변화의 패턴 자체가 주는 의미의 중요성을 강조한다. 이때 패턴 간의 설명력이나 유용성의 우월비교가 아닌, 도출된 패턴 간의 차이를 비교하며 설명하는 것이 각 예산(패턴)을 더 잘 이해할 수 있고 또이 패턴을 바탕으로 사건과 전략들을 예측할 수도 있다고 하였다.

Choudhury(2007: 417 - 418) 역시 예산의 다기능적(multi - functional), 다차원적(multi - dimensional), 다분과(multi - disciplinary)적 특징으로 인해 예산과정을 하나로 개념화하는 것이 어렵기 때문에, 그동안의 예산이론의 진화(Evolution of Budget)는 일정한 모습을 띠는 예산관행(Budget Practices)과 예산변화를 정의(변화의 일정한 양태를 설명)하려는 노력이었다고 주장한다. 그 결과 예산연구에서도 예측적인 이론에서 서술적 이해로 그 경향이 바뀌고 있다고 하였다. 그렇지만 그가 예산현상에 대한 서술적 이해는 현재나 과거의 예산현상을 예산결정과정에서 관찰되는 제도적 관행(Institutional Practice)으로 설명되는 것이라고 한 점에 비추어 볼 때, 예산변화에 대한 제도적 관행이 지속된다면 현재의 예산패턴으로 앞으로의 예산변화도 어느 정도 예상할 수 있다는 가능성을 보여주고 있음을 알 수 있다. 그래서 비록 예산연구에서 서술적 이해에 초점을 두고 논하고는 있지만 예측적인 정보 제공을 무시하는 것은 아니라고 할 수 있다.

따라서 이러한 선행논의를 통해 예산현상 연구에서 특히 예산변화에 대한 분석에 패턴 분석을 활용할 수 있음을 알 수 있다. 예산연구의 대안적 방법을 제시해 주고 있다는 의의를 지니고 있는 것이다. 그런 점에서 이 책의 분석대상이 되는 공적개발원조의 예산에 대한 변화분석 역시, 존재하지 않거나 아직 정립되지 않은 하나의 예산이론으로 설명하기보다는 현재까지의 예산변화를 토대로 패턴을 분석하는 것이 과거, 현재, 미래를 이해하는 더 현실적인 함의를 얻을 수 있는 방법이라 할 수 있다. 따라서 한국의 경우 OECD/DAC 회원국이 된 이후 공적개발원조 예산을 늘리기(변화) 위한 방안 모색이나 노력에 앞서 우선 지금까지의 공적개발원조 예산에 대한 변화가 어떤 패턴으로 이루어져 왔는가에 대한 이해가 필요하며, 이는 공적개발원조 예산변화의 과거와 현재 그리고 미래를 연결해서 볼 수 있는 하나의 관점을 제시하는 것과 같다는 것을 선행연구들에서 논의된 패턴 분석의 유용성을 통해 알 수 있다.

이때, 예산연구에서의 패턴 분석에서 주의할 점이 있다. 그것은 패턴 분석이기 때문에 패턴이 도출될 수 있는 분석범위의 설정이 중요하다는 점이다. 어찌 보면 패턴 분석이 패턴의 도출뿐 아니라 패턴 간의 비교를 강조하기 때문에 이 점은 더욱 고려되어야 할 사항이기도 하다. Caiden(1978)과 Choudhury(2007)의 논의에서 암묵적으로 패턴화(혹은 변화에 대한 성의)를 구분 짓는 예산의 범위를 선정하고 있는 것도 그 때문이다. 지나치게 포괄적인 범위를 분석할 경우 부문별로 특징적인 패턴 현상이 서로 상쇄될 수 있기 때문이다. 그래서 공적개발원조의 예산변화 패턴을 단순히 전체 공적개발원조 예산을 대상으로 해서 분석하는 것이 아니라, 원조유형별 예산으로 나누어서 유형별 패턴을 찾는 것이 더 적절하다고 볼 수 있다.

패턴도출 시 발생할 수 있는 이러한 기술적인 문제 이외에도, 전체 공적개발원조 예산이 아닌 원조유형별 예산변화 패턴을 찾는 것은 유형별 패턴 분석이 전체 원조예산에 대한 패턴 분석보다 더 세부적이고 구체적으로 원조활동을 이해하는 데 도움이 되기 때문에 패턴 분석에서 적절한 범위설정이 중요하다. 즉, 공적개발원조는 유형별로 원조방법이나 목적 등에 차이가 존재하기 때문에 도출된 패턴의 타당성 측면에서도 유형별 구분에 따른 분석이 필요하다. 만일 원조유형별로 예산변화의 패턴에 차이가 없고 서로 유사하다면 전체 원조예산을 대상으로 패턴을 분석해서 그에 기초하여 원조유형별 예산변화의 패턴에 대한 설명까지 이루어져도 큰 문제가 없을 수 있다. 그러나 문제는 원조유형별 패턴의 차이가 유의미하게 분명히 존재한다면, 유형을 고려하지 않고 전체 원조예산으로만 패턴을 분석할 경우 부분과 전체의 차이를 무시한 타당성 없는 분석결과(패턴)가 도출될 것이다.

따라서 예산연구에서 패턴 분석을 적용할 때 일정한 구분에 따른 분석이 필요하므로, 선행논의들의 교훈에 따라 공적개발원조의 예산변화 패턴 분석도 목적과 방법이 서로 다른 원조유형별 예산변화에 대한 패턴 분석으로 이루어져야 한다. 원조의 유형이 존재한다는 사실 그 자체가 어쩌면 원조유형별 차이의 유의성이 존재하기 때문이라는 점을 보여주는 것이므로 그것을 고려할 필요가 있음을 의미하는 것일지도 모른다.

기존의 공적개발원조 분석에 대한 의의

공적개발원조에 관한 제반 선행연구들에서 이 책의 선행연구로 부합될 수 있는 연구는 원조예산에 관한 연구이다. 특히 원조예산의 변화를 논의하는 연구들이 해당된다. 사실 공적개발원조에 관한 다양한 선행연구들에서 원조예산의 변화에 관해 부분적으로라도 언급하지 않은 연구는 거의 없다. 공적개발원조 정책, 체계, 효과, 전략 등에 관한 주제를 논의하는 과정에서 전체 연구에서 차지하는 비중에서의 경중의 차이는 있겠지만 대부분의 연구에서 원조예산의 현황 및 변화에 관해 고찰하고 있는 것이다. 원조 자체가 포괄적으로 보면 예산의 이동에 따른 것이기 때문이다.

하지만 이 책에서는 원조와 관련된 모든 주제들의 선행연구들을 검토하기보다는 그중에서도 비교적 원조예산에 주 관심을 두고 있는 연구들을 중심으로 검토하기로 한다. 이 연구들은 다시 두 가지로 구분될 수 있는데, 그것은 국제사회 전체의 총 원조예산(모두가 그렇지는 않지만 주로 OECD/DAC 회원국들의 공적개발원조 예산의 총합)에 대한 연구와, 특정한 국가에 대한 사례에 중점을 두거나 소수 국가 간 비교를 시도한 연구가 그것이다.

우선, 국제사회의 총 공적개발원조 예산의 변화에 초점을 둔 연구로는, 유상원조와 무상원조를 구분하여 원조예산의 추이를 살펴본 주동주(2008)의 연구, OECD/DAC 소속의 9개국의 원조예산 전체의 지원 분야와 지원채널에 대한 분석을 한 정미경·김동열(2010)의 연구, OECD 내의 신흥 중견국가를 대상으로 공적개발원조 예산의 전체 변화를 연구한 장지향(2010)의 연구, 유상원조와 무상원조의 비율을 중심으로 공적개발원조 예산의 배분방향에 대한 논의를 한 노상환(2009)의 연구, 역사적 관점에서 원조예산의 추세를 논의하는 Hjertholm and White(2006)의 연구, 원조공여국들의 원조예산 유인행태에 관해 분석을 한 Dalen and Reuser(2006)의 연구, 기존과 다른 관점에서 원조예산의 흐름에 대한 포괄적인 측정을 시도한 Chang, Fernández－Arias and Servén(1998)의 연구, 국제사회의 원조예산의 전반적인 흐름을 연도별로 개관하고 있는 Lancaster(2007)의 연구, 원조공여국들의 원조예산집행에서의 질(aid quality)을 분석한 Knack, Rogers and Eubank(2011)와 Easterly and Williamson(2011)의 연구, 1971년부터 2000년까지의 공적개발원조 예산뿐 아니라 개발도상국가들에 이동하는 기타 예산 흐름의 특징을 기술한 White(2004)의 연구, 그리고 연도별 OECD의 개발협력 보고서(Development Co－operation Report) 등이 있다.

이 연구들은 공적개발원조 예산의 전반적인 변화 추이를 기술하면서 과거와 현재의 규모 증감을 주로 논의하고 있다. 그리고 그 과정에서 원조유형별로 비중의 변화도 함께 논의한다. 따라서 여기에 해당되는 선행연구들은 국제사회의 공적개발원조 예산이 어떠한 추세로 변화되어 왔는가에 대한 전반적인 이해와 관련 정보를 얻는 데 유용하게 활용될 수 있다는 의의를 지닌다.

다음으로 특정한 원조공여국의 원조예산에 대한 연구나 혹은 소수 국가를 선정하여 서로 비교한 연구로는, 한국의 다자원조에 대한 분석을 한 권율(2010)의 연구, 한국의 공적개발원조 20년에 대한 평가를 통해 연도별 원조예산의 변화와 유형별 비중 등을 살펴보는 이계우·박지훈(2007)의 연구, 일본의 원조예산변화를 역사적 배경으로 분석하는 강철구·홍진이(2009)의 연구, 통일에 따른 독일의 공적개발원조 예산의 변화를 설명하는 김면회·안숙영(2011)의 연구, 한국·네덜란드·일본의 원조예산집행에 대한 비교연구를 한 정상희(2010)의 연구, 원조예산집행에 따른 원조수혜국의 구속성 조건과 관련하여 스웨덴·노르웨이·덴마크 사례를 분석한 권율·정지선(2009)의 연구, 미국·일본·프랑스·스웨덴의 원조예산의 변화를 원조의 동기와 관련하여 서로 비교 분석을 실시한 Schraeder, Hook and Taylor(1998)의 연구, 미국·프랑스·독일·덴마크의 원조예산변화 추세를 제도와 조직 등의 요인으로 분석하는 Lancaster(2007)의 연구, OECD/DAC 회원국들의 원조와 관련된 제반 요인들을 비교하면서 동시에 원조예산의 출처와 배분 등에 대해 분석한 Chan, Fell and Laird(1999)의 연구, 영국의 양사 간 원조예산결정의 특성을 분석한 McGillivray and

Oczkowski(1992)의 연구, 그리고 OECD에서 발간하는 국가별 동료심사(Peer Review) 보고서 등이 해당된다.

이 연구들은 국가별 원조예산의 특성을 보여주기 때문에 원조예산을 국가별로 비교하는 데 유익하며, 특히 한국을 비롯한 특정한 국가의 원조예산을 연구할 때 해당 국가의 원조예산의 규모나 원조유형별 비중의 현황이 다른 국가들과 비교해서 어떠한 위치에 있는가를 이해하는 데 도움을 준다.

이처럼 두 부류로 구분된 원조예산분석과 관련된 선행연구들에서 발견되는 특징적인 점은, 원조예산의 변화를 설명하고는 있지만 '변화'의 기준을 제시하고 설명하기보다는 연구자에 따라 눈에 띄는 변화의 정도를 기술하면서 그에 대한 설명을 한다는 점이다. 그리고 유형별로 원조예산의 변화를 서로 설명하기보다는 통합하여 전체 원조예산을 중심으로 그 변화를 설명하거나 아니면 원조유형 중 한 가지 혹은 두 가지만을 택해서 중점적으로 변화를 기술하고 있다는 점이다. 주로 전체 원조예산을 중심으로 변화를 논의하는 경우가 많고, 원조유형별로 예산변화를 살펴볼 때에는 주로 유형별 예산 자체의 변화보다는 전체 원조에서 차지하는 비중의 변화를 살펴보고 있다. 그럼에도 불구하고 국제사회의 전반적인 원조예산의 변화나 흐름의 모습을 이해하는 데 도움을 주고, 또 국가별로 원조예산의 변화에 대한 이해와 국가 간 비교에 유용하다는 점에서 의의를 지니고 있는 것은 사실이다.

단절균형 예산이론 분석에 대한 의의

그동안 단절균형 예산이론을 적용한 연구들은 분석대상을 어디에 두고 있는가에 따라, 그리고 단절균형 확인을 위한 분석방법에 따라 크게 두 가지로 구분할 수 있다. 분석대상은 중앙 및 연방정부의 예산을 대상으로 한 연구와, 지방정부 예산을 대상으로 한 연구, 그리고 특정한 정부기관(부처)을 분석한 경우로 다시 나뉜다. 그리고 단절확인 분석방법에 따라서는 세첨분포 분석을 하는 연구와, 단절시점을 확인하는 연구, 그리고 단절확률을 측정하는 연구들로 구분된다.

우선 분석대상을 기준으로 한 선행연구들을 보면, 중앙정부 예산을 분석대상으로 한 국내 연구로는 김철회(2005)와 유금록(2007)의 연구를 들 수 있다. 김철회(2005)는 1958~2003년 동안의 한국 중앙정부 예산의 기능별 지출변동을 분석하였고, 유금록(2007)은 1970~2005년 동안의 중앙정부 예산분석에 단절균형이론을 적용하였다. 국외 연구에는 1947~1999년의 미국 연방정부 예산을 기능별 부서에 따라 분석한 True(2000)의 연구, 1947~1995년의 연방정부 예산을 분석한 Jones, Baumgartner and True(1998)의 연구, 1947~2003년의 역시 연방정부 예산을 분석한 Jones and Baumgartner (2004)의 연구, 1947~2000년의 연방정부 예산분석을 한 Jones, Sulkin and Larsen(2003)의 연구가 있다. 그리고 1947~2006년의 미국 연방정부 예산과 1971~2003년의 덴마크 연방정부 예산을 항목별로 비교분석한 연구로 Breunig, Koski and Mortensen(2009)의 연구가 있고, 1951~1996년 동안의 영국 중앙정부의 지출을 분석한 John and Margetts(2003)의 연구가 있다.

이 연구들의 특징으로는 주로 미국사례가 많으며 미국 이외의 사례를 분석하고자 할 때도 기존의 미국사례를 참고자료로 해서 분석을 시도하고 있다는 점이다. 그리고 국가별 비교연구보다는 특정국가의 예산을 분석하는 경우가 많은데, 그런 점에서 Breunig, Koski and Mortensen(2009)의 연구는 단절균형 예산이론의 적용범위를 넓히는 시도라 할 수 있다.

지방정부예산을 대상으로 한 분석에는 국내연구로는 원구환(2009)의 연구가 있다. 그는 1998~2009년 동안의 한국의 광역자치단체의 예산을 대상으로 예산의 증감현황을 분석하였다. 국외연구로는 미국 주정부들을 대상으로 1983~1999년 동안의 예산을 분석한 Breunig and Koski(2009)의 연구와 38개 지방정부의 기능별 예산을 대상으로 1966~1992년간의 예산을 분석한 Jordan(2003)의 연구, 그리고 텍사스 주의 1998~1999년간 예산을 분석한 Robinson(2004)의 연구가 있다.

지방정부를 대상으로 분석한 연구는 앞의 연방정부를 대상으로 한 연구보다 비교적 최근의 연구들이라는 특징이 있다. 이는 단절균형 예산이론의 적용이 연방정부를 대상으로 분석한 데서 나아가 지방정부를 대상으로도 적용을 시도하는 과정에서 비롯되었기 때문이다. 그래서 국내연구와 국외연구 모두 연방정부를 대상으로 분석한 사례보다는 그 수가 적은 편이다.

그리고 특정한 정부기관의 예산을 분석한 국내 연구로는 2001~2010년까지의 교육과학기술부의 교육 분야 사업별 예산을 분석한 함성득·이상호·양다승(2010)의 연구가 있다. 그리고 규제기관들을 대상으로 각 기관들의 설립 초기(연도)에서부터 1978년까지의 예산을 분석한 Kemp(1982)의 연구가 있으며, 이 연구는 단절균형이론이 행정학에 본격적으로 도입되기 전 점증주의를 적용해서 단절적 변화를 분석한 연구이다. 이 연구들은 단절균형 예산이론을 활용한 분석에서 분석대상의 범위가 연방정부나 지방정부에 한정되지 않고 특정한 정부기관으로까지 확대될 수 있음을 보여주는 연구들이다.

다음으로, 단절균형을 확인하는 분석방법에 따라 선행연구들을 구분할 수 있다. 이는 단절균형 예산이론을 적용할 때 어떤 분석방법으로 적용될 수 있는가를 보여준다. 세첨분석을 주로 이용하여 단절성 확인을 한 연구로는 Jones, Sulkin and Larsen(2003), Jones and Baumgartner(2004), Breunig and Koski(2009), Robinson(2004), Breunig, Koski and Mortensen(2009), John and Margetts(2003), Jordan (2003)의 연구가 있다. 그리고 단절시점을 중심으로 단절균형을 분석한 연구에는 유금록(2007), True(2000), Jones, Baumgartner and True(1998), Kemp(1982)의 연구가 있다. 그 외 김철회(2005), 원구환(2009), 함성득·이상호·양다승(2010)의 연구는 예산증감의 분포 현황이나 비율 그리고 빈도 등으로 단절성 등을 확인하고 있는데, 이는 세첨분석을 직접적으로 시행하지는 않았지만 세첨분포를 전제한 분석방법이라고 할 수 있다. 따라서 넓은 의미에서 세첨분석에 포함될 수 있을 것이다.

선행연구들의 단절균형이론 적용방법에서 특징적인 것은 주로 분석기법으로 세첨분석을 이용한 단절성 확인이나 연도별 예산변화를 분석하여 단절시점을 분석하는 방법 중에서 한 가지를 선택해서 분석하는 경우가 많다는 점이다. 하지만 이와 달리 Jordan(2003)은 세첨분석을 실시하면서 동시에 단절확률을 계산하여 추정값을 제시함으로써 기존의 단절균형 예산이론을 적용한 분석들보다 단절성 확인에 대한 유의성을 더 높이고 있다. 그리고 단절균형적 '패턴'을 분석하는 것은 앞으로의 경향을 예상할 수도 있음을 보이는 것이므로 단절확률에 대한 분석은 단절균형이론 적용에서 분석의 의의도 더 높이는 것이라 할 수 있다.

이와 같이 단절균형 예산이론을 적용한 선행연구들은 진화생물학으로부터 도입된 단절균형이론이 행정학 영역에서 예산이론으로 자리매김하는 데 밑거름이 되었다. 특히 정부예산의 다양한 분야와 범위에 적용함으로써 단절균형 예산이론의 적용가능성을 넓혀 주었다. 또 단절균형을 분석하는 방법의 종류와 그 방법의 유효성을 입증해 보임으로써 차후 연구에서 활용할 수 있는 여러 방법들의 선례를 남겼다는 의의도 지니고 있다.

2. 기존의 예산패턴과 원조분석에 대한 비판과 보완

이처럼 공적개발원조 예산에 관한 선행연구나 단절균형 예산이론에 관한 선행연구들은 관련 연구 분야에 학문적 의의를 제공함과 동시에 이 책에도 유용한 정보를 제공해 준다. 그러나 몇 가지 수정 및 보완의 필요성이 존재하기도 하는데, 그러한 수정 및 보완점이 이 책에서는 고려되었기 때문에 이 책이 선행연구들과 차별화되는 점 중 하나가 바로 이 점이기도 하다. 구체적으로 선행연구들의 한계와 그것을 최소화하기 위한 방안을 함께 살펴보면 다음과 같다.

첫째, 공적개발원조의 예산변화를 판단할 때 어느 정도의 변화가 감소된 것인지 혹은 증가된 것인지 아니면 변화가 없는 것인지에 대하여 일정한 기준에 근거해서 판단할 필요가 있다는 점이다. 변화에 대한 기준이나 변화폭을 통해 변화의 정도를 판단하지 않고 선행연구에서처럼 전체 예산규모의 흐름에서 발견되는 눈에 띄는 추세만을 고려하는 것은 관점에 따라 다양한 해석을 가능하게 하는 원인이 될 수 있다. 따라서 공적개발원조의 예산변화를 판단하는 적절한 기준이 마련되어야 한다.

둘째, 공적개발원조는 유형별로 다른 예산변화모습을 보일 수 있다는 점에서 총규모의 예산변화가 아닌 원조유형별로 예산의 변화를 첫 번째에서 지적한 보완점(변화기준이나 폭 설정)에 기초해서 분석하는 것이 더 적절할 수 있다는 점이다. 원조유형별로 서로 다른 예산변화가 나타난다면 선행연구들처럼 전체 원조규모의 변화를 특정요인에 의해 설명하는 것은 설득력이 떨어질 수도 있다. 특정 유형에서의 큰 폭의 예산변화가 전체에 영향을 준 데서 비롯된 현상일 수도 있기 때문이다. 이때는 원조유형별로 분석해서 유형별 예산변화의 패턴 차이를 설명하거나 혹은 유형별로 예산변화가 발생한 요인이 서로 다른 이유를 설명하는 것이 더 설득력이 있을 것이다.

셋째, 앞의 첫 번째와 두 번째의 선행연구의 한계점들은 공적개발원조의 예산변화를 좀 더 구체적인 기준과 방법으로 분석할 필요성을 제기한다는 점에서, 단절균형 예산이론을 적용하면 어느 정도 최소화할 수 있는 것들이다. 그러나 단절균형 예산이론을 적용할 때 선행연구들이 사용한 단절적 변화에 대한 측정방법은 좀 더 보강될 필요가 있다. 선행연구에서 확률분포를 이용한 연구들의 경우 주로 단절성 검정만 하거나 또는 단절성 검정과 단절확률을 측정하거나(극소수 사례), 아니면 연도별 단절경향을 살펴보는 연구가 대부분이다. 앞의 두 방법은 단절성만 알 수 있고, 세 번째 방법은 단절시점만을 알 수 있다. 하지만 단절균형 예산이론을 적용할 경우 단절성과 단절확률 측정은 물론이고 단절시점을 고려한 단절적 추세까지 모두 확인해야 단절 혹은 점증으로 구성된 패턴을 좀 더 정확히 알 수 있다. 물론 선행연구들에서 이 세 가지 방법을 함께 사용하지 않은 이유가 선행연구 중 일부를 제외하고는 예산변화의 단절적 특징을 서로 비교한 사례가 거의 없었기 때문이기도 할 것이다. 그러나 이 책과 같이 유형별 예산변화의 패턴 차이를 분석할 경우에는 유형별 단절성 정도의 차이는 물론이고 단절확률과 추세변화도 함께 고려해야 분명한 차이를 알 수 있으므로 선행연구와 달리 세 가지 방법을 함께 사용해야 한다.

넷째, 단절균형 예산이론을 적용한 연구들은 주로 한 국가 내 정부예산에 적용하는 경우가 많았다. 초기에는 특정 분야 예산의 단절균형적 패턴을 분석하는 경우가 많았고, 이후에는 기능별 예산의 단절균형적 모습을 비교하는 연구들이 나타났다. 그럼에도 불구하고 국가별 비교연구를 하는 경우는 드물었는데, 유일한 연구가 앞서 언급했듯이 Breunig, Koski and Mortensen(2009)의 연구이다. 이 연구는 국가 간 동일 항목의 예산변화모습이 유사한지 그리고 차이가 있는지에 대해 단절균형적 예산이론을 적용해서 분석한 연구이다. 물론 이 연구 역시 앞의 세 번째 지적처럼 단절성만을 검정했기 때문에 단절성 정도에 따라 유사점과 차이점을 비교하는 데 그치고는 있지만, 단절균형 예산이론을 통해 국가 간 예산변화를 비교할 수 있는 가능성을 보여주었다는 점에서 의의가 있다. 이 점은 다른 측면에서 볼 때 단절균형 예산이론의 국가 간 적용을 다양하게 시도할 수 있음을 보여주기도 하는데, 즉 Breunig, Koski and Mortensen(2009)의 연구처럼 두 국가 간에 비교할 수도 있고, 더 많은 국가들 간의 비교연구도 할 수 있을 것이며, 여러 개의 예산항목을 분류해서 각 예산항목에 여러 국가들의 해당 예산변화를 포함하여 예산항목들 간의 단절균형적 패턴을 비교분석할 수도 있을 것이다. 마지막 방법의 경우는 국가들 간의 동일한 예산항목의 변화패턴을 분석하는 것은 물론이고 여러 국가가 포함된 각 예산의 항목별 예산변화를 비교할 수도 있게 해 준다. 이 방법은 단절균형 예산이론을 사용해서 국가 간의 특정 예산변화의 패턴을 비교할 수 있게 하는 것이면서 동시에 개별국가의 특수성을 넘어 예산 종류(항목)에 따라 나타나는 보다 일반론적인 측면에서 예산변화 패턴을 모색하는 데 유용하게 활용될 수도 있을 것이다.

이처럼 이 책은 선행연구들에서 도출한 유용한 정보와 선행연구의 보완점을 토대로 단절균형 예산이론으로 공적개발원조의 예산변화 패턴을 원조유형별로 분석한다. 이를 통해 공적개발원조의 유형별 예산변화를 보다 구체적인 기준과 이론으로 분석할 수 있게 되어 공적개발원조 자체와 공적개발원조의 예산변화에 대한 심층적인 이해를 할 수 있게 될 것이다. 그리고 단절균형 예산이론의 적용과정에서 기존의 연구들과 달리 새로운 영역에 이론이 적용되고, 또 보다 넓은 영역에 적용되며, 그리고 방법론상으로도 보완되기 때문에 단절균형 예산이론의 이론적 · 실제적 적용을 위한 발전적인 논의가 될 것이다. 이러한 점들은 선행연구들의 한계점 극복에 따라 이 책에서 기대되는 결과들이자 선행연구들과 비교되는 이 책의 차별적 특성들이라 할 수 있다.

원조예산의 패턴을
어떻게 찾을 것인가?

이론이 현상을 설명하고 예측한다고 할 때, 예산이론은 예산현상을 설명하고 예측하는 것이 된다. 예산현상에는 예산의 크기, 구성, 결정, 과정, 제도, 성과, 그리고 각각의 변화(크기의 변화, 구성의 변화, 결정과정의 변화 등) 등 다양한 예산 관련 현상들이 모두 포함된다. 따라서 이러한 다양한 예산현상들을 설명하는 것이 예산이론이다. 하지만 문제는 예산현상에 개입하는 다양한 변수들이 존재하고, 이로 인해 예산현상은 복잡성을 띠게 된다는 점이다. 그래서 몇몇 현상에 치우친 설명이나 예측은 다시 비판의 대상이 되어 예산이론으로서 확고한 자리매김을 하는 것이 쉽지 않다. 그래서 이미 오래전에 예산이론의 부재(the Lack of a Budgetary Theory)를 논한 Key(1940)는 기존연구들이 예산의 절차와 형식이나 효율적 사용 여부나 총액결정과 관련되는 요인들에 대해 초점을 두는 대신 예산결정(선택)의 근거(basis)에 대한 논의가 부족함을 지적하며 예산현상에 대한 체계적인 예산이론의 필요성을 논하였다. 그 후 많은 시간이 흐른 오늘날에도 같은 맥락에서 예산이론이라고 내세울 수 있는 이론이 충분히 존재하지 않는다는 주장이나 예산분야에서는 이론이 개발되기 어렵다는 주장이 있을 정도로 예산이론은 도출되기 어려운 이론이라는 의견(이문영·윤성식, 2003: 56), 그리고 예산 연구 전체를 지도하는 중심이론은 아직 수립되지 못하고 있다는 주장이 제기되고 있다(이정희, 2010: 104).

그러나 포괄적이고 중심이론으로 불릴만한 예산이론이 정립되지는 못했다고 하더라도 그동안 다양한 방식으로 예산이론을 구성하려는 노력들이 있어 왔고, 그러한 노력들은 현상의 모든 것을 설명하지는 못했지만 현상의 핵심(또는 핵심변수)을 설명하는 데 큰 기여를 한 것은 사실이다(Premchand, 1983: 40; Caiden, 1978: 539). 따라서 여기서는 패턴 분석을 위해 여러 예산이론들 중에서 예산변화의 모습에 대한 논의를 진행한 단절균형 예산이론을 중심으로 구체적으로 살펴보기로 한다. 공적개발원조의 예산변화에 적용하기에 앞서 이론적 배경으로 구체적인 논의를 선행하는 것이다. 하지만 단절균형 예산이론은 점증주의 예산이론에 기초하여 비판과 수정 및 보완을 통해 나타난 것이기 때문에 우선 점증주의 예산이론에 대해 논의할 필요가 있다. 특히 점증주의 예산이론에 대한 비판적인 검토 결과는 단절균형 예산이론을 더 잘 이해하게 하는 동시에 현실 사례에 적용 시 두 이론은 상호보완적으로 활용될 수 있기 때문에 더욱 필요하다. 따라서 다음에서는 점증주의 예산이론에 대한 비판적 검토 후 단절균형 예산이론에 대해 구체적으로 논의하기로 한다.

1. 점증주의 예산이론과 수정론

점증주의 예산이론

예산연구에서 점증주의 예산이론은 기존의 예산이론들 중 특히 합리주의적인 특성을 지닌 예산이론들의 핵심 내용인 경제적 합리성에 따른 예산결정이나 변화에 대해 비판적 입장을 보이는 대표적인 이론이다. Wildavsky(1984: 13 - 16)에 의하면, 실제 정부부처가 예산결정을 할 때는 총체적이고 종합적으로 가능한 한 모든 대안을 분석하거나 검토하지 않고 오히려 전년도 예산을 기준으로 하여 소폭적인 증가에만 관심을 둔다는 것이다. 그래서 예산결정은 점증적으로 이루어진다는 것이다. 점증주의 예산이론은 예산결정과정에서 경제적 합리성을 지닌 인간이 현실적으로 존재하는 것이 가능한가에 대한 의문을 품는 것은 물론이고 예산결정을 위한 대안 탐색과 보유한 정보도 완벽하지 않다는 것을 지적한다. 설사 완벽한 정보가 제공되었다고 하더라도 완전한 합리성이 아닌 비합리적이거나 제한된 합리성으로는 최적의 대안을 선택하는 것이 어렵다는 것이다. 그렇기 때문에 합리적인 목표와 수단에 대한 정확한 계산은 불가능하고, 그 결과 대안분석 등은 대폭적으로 제한된다는 것이 점증주의 예산이론의 핵심주장이다(Lindblom, 1959: 81 - 87). 이처럼 점증주의 예산이론은 비합리적인 인간 혹은 March and Simon(1958)의 제한된 합리성을 지닌 인간이 현실의 인간모습이라는 점을 인정하고 이를 강조한다.

점증주의 예산이론은 합리적 인간에 대한 비판적 입장을 가지는 것과 동시에, 합리주의 예산이론에서는 주의 깊게 살펴보지 못한 예산과정에서의 관련자들의 참여로 인해 나타나는 현상에도 주목한다. 그렇기 때문에 점증주의 예산이론에서는 예산 관련자들을 무시하고 합리적인 경제인의 분석적 기초에 의해서만 예산결정이 이루어지는 것은 어려울 뿐 아니라, 그 과정에서 다양한 의견들로 인해 최적의 예산결정은 더욱더 어렵다고 주장한다. 그래서 예산결정은 기준(base) 예산에 기초해서 변화가 이루어진 결과라고 본다. 여기서 기준은 예산과정의 참여자들이 자신들과 관련된 예산이 기존의 수준과 거의 유사한 수준에서 결정될 것이라고 믿는 기대를 의미한다. 그래서 예산과정의 참여자들은 그들 각자의 기준에 근거해서 협상하고 타협하는 등의 상호조절을 통해 예산을 결정하게 된다(Wildavsky, 1984: 16 − 18). 그런 점에서 기준 예산은 예산과정에 참여하는 이해관계자들에게 제공되는 혜택의 집합이라고 정의되기도 한다(윤성식, 2003: 116).

　좀 더 포괄적으로 기준의 의미를 보면, 기준이 정해질 때 고려된 과거의 경험이나 선례, 표준 운영절차, 역사 등도 해당된다. 기존에 행해져 왔던 예산결정과정의 기준이나 표준, 그리고 선례를 참고해서 전년도의 예산에서 어느 정도의 변화를 통해 다음 연도의 예산을 산출하는 것이다. 이와 함께 과거의 기준과 더불어 당해 연도의 증가분에 대해서는 어느 정도 자신들에게도 증가분이 반영될 것이라는 기대(공평한 몫, Fair Share)를 갖고 예산을 결정한다. 이 공평한 몫은 지금까지의 기준을 갖게 된다는 것은 물론이고 다른 기관들의 예산 증감만큼의 일정 부분을 해당 기관도 받게 될 것이라는 기대도 의미하는 것이다. 따라서 기준과 공평한 몫이라는 기대를 갖고 예산결정과정의 참여자들은 타협을 하고 협상에 참여하게 되면서 예산결정을 하게 되는 것이다(Wildavsky, 1984: 16-18).

이러한 특징들로 인해 점증주의 예산이론은 기존예산뿐만 아니라 기존예산에 기초해서 산출된 올해 예산도 다양한 정치세력들 간의 합의와 동의, 타협에 의해 나타난 것으로 보기 때문에 사회갈등을 제한하는 수단으로 여겨지기도 한다. 그래서 점증주의 예산이론에서 의미하는 예산결정은 이상적으로 바람직한 선택이라고 볼 수는 없지만 현실적으로 받아들일 수 있는 선택이라고 할 수 있다. 사람들과 이해(interest)들 간의 갈등을 '관리'한 것이 예산이기 때문이다. 그런 점에서 점증주의 예산이론에서의 예산결정은 단지 '어떤' 사업이 공공자원을 얻게 되는가의 문제가 아니라 '누가' 공공자원을 얻게 되는가의 문제를 다루고 있는 것이라 할 수 있다(Good, 2011: 50). 이와 같이 점증주의 예산이론은 정치과정에서 기준연도 예산에 기초한 예산과정과 그로 인해 산출되는 예산결정에 초점을 두고 있다.

한편, 점증주의의 맥락에서 점감주의 예산도 일부 논의가 있었다. 점증주의는 전년도 예산의 소폭 점증에 주로 초점을 두었다면, 점감주의는 전년도 예산의 소폭 점감에 초점을 두는 입장이다. 사실 점증주의에 대한 관심이 대두되었을 때 암묵적으로 이 점은 인식되었다고 볼 수 있다. 그 증거로 Wildavsky(1975)가 예산환경에 따라 점증주의가 다른 형태로 변형되기도 한다고 언급하였고, 그 이후에 또 Wildavsky(1984)는 소폭적 증가를 말하면서 소폭적 감소를 언급하였다는 데서도 알 수 있다. 그러나 Schick (1983)이 시대별 경제상황에 비추어서 점증주의와 점감주의가 다르게 나타난다는 것을 구체적으로 보여주고 있다. 성장의 시대에는 점증주의가 적합했지만 감축과 긴축이 강조되는 시대는 점감적인 예산행태가 나타난다는 것이다. 물론 그도 밝히고 있듯이 점증주의와 점감주의는 서로 방향이 다를 뿐이지 내용은 서의 동일하다(Schick, 1983: 21).[14] 따라서 포괄적으로 점증주의로 통일해서 사용해도 무방할 것으로 판단하여 이 책에서는 점증주의 예산이론에 점감적 특징도 내포된 것으로 전제한다.[15]

수정론

점증주의 예산이론은 오늘날 예산현상 연구에서 유용하게 사용되고 있는 이론 중 하나이지만 수정될 필요가 있는 부분도 존재한다. 점증주의 예산이론의 수정론을 여기서 특별히 언급하는 이유는, 이 책의 주요 이론적 배경인 단절균형 예산이론이 점증주의에 대한 비판으로 대두되었기 때문에, 점증주의 예산이론에 대한 수정논의와 단절균형 예산이론으로 예산현상을 설명하는 것이 서

---

14) 차이가 없는 것은 아니다. 그도 밝히고 있듯이 점감주의와 점증주의가 재분배적인가 분배적인가, 그리고 불안정의 정도, 공평한 몫의 문제 등에서 차이가 있다. 하지만 기본적인 내용은 방향성이 다를 뿐 동일하다.

15) 이 책에서는 다른 예산이론들과의 구분 차원에서는 단일 용어로 점감을 포함하여 점증주의로 사용하지만, Ⅳ장에서 분석결과를 해석할 때는 점증과 점감이라는 용어로 구분해서 설명한다. 다시 말해, 하나의 이론으로 언급할 때는 포괄적으로 점증주의로 사용하고, 구체적인 예산변화를 언급할 때는 점증과 점감을 구분해서 사용한다.

로 밀접한 관계를 지니고 있기 때문이다. 즉, 단절균형 예산이론의 선행논의로 점증주의 예산이론의 수정론이 필요한 것이다. 두 논의의 연결성은 이어지는 논의의 결과에서 확인할 수 있다.

앞서 논의한 점증주의 예산이론에 따르면 공적개발원조 예산은 이해관계자들의 협상과 타협을 통해 점증적으로 예산변화가 일어난다고 본다. 여기서 점증주의 예산이론이 적용되기 위해서는 두 가지가 충족되어야 한다는 것을 알 수 있는데, 그것은 이해관계자들의 예산결정 '과정(process)'이 점증적 예산이라는 '산출(output)'로 이어지는가이다. 공적개발원조 예산도 관련자들의 협상과 타협(과정)을 통해 점증적으로 예산결정과 변화(산출)가 나타난다면 점증주의 예산이론으로 설명이 가능하다. 하지만 Bailey and O'Connor(1975)에 따르면 점증주의 예산이론에서는 예산결정과정에 대한 논의가 자연스럽게 점증적 산출로 이어지는 것으로 가정하고 있거나, 과정과 산출의 관계를 명확히 구분하지 않고 있다. 점증주의를 연구한 Dahl과 Lindblom, Wildavsky, Fenno, Sharkansky, Dye 모두가 예산과정에서의 협상과 합의로 인해 점증적 예산변화(산출)가 자연스럽게 나타난다는 전제에서 예산변화를 설명하고 있다는 것이다. 실제로 점증주의는 예산과정에서의 점증적 특성과 산출된 결과로서의 점증적 특성을 일관된 맥락으로 이해하거나 구분 없이 이해하는 경우가 많다(Bailey and O'Connor, 1975: 60−64).

그렇다면 가장 큰 반론이 가능한 것은, 예산과정은 점증주의 예산이론의 관점과 같이 타협과 협상을 통해 점증적으로 이루어졌다고 하더라도 그 결과인 예산산출(Budget Output)이 비점증적(non−incremental)으로 나타나는 경우이다. Bailey and O'Connor(1975)

가 지적하는 바도 바로 이 점이다. 예산결정과정에서 관련자들이 상호조절과정을 거쳤다고 하더라도 소폭의 점증적 변화가 아닌 대폭적인 변화가 발생하는 경우가 많다는 사실이다.16) 따라서 Bailey and O'Connor(1975)는 예산과정과 예산산출을 명확히 구분할 것을 주장하면서, 점증적인 의미는 예산과정에서 분석의 복잡성에 대한 인지적 대응이나 협상 과정을 특징화하는 데 한정하고, 산출에 대해서는 산출에서 발견되는 유용한 유형을 찾아서 예산과정과 그 유형들 간의 이론적 관계를 체계적으로 설명할 것을 주장한다.

이 주장은 점증주의 예산이론의 범위를 명확히 하는 동시에 기존의 점증주의 예산이론에 대한 비판이자, 비판에 대한 방어책을 함께 제시하고 있다고 볼 수 있다. 정책결정과정에서는 예산과정에서의 제한적 (혹은 非) 합리성으로 인해 모든 대안을 고려할 수 없고 또 필연적으로 이해관계자들의 목소리가 반영되면서 상호조정과정을 거치기 마련이므로 기존의 기준예산이 중요한 참고자료가 된다는 점에서, 점증적인 예산결정과정의 모습은 쉽게 받아들여지거나 확인될 수 있다. 그리고 무엇보다도 예산결정과정에서 제도적 장치가 마련되어 있거나 제도적 안정성을 보인다면 그 자체가 예산결정과정의 과정적 점증성을 나타내는 것이 된다(Padgett, 1980: 355－356). 하지만 그렇다고 해서 모든 예산산출이 점증적으로만 나타나는 것은 아니므로 산출된 예산의 유형은 점증적인

---

16) 단절균형이론이 본격적으로 논의되기 전(前) 비점증적(단절적)인 현상이 나타나는 경우를 언급한 연구가 Bailey and O'Connor(1975)의 연구 이외에도 있었는데, Davis et al.(1974)의 연구 등이 그에 해당한다. 하지만 Davis et al.(1974)은 비점증적인 현상은 정상적인 상황에서 벗어난 비반복성의 예외적인 사건의 결과라고만 했다(Davis et al. 1974: 438).

지 아니면 비점증적인지를 별도로 구분할 필요가 있다는 것이다. 그래서 예산과정의 점증적인 성격이 예산산출에서도 점증적으로 나타나게 되는 이론적 연결을 설명하고, 동시에 예산과정의 점증적인 성격이 예산산출에서는 비점증적으로 나타나게 되는 이론적 연결을 설명하는 것이다. 여기서 전제된 것 중 하나는 점증적인 예산과정이라고 하더라도 그 정도나 형태가 다를 수 있다는 점이다. 그 다른 점이 예산산출의 점증과 비점증을 설명하는 요인이 될 수 있다는 것이다.

따라서 이러한 관점에서 여러 예산을 분석한다고 하면, 우선 산출을 통해 예산의 점증성과 비점증성을 분석한 다음, 점증성과 비점증성에 따라 예산의 유형화를 시도하고, 점증적인 예산과정에서의 어떤 특징으로 인해 유형별 산출결과가 다르게 나타나게 되었는지를 설명하게 된다. 산출을 분석해서 점증성과 비점증성을 확인한 후 그 요인을 추적하는 것은 현실적으로 점증적인 과정은 점증적 산출과 비점증적 산출 모두를 발생시키는 경우가 많기 때문인 것이다. 따라서 이 책에서는 이하 진행되는 논의에서 과정과 산출을 구분 없이 사용했을 때의 점증주의는 '초기 점증주의'로 지칭하기로 하고, Bailey and O'Connor(1975)가 논의한 예산과정과 산출의 구분을 통해 과정의 점증과 산출의 점증 혹은 비점증을 모두 포함하는 것을 '점증주의'로 지칭하기로 한다. 이 둘의 구분은 점증주의 예산이론이 공적개발원조의 예산변화를 설명하는 데 각각 적용될 수 있는 가능성이 서로 다름을 보여주기 위한 것이다.

따라서 점증주의 예산이론을 과정과 산출로 구분해서 살펴본다면(초기 점증주의가 아닌 점증주의로 살펴본다는 것), 공적개발원조의 유형별 예산변화 패턴 분석에 점증주의 예산이론의 적용이 가능한 것으로 보인다. 그 이유는 만일 초기 점증주의의 입장과 같이 점증주의의 과정과 산출이 구분되지 않고 자연스럽게 연결되는 것으로 전제되었다면, 몇 차례의 공적개발원조 예산의 비점증적 산출변화만 찾아낸다면 (초기) 점증주의 예산이론이 적용되지 않는다는 것을 쉽게 알 수 있겠지만, 점증적 예산과정에서 비롯되는 점증성과 산출의 결과로서 비점증적인 가능성을 모두 받아들인다면 비록 공적개발원조 예산변화의 비점증성이 발견되더라도 설명이 가능하기 때문이다. 이는 특히 공적개발원조 예산변화의 점증성과 단절성이 원조유형별로 구분되어 나타날 때 Caiden(1978)의 주장처럼 예산산출을 패턴으로 구분할 수 있을 것이고, 원조유형별 패턴 차이가 점증적 예산과정의 어떤 차이에서 비롯되었는지도 확인할 수 있게 해 준다.

단, 이때 예산과정이 점증적이라는 전제를 수용하였다는 가정은 필요하다. 이 가정은 Bailey and O'Connor(1975)가 점증주의를 예산과정의 점증성으로 제한해야 한다는 주장에서도 알 수 있고, 또 무엇보다도 그동안의 점증주의의 내용에 부합하는 예산과정의 현실을 보면 비교적 쉽게 수용될 수 있다. 다시 말해, 예산과정에서의 점증적인 것은 예산과정 참여자들의 비-제한된 합리성을 가정하고 예산결정에 필요한 모든 충분한 정보가 제공되었다고 볼 수 없고, 또 가능한 모든 대안을 탐색하고 미래에 대한 정확한 예측을 할 수 없는 상황에서 참여자들 간의 타협과 협상으로 결정되는 과정을 의미하는 것이므로 공적개발원조 예산의 참여과정도 이와 같다면 예산과정에서의 점증성이 나타나는 것으로 볼 수 있다. 그리고 Padgett(1980: 355－356)의 논의처럼 공적개발원조의 예산결정 역시 일정한 규칙과 규정과 같은 제도적 장치가 마련되어 있으므로 과정적인 점증적 특성을 지니고 있다고 할 수 있다.

좀 더 구체적으로 보면, 공적개발원조의 경우 정책결정과정에서 영향을 주고받는 직간접적인 참여자는 국가 간 수준에서 보면 원조공여국의 정부, 원조수혜국의 정부, 다른 원조공여국이 되고, 국내 수준에서 보면 원조공여국 정부, 원조공여국 정부의 원조기관, 원조수혜국 정부, 원조수혜국 정부의 행정조직이나 기관, 계약업체, 원조수혜자로 구분될 수 있다(Ostrom et al., 2002: 62－75). 이 책은 OECD/DAC회원국의 원조예산을 분석단위로 하기 때문에 국가 간 수준에 초점을 두고 보면, 공적개발 무상원조나 공적개발 유상원조와 같은 양자원조의 경우는 원조공여국의 정부, 원조수혜국의 정부, 다른 원조공여국이 되고, 공적개발 다자원조의 경우는 원조공여국의 정부, 원조수혜국의 정부, 국제기구가 된다. 양자원조에서 다른 공여국의 영향은 곧 공여국들 간에 무상원조나 유상원조에 대한 국제적 합의 등을 통해 나타나는 영향을 의미한다고 볼 수 있다. 그리고 원조공여국과 수혜국 간에는, 원조공여국의 정부가 원조예산을 결정할 때 원조수혜국은 더 많은 혹은 더 유리한 조건의 항목이 포함된 예산을 원할 것이고, 원조공여국은 자국 국민이 납득할 만한 예산규모와 원조수혜국이 이행할 만한 예산항목을 포함시키려는 활동들이 상호작용을 보여주는 것 중 하나가 될 수 있다. 그리고 여러 원조활동과 관련된 국제기구의 규정들도 영향을 미칠 것이다. 이러한 상호영향을 주고받는 모습뿐 아니라 원조공여국은 예산결정과 관련된 상대방에 대한 정보나

각 개발원조사업에 대한 정보를 충분하게 보유하고 있지 않으므로 사업대안에 대한 정확한 평가를 하는 것이 불가능한 현실도 존재한다. 그래서 원조효과성에 대한 논란도 지속되고 있는 것이다. 그 결과 기존에 얼마만큼의 원조예산이 결정되었는지 또는 자국과 유사한 환경에 처한 다른 공여국의 원조예산은 얼마인지 그리고 OECD/DAC 전체 회원국들의 평균적인 예산규모는 얼마인지를 기준(base)으로 참고하는 것이다. 그런 점에서 공적개발원조 예산과정은 점증주의 예산이론에서 말하는 과정적인 점증성 모습에 가깝다고 할 수 있다.

따라서 문제는 공적개발원조 예산의 산출이 어떤 모습(점증과 비점증)으로 나타나는지를 분석하고 유형화가 가능하다면 유형화를 한 후 점증적인 예산과정과 각 유형을 연결시켜 설명하는 것이다. 점증적인 예산과정이라고 하더라도 점증의 정도나 형태에 따라 다른 모습을 보일 수 있으므로 그에 기초해서 점증적 산출과 비점증적 산출을 설명할 수 있는 것이다. 이는 점증주의 예산이론이 단순히 서술적 이론에 해당된다는 비판을 극복하려는 시도일 수도 있고, Caiden(1978: 539－544)이 예산연구에서 예산이론이나 모델 정립의 어려움을 말하면서 예산패턴이나 유형에 관한 연구를 할 것을 제시하면서 각 패턴의 차이 등을 각 상황이나 맥락을 고려하면서 설명할 수 있다는 주장을 예산의 지출(산출)에 적용하고자 하는 시도라고도 할 수 있다.17) 비록 서술적 패턴을 찾는 분석을 하지 않는 것은 아니지만 그에 끝나지 않고 각 패턴 차이를 설명할 수 있는 예산과정에서의 점증적 과정(비교)을 함께 논의하려는 시도이

---

17) 패턴을 규정짓는 것에는 다양한 요소들이 있을 수 있겠지만, 그중 하나가 예산 지출(산출) 모습이 될 수 있다.

기 때문이다. 이 시도는 다음에서 논의할 단절균형 예산이론으로 이어진다. 지금까지의 점증주의 논의는 Bailey와 O'Connor(1975)에 의해 예산과정과 산출을 구분하고 비점증적인 예산산출의 발생 가능성을 보여주는 데 그쳤다면, 단절균형 예산이론은 비점증적인 이유를 논의하는 데까지 이어지는 것이다. 다시 말해 단절균형 예산이론은 점증주의에 기초하되 비점증적인 단절을 발견하고 그 단절이 발생하는 이유들을 추론하는 논의도 함께하는 것이다.

2. 단절균형 예산이론의 주요내용

등장배경

단절균형이론은 진화생물학(Evolutionary Biology)에서 논의되었다. Gould and Eldredge(Eldredge and Gould, 1972, 85 − 97; Gould and Eldredge, 1977: 118 − 122)는 그동안 지속적인 진화를 보여주는 화석기록이 충분치 않다는 사실과 종들(species) 간에도 단절적 현상이 존재한다는 점을 확인하고 이에 대해 연구하면서 단절균형모델(Model of Punctuated Equilibria)을 제시하였다.[18] 그들에 따르면,

---

[18] 행정학에서 단절균형이론의 기원을 진화생물학에서 찾을 때 그 연구로 1977년의 Gould and Eldredge(1977)의 연구를 드는 경우가 있는데, 그보다 앞서 1972년의 Eldredge and Gould(1972)의 연구에서 이미 단절균형에 대한 전반적인 논의가 이루어지고 있다. 따라서 단절균형이론에 관한 본격적인 논의는 같은 저자들이지만 정확한 연도를 명시하고자 할 경우에는 Eldredge and Gould의 1972년 연구라고 할 수 있다.

진화는 안정적인 상태가 오랫동안 지속되다가 급격한 변화과정을 겪게 되고 그 후 다시 안정적인 상태가 지속되면서 계속 이어지는 것이라고 했다. 점진적(gradualism)으로만 진화가 이루어지는 것이 아니라 단절적인 변화가 수반되어 종의 변화가 생기고 그것이 안정적인 상태로 이어지다 다시 단절적 변화를 수반하는 등의 단절적 템포(tempo)와 균형적 상태의 불연속적인 과정의 반복으로 진화가 나타난다는 것이다.

여기서 점진적인 것은 점증주의 예산이론에서의 점증적인 현상과 유사한 것으로 볼 수 있고, 마찬가지로 같은 종의 단절적 모양 변화는 점증적인 변화가 아닌 비점증적인 현상으로 볼 수 있다. 그래서 진화생물학에서의 단절균형모델은 정책변동과 예산변화에 적용되기 시작했다. 처음 단절균형이론을 행정학 영역에 적용한 연구는 Baumgartner and Jones(1993)의 연구였고 그 이후에 점증주의의 한계를 극복하는 중심적인 이론이 되면서 많은 연구자들에 의해 활용되고 있다.[19] 정부활동에서도 특히 예산은 '지속'과 '변화'로 특징지을 수 있다는 Patashnik(1999)의 말을 통해서도 예산연구에 단절균형이론의 적용 가능성이 충분함을 예상할 수 있다.

정책의제 및 제도적 구조변화와 단절적 변화 가능성

단절균형이론에 따르면 정부는 제도적으로 이루어지는 안정성

---

19) 물론 Givel(2010)의 연구에서 알 수 있듯이 단절균형이론이 생물학과 공공정책에서 각각 적용될 때 서로 세부적인 차이가 존재하는 것은 사실이다. 하지만 큰 틀에서 볼 때 행정학 분야(특히 예산변화 연구)에서의 단절균형이론의 차용(借用)은 일부 한계나 제약을 상회(上廻)할 수 있는 더 큰 유용성을 지니고 있다.

과 극적인 변화로 인한 정기적인 단절이라는 일련의 연속체로 가장 잘 이해된다고 본다(Baumgartner and Jones, 1993: 251). 그래서 오히려 정부정책과 예산과정에서 점증주의적인 현상만 나타나는 것은 그보다 더 일반적인 현상이라고 할 수 있는 불균형적 정보과정(Disproportionate Information Processing)의 특별한 사례라는 것이다(Jones and Baumgartner, 2005: 325).[20] 물론 단절균형 예산이론에서도 점증주의 예산이론과 같이 제한된 합리성을 가진 정책결정자와 여러 관련자들의 제도적 마찰(Institutional Friction)을 가정하고는 있다. 하지만 차이는 단절균형 예산이론에서는 점증주의와 달리 종종 정책의제의 우선순위 변화나 균형규범이 붕괴되면 대폭적인 예산변화가 나타난다는 것이다. 이는 점증주의에서 점증적 예산변화가 기준(base)에 의해 이루어진다고 한 데서 알 수 있는 것으로, 정책의제의 우선순위의 변경으로 인해 기존의 우선적인 정책에서 형성되었던 기준이 아닌 다른 기준이 설정되거나 혹은 기준 없이 산출이 형성되기 때문이다. 점증적 변화가 기준에서 공평한 몫에 대한 기대로 이루어지는 매개구조를 지니므로, 새롭게 우선시된 정책은 기존에 우선시되었던 정책의 기준에 의해 예산이나 정책이 형성되는 것이 아니기 때문에 점증적 변화의 주요한 전제조건인 기준의 존재라는 것에 대한 전제가 사라진 상태인 것이다. 그렇기 때문에 기존의 기준에 기반을 두어 합의나 협

---

20) 여기서 말하는 불균형적 정보과정은 점증주의와 단절균형을 모두 아우르는 의사결정 모델을 지칭한다(Jones and Baumgartner, 2005). 단, 불균형적 정보과정의 일반적인 현상이 단절균형적 현상이다. 따라서 불균형 정보과정의 의사결정은 대부분 단절균형적 현상을 보이게 된다. 그런 점에서 만일 점증주의만 나타나게 된다면 그것은 특별한 경우라는 것이다.

상으로 소폭적인 점증 혹은 점감으로만 예산변화의 패턴이 지속적으로 나타나는 것이 아니라 기준이 없기 때문에 이전에 우선시되었던 정책산출과는 다른 단절적 변화가 발생할 수 있는 것이다. 그리고 그 후에는 다시 점증적인 변화를 보이는 균형상태를 찾게 된다는 것이다. 그래서 단절균형이론은 점증주의와 달리 정책의 우선순위나 새로운 억제에 따라 기존의 기준(base)이 없어지거나 무용해지거나 새롭게 재설정되기 때문에 기존의 기준에 의한 점증적 변화가 아니라, 주로 장기간의 안정과 단기간의 간헐적 단절이 반복되면서 전반적으로 정책이나 예산산출이 단절균형의 모습을 보이게 된다고 주장한다(John and Margetts, 2003: 413 - 414).

단절균형이론에서는 균형상태가 지속되다가 파괴되는 요인 중 하나로 정책독점(Policy Monopoly)의 약화와 붕괴를 들고 있다. 정책독점은 독점을 형성하는 이들에게 유리한 정책결정이나 예산배분이 변함없이 지속되도록 하는 강력한 힘을 지니고 있다. 정책독점 상황에서는 독점 참여자 이외에는 접근을 제한하도록 하는 그들이 형성해 놓은 제도가 구조화되어 있으며, 동시에 그 제도와 관련된 지배적 아이디어가 뒷받침되고 있다. 따라서 정책독점은 정책결정을 위한 제도화의 견고성이나 지속성과 관련된다. 실제로 정책독점자들이 구조화된 제도를 바탕으로 그들의 활동이 고차원적이고 고상한 목표를 위한 것이라고 다른 사람들을 확신시킬 때 정책독점이 더 강하게 형성되기 쉽고 또 지속되기도 쉽다. 이때 제도적 구조와 제도를 지지하는 아이디어는 정책이미지를 형성하는 데까지 나아간다. 이 정책이미지는 다시 제도적 구조와 아이디어를 더욱더 지지하고 견고화시킨다. 그 결과 기준(base)의 유지가 강하게 기대되므로 그 기대 충족에 따른 정책산출의 모습은 점진적 변화가 주를 이루게 될 뿐 급변의 모습은 쉽게 보이지 않게 되는 것이다. 여기서 제도는 표준화된 절차로 나타날 수 있고 지배적 아이디어는 지배적 신념이나 사상이 될 수 있다. 이런 상황에서는 지속적인 안정으로 정책독점이 원하는 정책의제만 채택되고 실행된다. 기존의 기준이 지속적으로 유지되는 것이다. 그래서 전년도의 관행과 역사가 오늘의 점증적 변화를 유도해 안정적인 균형상태가 지속되도록 하는 것이다.

그러나 정책독점은 파괴될 수 있고 약화될 수 있다. 이는 기존 사회문제에 대한 정의나 정책의제의 우선순위의 변화를 유인하는 공공의 관심이 집중되면서이다. 대중미디어의 역할이나 정치적 캠페인이 모두 이때 이루어지며 그에 따라 이때가 단절의 시작이 되는 기회의 창(Windows of Opportunity)이 열리는 때이다. 물론 기존의 정책독점을 약화시킬 정도의 강력한 힘이 단기간에 나타나기는 어렵다. 그래서 장기적 균형과 단기적 단절의 반복인 것이다. 그렇지만 환경적 변화나 문제의 심각성 정도에 따라 쉽게 형성되어 기회의 창도 비교적 쉽게 열리는 경우도 있다(Baumgartner and Jones, 1993: 1-55).

바로 여기에 단절발생의 첫 번째 요인이 있다. 예산결정과정에 영향을 미치는 정책의제(아젠다)가 그것이다. 현재의 정책아이디어로 뒷받침되어 이미 형성되어 있던 기준(base)을 기반으로 점증적 예산산출을 낳는 예산결정과정은, 새로운 정책의제에 영향을 받아 기존의 정책의제로 형성되었던 점증적 변화의 전제조건인 기존의 기준이 흔들림에 따라 기준 없는 예산산출이 이루어지므로 기존과는 다른 단절적 예산변화를 보이는 것이다. 새로운 사회문제에 대한 인식, 문제에 대한 새로운 정의, 새로운 우선순위 선정 등이 반영된 이전과는 다른 새로운 정책의제는 이전의 기준(base)에 의해 합의된 결과로 산출되었던 점증적 예산변화와는 더 이상 부합하지 않는 것이다. 실제로 Wildavsky(1992)의 논의와 Jones, True and Baumgartner(1997)의 연구에서도 보듯이 정책의제의 새로움은 기존 예산결정과정에서는 약한 합의나 불합의의 가능성을 높이고, 또 기준(base) 자체가 없는 데서 오는 불안정(volatility)으로 인해 단절적 예산변화를 발생시키게 되는 것이다.

이와 같이 단절균형 예산이론에서는 단절현상을 설명할 때, 왜 단절을 낳게 하는 새로운 세력이 형성되는가에 대해 초점을 두기 보다는 단절을 발생할 수 있는 여건의 변화에 관심을 둔다. 여건 의 변화에는 정책의제가 미치는 영향뿐 아니라 제도적 구조변화 도 포함된다. 이것이 정책의제의 변화 이외에 또 다른 단절발생 요인이 될 수 있다. 일단 기존의 제도적 구조에 변화가 생기면 정 책산출의 변화를 이끌게 되면서 단절이 발생하기 쉽기 때문이다 (Baumgartner and Jones, 1993: 12). 제도적 안정성은 과정적 점증 성을 나타내면서 결과적 점증성의 가능성을 높이지만, 반대로 제 도적 안정성이 낮아지면 결과적 비점증성의 가능성이 높아진다 (Padgett, 1980). 그래서 단절균형이론에서는 제도가 단절의 또 다 른 중요 요인이라고 보고 있다.

여기서 말하는 제도는 앞의 단절발생 요인인 정책의제와 같은 무형의 구조적 제약이라기보다는 유형의 구조적 제약으로, 정책이 나 예산결정의 산출을 낳는 시스템으로서 현재의 정책결정을 유도하는 구조를 의미한다. 아무리 기존의 정책이 잘못되었다는 목소리가 높더라도 그 정책이 계속 산출되는 제도적 구조가 그대로인 이상 잘못된 정책은 계속 나타날 수밖에 없는 것이다. 기존의 정책독점이 형성한 제도가 여론의 비판을 받더라도 독점에 참여한 사람들은 여전히 건재하고 있는 제도를 통해 자신들의 이익을 안정적으로 얻게 되는 것이다. 따라서 단절적 변화는 제도의 구조적 변화가 중요한 요인으로 작용한다고 볼 수 있다.

제도가 정책산출을 낳는 구조를 의미한다는 점에서 정책결정을 위한 표준이나 절차도 그에 해당한다고 볼 때, 정책결정과정의 위약한 과정체계(표준이나 절차)가 단절적 변화를 이끌기도 한다. 점증주의 관점에서는 예산결정의 일반적인 과정 중 절차의 역할을 중시하기 때문에 절차(Wildavsky의 용어로는 예산과정의 정례화)에 따른 결과로 인해 점증적인 변화가 나타나는 것으로 보기도 한다는 점에서(Breunig, Koski and Mortensen, 2009: 705), 기존에 설정된 표준절차와 규범이 제도적으로 적응되지 않았거나 그 절차가 바뀌게 되면 기존과 다른 급격한 변화를 동반할 수 있는 것이다. 이점은 사이버네틱 이론(Cybernetic Theory)에서 기존의 표준운영절차에 따라 정해진 절차나 처리과정(recipe)을 통해 현상유지가 지속되다 그 절차에 따라 처리할 수 없는 사례가 발생하면 기존의 정해진(의도된) 균형에서 일탈이 발생하는 것과 같다. 일탈에 다시 적응하기 위해서는 그에 맞는 새로운 표준을 설정하게 될 때 단절이 발생하는 것이다(Maruyama, 1971: 330－332). 그리고 구조적 측면에서의 관료제화(bureaucratization)의 정도를 통해 볼 때 조직적으로 덜 구조화가 될수록 더 단절적이라는 Robinson(2004)

의 연구도 제도적 구조의 변화에 따라 단절의 가능성이 달라질 수 있다는 점을 보여준다. 이와 같이 기존의 특정한 제도(의사결정과정)가 선택된 것을 관련자들 사이의 협상의 결과라고 본다면(하연섭, 2003: 144 – 145), 새로운 협상에 따른 새로운 제도의 구성은 새로운 산출을 낳게 되는 것이다. 즉, 기존의 구조 자체를 기준(base)이라고 할 때 이러한 제도적 구조변화도 넓게 본다면 기준의 변화에 따른 것이라고 할 수 있다. 그렇기 때문에 비점증적 변화가 동반되는 것이다.

제도적 비용 증가와 단절적 변화 가능성

그러나 제도나 규칙이나 표준절차는 항상 쉽게 변하는 것은 아니다. 그래서 단절균형 예산이론에서는 제도적 측면에서 단절현상을 설명할 때 제도적 구조변화만을 유일한 요인이라고는 보지 않는다. 지속되는 제도 내에서도 단절현상은 발생될 수 있다. 실제로 제도의 구조변화가 없는 상태에서도 단절적 현상은 발생할 수 있다는 경험적 연구 결과를 보여주는 연구들이 존재한다. Jones et al.(2003)은 의사결정에서 발생하는 비용은 점증적인 정책산출을 가져오는 역할을 하기도 하지만 동시에 주요한 정책변화의 원인이 되기도 한다고 하였다.[21] 비용발생 때문에 기존의 의사결정과정

---

21) Jones et al.(2003)은 의사결정과정의 구조(제도)를 하나의 제도적 장치로 보기 때문에 의사결정과정에서 발생하는 의사결정 비용들(costs in making decision)을 포괄적으로 제도적 비용(institutional cost)으로 칭하고 있다. 의사결정비용과 제도적 비용을 혼용하고 있는 것이다. 이 책에서는 의사결정비용으로 주로 칭하되 문맥에 따라 제도적 비용이라는 용어도 사용한다.

구조가 그대로 유지되는가 하면, 비용 증가는 의사결정과정에서의 여러 마찰(friction)로 인한 것이므로 기존의 정책산출이 아닌 새로운 산출이 나타나게 한다는 것이다. 따라서 그들은 의사결정의 비용이 증가할수록 단절적인 정책산출이 나타나게 된다고 하였다.

구체적으로, 의사결정 시스템에서는 변화에 반응하는 네 가지 비용이 있다. 결정비용(Decision Costs), 거래비용(Transaction Costs), 정보비용(Information Costs), 인지비용(Cognitive Costs)이 그것들이다. 결정비용은 의사결정과정에서 합의하고 동의를 구하는 데 소요되는 비용으로서 서로 영향력이 다른 데서 오는 협상비용 등이 여기에 포함된다. 거래비용은 주로 동의나 합의가 이루어진 이후에 발생하는 비용이다. 완전한 거래가 이루어지도록 계약에 대한 순응을 확보하는 데 소요되는 감독비용 등이 여기에 포함된다. 정보비용은 결정을 하기 위해 여러 정보를 획득할 때 발생하는 일종의 조사비용이다. 인지비용은 정보를 처리하는 데 소요되는 비용으로서 조직이나 개인의 제한된 정보처리 능력에서 비롯되는 비용이다(Jones et al., 2003: 151 - 155). 네 가지 비용을 의사결정과정에 비추어서 보면, 결정을 위한 적절한 정보를 얻기 위해서 우선 정보비용이 필요하고, 그 정보를 이용할 수 있게 되었다면 처리하기 위한 인지비용이 필요하며, 정보가 처리되었다면 결정에 이르기 위한 결정비용이 필요하고, 결정된 사항이 잘 이루어지도록 감시하거나 순응을 확보하는 데 거래비용이 필요한 것이다 (Robinson, 2007: 141).

이 네 가지 비용 증가가 단절을 발생하는 요인이 된다는 것이다. 비용의 증가는 기존 현상의 변화나 새로운 결정을 위한 노력의 결과로 급격히 발생하기 때문이다. 변화되기 전의 기준(base)에 의한다면, 다시 말해 주어진 제도하에서는 이미 행해져 왔던 대로 기존 정보를 이용하고 기존의 관련자들과 협상하면 비용이 적게 들겠지만, 현상을 변화시키고자 하는 참여자들의 등장에 따라 기존의 참여자들과 새로운 참여자들 간의 마찰이나 새로운 참여자들 간의 마찰 등 정책산출을 위한 제도직인 참어 과정에서의 마찰인 제도적 마찰(Institutional Friction)이 증가하게 되면 새로운 정보와 새로운 협상자들 사이에서 발생하는 여러 비용들은 급격히 증가한다. 기존의 제도에 다양한 관련자들이 참여하게 되므로 마찰이 많아지고 그에서 비롯되는 비용도 증가하는 것이다. 더 이상 관례화되어 있고 정례화되어 있던 의사결정과정이 적합하지 않게 되고 그에 대한 대응은 곧 비용 상승을 초래하는 것이다. 이러한 의사결정과정의 제반 비용의 증가는 점증적 변화의 기초가 되면서 비용을 줄이게 하는 기존의 기준(base)에 의하여 의사결정이 이루어지지 않는 데서 비롯되므로 기존의 정책산출이 아닌 새로운 정책산출을 보여주는, 즉 단절적 현상을 낳는 결과를 보여준다.

이를 다른 측면에서 본다면, 현상을 변화시킬 때 소요되는 막대한 비용으로 인해 개혁이나 변화를 시도하기보다는 점증적 의사결정이 계속 이루어지는 이유가 됨을 의미한다고도 볼 수 있다(Danziger, 1976: 336). 그러나 현재의 의사결정과정체제하에서 비용을 감수할 정도의 중요한 변화가 필요하거나 비용을 감수할 수밖에 없는 상황(예컨대, 예산결정참여자들의 교체)이 발생한다면 의사결정과정에서의 비용 증가는 피할 수 없다. 이러한 비용 증가는 기존의 기준(base)에 의하지 않는 의사결정으로 인한 것에서

비롯되므로 이전과는 다른 정책산출의 가능성을 높여 주는 하나
의 예시(豫示)인 것이다. 결국, 의사결정과정에서의 비용(제도적 비
용)은 예산변화의 점증성의 한 요인이 되면서 동시에 단절의 한
요인이 되기도 하는 것이다.

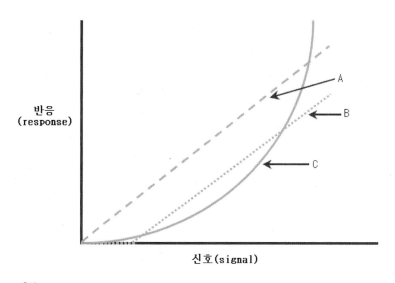

* 출처: Jones and Baumgartner(2005: 340)
* x축: 투입 정도를 의미(정책변화 요구)
  y축: 산출에서의 변화 정도를 의미(정책변화 정도)

[그림 2] 의사결정비용(제도적 비용)을 고려한 정보-처리과정의 정책체제

비용 증가와 단절현상은 함수식으로도 알 수 있다. 만일 어떤
의사결정에서 앞의 네 가지 비용이 전혀 소요되지 않는 이상적
시스템이 존재한다고 한다면, 산출에서의 변화(R)는 정보(S)와 정
보흐름으로부터의 혜택(β) 간의 함수($R = \beta S$)로 나타낼 수 있다.
정보 투입의 흐름이 그대로 산출변화로 반영되는 것이다. 함수에

서 알 수 있듯이 산출이 투입과 선형의 관계를 가지므로 항상 같은 비율로 변한다. 의사결정과정에서 비용이 전혀 발생하지 않으므로 정책에 관한 요구 등이 항상 그대로 산출로 나타나는 것이다. 이런 상황에서는 비용에 대한 걱정이 전혀 없기 때문에 정책변화에 대한 요구가 미약하거나 강하거나에 상관없이 그에 맞게 항상 반응을 하게 된다. 그래서 어느 순간의 단절적인 상황은 출현하지 않는다. 이는 [그림 2]에서 A에 해당한다. β값이 얼마인가에 따라 기울기는 달라지겠지만 선형으로 일정한 기울기를 유지하는 것은 동일이다. 그러나 현실에서는 의사결정 비용에서 완전히 자유로울 수 없기 때문에 A와 같은 사례는 거의 발생하지 않는다.

그래서 고려할 수 있는 함수는, 산출에 대한 변화(R)가 정보(S)와 정보흐름으로부터의 혜택(β) 간의 함수에서 비용(C)을 뺀 것으로 ($R = \beta S - C$) 나타내는 [그림 2]의 B와 같은 경우이다. 여기서 비용은 고정비용을 의미한다. 그래서 초기에는 고정비용 때문에 대응(변화에 대한 반응)이 없을 수 있는데(산출의 변화 정도가 0), 그 고정비용을 감당할 수 있는 수준만 넘으면 A와 같이 선형을 보이게 된다. 다시 말해 정책변화에 대한 신호들은 있지만 초기의 고정비용들은 오히려 산출에서의 변화를 저지하게 된다. 고정비용을 상회할 수 있을 만한 산출에 대한 투입의 양이 되지 못하기 때문에 그 정도의 산출에 대한 변화 요구는 고정비용이 더 크다는 이유로 반영되지 않을 수 있는 것이다. 하지만 고정비용을 상회할 만한 산출에서의 변화에 대한 필요성이 높아져 변화에 대한 요구가 초기의 고정비용을 충분히 상회할 수 있는 정도라면 그때부터는 산출에서의 반응이 일어나기 시작해서 변화가 발생하는 것이다. 그 변화모습은 선형이 된다. 왜냐하면 현재 B상황에서의 가정은 고정비용만 존재한다는 것이기 때문이다. 그래서 B에서 고정비용을 초월한 뒤의 선형적 변화는 비용 수준의 변화를 통해 단절을 보여주는 것이 아니다. 그리고 이 경우도 역시 비현실적이다. 앞서 네 가지 의사결정 비용들이 항상 고정되어 있는 비용이라고 할 수도 없고, 의사결정과정에서 일부의 고정비용 이외에는 다른 비용이 존재하지 않는 것도 아니기 때문이다. 여기서도 고정되어 있다고 볼 수 없는 일반적인 의사결정 비용들을 고려하지 않은 것이다.

현실적인 함수는 산출에 대한 변화(R)가 정보(S)와 정보흐름으로부터의 혜택(β)이 비용(C)과 상호작용을 갖는 것을 표현한 함수($R = \beta S \times C$)이다. 그림에서 C가 이를 나타내는데, C 그래프를 보면 우선 어느 정도까지는 여러 비용들 때문에 대응이 크게 나타나지 않는다. 즉, 비용이 변화를 유도하는 대응의 폭을 늘리지 않는 것이다. 변화를 위해 비용발생에 따라 자원낭비를 하는 것보다는 지금까지 해 온 방식대로 하면서 점증적인 산출을 낳도록 하는 방식을 계속 유지하는 것이다. 그리고 이때는 변화에 대한 신호도 낮기 때문에 관련자들 사이에서 발생하는 의사결정 비용 자체도 변화를 고려할 만한 마찰수준에서 비롯된 것이라고 볼 수 없다. 그러나 점차 신호, 즉 정책변화에 대한 요구 정도가 높아지면 그에 대한 비용이 크게 상승하게 되는데, 함수식에서 알 수 있듯이 이때는 큰 변화를 발생시키는 대응이 발생하게 된다. 이는 네 가지 의사결정 비용이 함께 증가하기 때문이다. 완만한 점증적 기울기가 점차 급격한 모습으로 바뀌는 것이다.

이와 관련하여 $R = \beta S \times C$ 식에서 단순한 예를 들어 보면, β가 0.1이라고 가정하고 만일 신호가 1개라면 그에 따른 4개의 비용이 발생하므로 산출변화를 일으킬 수 있는 반응의 정도는 $0.4(0.1 \times 1 \times 4)$가 되고, 여기에 신호가 1개 더 증가하면 4개의 비용이 추가되므로 $1.6(0.1 \times 2 \times 8)$이 되고, 또 신호가 1개 더 증가하면 $3.6(0.1 \times 3 \times 12)$, 이이서 6.4, 10, 14.4, 19.6 등으로 짐짐 더 변화의 정도(간격)가 증가하여 C와 같은 가파른 기울기로 변해 가는 것이다. 하나의 신호 증가로 인해 큰 비용 증가를 가져오고 이는 기존의 기준에 의한 것이 아닌 새로운 정책산출을 더 강력하게 원하는 것이 되고 그에 따라 대응하게 되는 것이다. 즉, 기울기의 변화를 보면 되는데, 바로 이것이 단절적 현상인 것이다. 그런 점에서 의사결정에 관계되는 비용들이 증가할수록 단절적 현상이 발생할 가능성이 크게(급격히) 증가하는 것이다(Jones and Baumgartner, 2005: 337 − 340; Jones et al., 2003: 154 − 155). 따라서 단절적 현상은 의사결정비용의 정도를 통해서도 설명이 가능하다. 이는 단절의 발생을 제도의 구조 자체의 변화가 아니라 기존 제도에서 의사결정비용의 변화를 통해서 설명하는 것이다.

이에 비추어 본다면 예산의 유형 간 패턴 차이에서 단절적 현상이 발생하는 정도가 서로 다르다면, 유형 및 무형의 구조적 제약을 동반하는 제도적 측면에서 예산산출을 낳는 의사결정구조의 변화 정도와 의사결정비용의 증가 정도 그리고 정책의제의 변화 정도 등을 비교하면 그 차이를 설명할 수 있을 것이다. 물론 단절을 발생하는 그 이외의 많은 요인들이 존재할 수 있겠지만, 단절균형 예산이론에서 지금까지 논의된 단절발생 이유는 이러한 요인들로 포괄할 수 있다. 단, 이러한 요인들은 서로 독립적으로 각각 영향을 미치는 것은 아니다. 그리고 명확히 구분되는가에 대한 의문의 여지도 있다. 단적으로 정책의제나 아이디어, 우선순위의 변화도 결국 의사결정과정의 구조적 변화와 관련될 수 있으며 동시에 의사결정과정의 비용 증가와도 관련될 수 있기 때문이다. 그러나 이러한 구분을 통해 도출된 유형별 예산변화 패턴의 차이를 좀 더 다양한 경로로 설명할 수 있는 이점이 있다. 만일 공적개발원조유형별로 정책의제 변화 정도나 의사결정과정에서의 제도적 구조의 특징이 동일한 방향(단절 혹은 점증 및 단절균형)으로 나타난다면 유형별 패턴 차이를 복수로 확인하는 것이 되는 것이다. 따라서 단절균형 예산이론에서 단절발생이나 단절발생의 차이는 제도적 측면에서 정책의제의 변화 정도와 의사결정과정의 구조변화 및 의사결정과정의 비용 증가의 특징으로 설명될 수 있다.

3. 이론 적용을 위한 '점증성'과 '단절성'의 조작화

단절균형 예산이론은 점증주의 예산이론을 비판 또는 보완해서 논의되었기 때문에 단절균형 예산이론을 논의할 때 점증주의 예산이론에 관한 내용을 배제할 수 없다. 균형의 의미가 점증적 예산변화가 지속되는 것을 말하고 단절의 의미가 비점증성이 발생하는 것을 의미하기 때문이다. 따라서 단절균형 예산이론을 경험적 사례에 적용할 때에도 점증주의에서 의미하는 점증성에 관한 의미를 먼저 명확히 규정해야 한다. 점증성에 관한 명확한 의미 규정은 곧 경험적 분석을 위한 점증성 의미의 조작화라고 할 수 있다. 점증성 의미의 조작화는 단절적 의미의 조작화의 다른 말이기도 하다. 특히 예산과정과 산출을 구분해서 점증성과 비점증성을 살펴본다고 할 때, 점증성에 대한 조작적 의미는 예산산출의 점증성 혹은 단절성을 확인하는 데 중요한 기준이 된다.

앞서도 언급했듯이 점증주의 예산이론과 단절균형 예산이론을 적용한다는 것은 예산과정에서의 점증성은 전제된 것이다. 즉, 예산과정은 합리적이고 완전한 정보를 지니고 있거나 분석능력이 뛰어난 참여자들이 아닌 제한된 합리성과 부족한 정보를 지닌 사람들이 협상과 합의에 도달하는 과정이 현실에서의 예산과정이므로 예산과정의 점증성을 전제하는 것이다. 다만 예산과정의 점증성은 점증적 산출을 낳을 수도 있고 단절적 산출을 낳을 수도 있다는 점에서 예산유형별로 예산과정의 점증적 특징은 차이가 있을 수 있다. 그 차이가 앞서 논의한 의사결정과정의 구조가 변화되는 경우이거나 의사결정과정에서 소요되는 비용이 어느 정도인가에 따른 것이다. 점증적 예산과정의 이런 차이가 단절적 산출을 낳는 데 유의미할 수 있다는 것이다. 따라서 여기서 점증성과 단절성에 관한 조작적 의미를 명확히 하는 것은 예산산출이 점증적인가 단절균형적인가를 확인하기 위해서이다.

단절성과 점증성에 관한 조작적 의미는 예산의 '무엇'을 대상으로 '얼마나' 변화된 것을 점증 혹은 단절이라 할 것인가의 문제이다. 다시 말해 점증성과 단절성을 판단하는 '대상'이 무엇이고, 판단 '기준'을 어떻게 설정할 것인가를 의미한다. 이와 함께 이런 조작적 의미에 기초해서 '어떤 방법'으로 점증과 단절의 여부를 확인할 것인가도 예산산출의 점증성과 단절성을 분석하는 데 선결되어야 할 과제이다. 따라서 예산산출의 점증성과 단절성을 확인하는 것은 점증성과 단절성의 대상과 기준을 명확히 하는 단절과 점증의 의미의 조작화 과정이며, 이는 조작적 의미를 바탕으로 어떤 분석기법을 사용할 것인가에 대한 논의까지 이어진다.

단절성 판단의 대상

우선 점증성과 단절성을 판단하는 대상은 전년도 예산 대비 증가율이 된다. 이는 Wildavsky(1984)가 점증성의 의미를 설명할 때 전년도의 예산수준은 될 것이라는 기대인 기준(base)과 당해 연도에 증가된 양의 일정 부분이 그 기준에 반영될 것이라는 기대인 공평한 몫(Fair Share)에 의해 점증성이 발생한다는 데서 비롯된 방법이다. 간단히 말하면, 전년도 예산에서 소폭 증가하는 것이 점증성이므로 전년도 대비 증가율이 예산변화를 살펴보는 대상이 된 것이다. 그래서 점증주의 예산이론이나 단절균형 예산이론을 적용한 선행연구들 거의 대부분이 이 방법을 사용한다(강병구, 2005; 김철회, 2005; 원구환, 2009; 유금록, 2007; 함성득 외, 2010; Breuning et al., 2009; John and Margetts, 2003; Jones et al., 2003; Jordan, 2003; Jones et al., 1998; Wildavsky, 1984; Kemp, 1982; Bailey and O'Connor, 1975).

물론 전년도 대비 증가율이라는 비율이 아닌 예산액의 절대적 증가액을 사용할 수도 있고, 예산을 기능별로 구분해서 점증성이나 단절성을 보고자 할 때는 전체 예산에서 차지하는 비율의 증가율을 사용할 수도 있으며, 또 전체 예산의 증가율에 기초로 해서 각 기능별 예산의 증가비율과 비교하는 방법 등을 사용할 수도 있다. 하지만 예산 절대액의 증감을 사용해서 단절과 점증을 판단하는 것은 변화를 비교하는 데 상당한 어려움이 있다. 50년 전의 1억이 증가했다는 것이 오늘날 1억이 증가한 것과는 다르며, 전년도 예산이 1억인 상태에서 1억이 증가한 것과 전년도 예산이 1,000억인 상태에서 1억이 증가한 것은 의미하는 바가 다르기 때문이다. 따라서 점증주의의 기준연도 대비 예산변화를 절대액의 변화량으로 보기에는 무리라고 할 수 있다.

이와 함께 총예산에서 기능별로 예산이 차지하는 비율의 증가율을 살펴보는 것과 총예산의 증가율에 기초하여 각 기능별 예산의 증가율을 살펴보는 방법은 Danziger(1976)가 제시한 모형으로서 예산변화의 다양한 측면을 분석할 수 있는 장점을 지니고 있다. 물론 Danziger 자신도 이 두 모형보다 전년도 예산 대비 증가율을 사용하는 방법이 더 많이 사용되고 있다고 말하고 있다. 다만 그는 총예산에 부분별 예산 비율의 변화도 보고자 할 때 이 두 경우를 사용할 수 있음을 보여주고 있다. 그러나 이 두 모형을 제시하는 근거에 다소 오해의 소지가 있다. 그는 총예산에서 차지하는 비율의 변화를 살펴보는 모형은 점증주의에서 기준(base)의 개념을 그 근거로 두고 있음을 밝히고 있다. 하지만 그는 Wildavsky(1984)가 제시한 기준(base)을 어떤 기능분야에 배분된 예산의 총지출에서 차지하는 비율이라고 해석하고 있는데, Wildavsky(1984)는 기준을 전년도 예산과 거의 유사한 수준(level)으로 결정될 것이라는 기대를 의미한다고 규정하고 있을 뿐 총지출에서 차지하는 비율이 동일할 것이라고는 직접적으로 언급하고 있지 않다.

그리고 공평한 몫에 근거해서 그가 제시하는 두 번째 모형인 총예산의 증가율에 기초한 기능별 예산의 변화율도, Wildavsky(1984)는 다른 기관들의 기준(base)에서의 증감이 해당 기관에도 반영될 것이라는 기대가 공평한 몫이며 따라서 공평한 몫은 '다른 기관과 비교해서' 증감이 반영될 것이라는 기대라고 본다는 점에서 반드시 전체 예산의 증가율을 각 부분별 예산의 증가율과 비교해서 점증성을 판단하는 것은 직접적인 근거로서 설득력이 약하다고 볼 수 있다. 그리고 무엇보다도 총예산에서 차지하는 비율을 적용할 경우 예산을 구성하는 기존의 요소가 달라질 경우(없어지거나 다른 부분과 통합되는 경우) 발생하는 변화를 어떻게 다룰 것인지가 과제로 남는다. 그리고 총예산에서 차지하는 비율(혹은 총예산 증가율에 기초한 각 기능별 증가율)을 사용할 경우 해당 예산 자체의 변화모습보다는 다른 예산과 비교하여 전체 예산에서 차지하는 비율변화(혹은 전체 예산증가율 대비 기능별 예산변화)에 관한 정보만 제공된다는 문제점도 있다. 해당 예산 자체의 변화를 알기 어려운 것이다.

따라서 점증성의 다양한 변화 측면을 제시한다는 점에서는 위의 세 가지 경우가 갖는 의의는 충분하지만, 대부분의 선행연구들에서 사용한 방법이자 점증성의 기본적인 개념인 기준(base)에 충실한 전년도 대비 증가율을 점증성과 단절성을 분석하는 대상으로 삼는 것이 바람직하다고 할 수 있다. 그래서 이 책도 공적개발원조 예산의 전년도 대비 증가율을 대상으로 점증성과 단절성을 측정한다.

단절성 판단의 기준

그렇다면 점증성과 단절성은 어떤 기준에서 판단할 것인가? 이는 점증성과 단절성의 판단기준의 문제로서 특정시점의 단절성과 점증성을 판단할 때 중요하게 작용한다. 특정시점에서 단절과 점증성을 판단할 때 사용된다는 것의 의미는, 예컨대 50년 기간 동안의 전체 예산변화의 단절성과 점증성을 판단한다고 하면 점증과 단절을 확인하는 분석기법을 논의할 때 언급하겠지만 점증과 단절의 기준이 없다고 하더라도 확률분포를 이용해서 분석될 수 있지만, 특정시점의 단절과 점증 확인을 위해서는 점증이나 단절을 나타내는 변화폭이 설정되어 있어야 단절과 점증 여부를 확인할 수 있다는 것이다. 그리고 이 기준 설정은 단절시점에서의 단절성을 확인하는 데 중요할 뿐 아니라 단절확률을 계산하는 데도 중요하게 작용한다. 하지만 점증주의 예산이론이나 단절균형 예산이론에서 점증성과 단절성이 어느 정도의 폭에 해당한다고 명확히 규정하고 있지는 않다. 단지 기준에 대해 '일정 부분' 증가된 것 혹은 '소폭' 증가된 것이 점증적으로 변한 것이라고 언급이 되어 있을 뿐이다. 일정 부분이나 소폭이 어느 정도인가를 명확히 하지 않고 있는 것이다. 그래서 연구자에 따라 그 기준이 다르게 적용되고 있다.

그럼에도 불구하고 주로 사용되는 기준은 점증주의 예산이론에 대한 초기 연구자이자 가장 먼저 그 기준을 적용해서 연구한 Wildavsky(1984)의 기준이다.[22] 그의 기준을 그대로 적용하는 연

---

22) 초판은 1964년도에 나왔고 1984년은 네 번째 개정판이다. 이 문장에서 점증주의의 '초기' 연구라는 말이 1984년의 연구라는 것이 아님을 밝혀 둔다.

구가 있는가 하면 연구에 맞게 조금씩 조정해서 사용하고 있다. Wildavsky는 전년도 대비 10% 증가가 점증과 단절의 기준으로 제시하고 있다. 10% 이하 증가를 보인다면 점증적이라 할 수 있고 10%를 초과하면 단절발생으로 판단하는 것이다. 이는 함성득 외 (2010)의 연구에서도 사용하고 있는 기준이며, Kemp(1982) 역시 점증과 비점증의 경계를 10%로 하면서 동시에 점감의 범위도 -10% 이내로 제시하고 있다. 이와는 달리 원구환(2009)은 -5%와 15% 사이를 점증으로 정하여 그 외의 구간을 단절로 보고 있다. 그리고 Jones et al.(1998)과 True(2000)는 -15%와 20% 사이를 점증 혹은 점감 구간으로 정하고 그 범위를 벗어날 때를 단절로 판단한다. 그리고 이보다 좀 더 높은 단절의 시작점을 제시하는 연구로는, 유금록(2007)은 점증은 22.4% 이내로 하고 점감은 -7.6% 이내로 기준을 정하고 있으며, 김철회(2005)와 Baumgartner and Jones(1993)는 25%를 점증 및 점감이 단절과 구분되는 기준으로 정하고 있다. 남궁근(1994)과 Danziger(1976), 그리고 Bailey and O'connor(1975)는 점증성의 기준을 점증성, 상대적 점증성, 단절성으로 구분해서 각각의 기준을 제시하고 있다. 이러한 구분은 세부적인 판단을 위한 것이겠지만 핵심은 단절의 기준이 곧 점증성에서 벗어난 것이므로 크게 상대적 점증성을 포함한 점증성과 단절성으로 간단히 그 기준을 구분할 수 있다. 이렇게 구분해 본다면 남궁근(1994)과 Danziger(1976)는 30%를 기준으로 점증(30% 이하)과 단절(31% 이상)이 구분되고 -11%부터는 비점감적 변화로 판단하고 있다. Bailey and O'connor(1975)도 30%까지는 점증적 변화이고 31% 이상은 단절적 변화로 보고 있다. Jordan(2003)은 점증의 경우 35%, 점감의 경우-25%를 각각 점증성의 기준으로 제시하고 있다.

이처럼 연구자에 따라 서로 다른 점증기준을 제시하는가 하면, 점감기준을 점증기준과 별도로 제시하기도 하고 점감기준을 명시하지 않은 경우에는 점증기준에 방향을 바꿔서 점감기준에 적용한다는 암묵적 가정을 하고 있기도 하다. 각 연구의 점증성 기준을 정리한 것이 다음 <표 1>이다. 전체적인 경향을 보면 점증 기준 값의 경우 최솟값은 10%이고 최댓값은 35%이다. 점감의 경우는 최솟값이-5%이고 최댓값은-25%이다.

<표 1> 선행연구의 점증성 기준

선행연구	점증성 기준
Wildavsky(1984)	10% 이내
함성득 외(2010)	10% 이내
Kemp(1982)	±10% 이내
원구환(2009)	-5%, 15% 이내
Jones et al.(1998)	-15%, 20% 이내
True(2000)	-15%, 20% 이내
유금록(2007)	-7.6%, 22.4% 이내
김철회(2005)	±25% 이내
Baumgartner and Jones(1993)	±25% 이내
남궁근(1994)	-11%, 30% 이내
Danziger(1976)	-11%, 30% 이내
Bailey and O'connor(1975)	30% 이내
Jordan(2003)	-25%, 35% 이내

* 점증성을 세분화해서 상대적 점증성 등을 제시한 연구들의 경우 모두 점증성에 포함해서 그 기준을 명시하였다.
* 점감기준이 명시되지 않은 연구는 해당 연구에서 점감기준을 별도로 명시하고 있지 않기 때문이다.
* -는 점감을 의미한다.
* 여기에 나타난 각 연구의 점증성 기준은 모든 경우에 0%를 중심으로 점감(-)과 점증(+)의 기준값이 양쪽으로 위치하여 그 범위를 형성하고 있다고 볼 수는 없다. 예컨대 Baumgartner and Jones(1993)와 Jordan(2003) 등의 연구와 같은 경우 평균 변화율에서 각 점감과 점증의 값이 더해진 경우가 점증과 단절의 경계라고 보고 있다.

이 책에서는 점증성 및 점감성을 단절과 구분하는 기준으로 20%를 사용하기로 한다. 그 이유는 점증주의 예산이론에서 점증성 기준 값이 Wildavsky에 의해 제시되면서 사용된 기본적인 기준값인 10%에, 지난 50년 동안 국가별·유형별 원조 구분 없이 모두 합한 OECD/DAC 회원국들의 전체 공적개발원조 예산의 평균 변동률이 약 10% (10.4%)이므로 이를 더한 값이 약 20%이기 때문이다. 이 값은 <표 1>에 나타난 선행연구들의 점증성 기준값의 평균(21.7%)과도 비슷하다. 사실 선행연구들마다 점증성 기준이 다른 것도 Wildavsky의 10%를 기준으로 분석대상(사례)에 적절한 값을 보완해서 사용했기 때문이다. 그렇게 본다면 점증성의 기준이 연구자마다 다르다는 것은 곧 점증성의 기본적인 기준인 10%에 사례별 상황을 고려해서 정했기 때문이라고도 볼 수 있다.

하지만 이 책은 단순히 전년도 공적개발원조 예산 변화율이 20% 이상 초과하였다고 해서 그대로 단절로 판단하지는 않는다. 20% 기준에 다시 약간의 조정이 필요한데, 그것은 물가수준이 반영되어야 하기 때문이다. 만일 인플레이션율이 20%인 상황에서 예산 증가율이 21%라면, 이를 단절적 변화로 보는 것은 잘못된 것이다. 단절균형 예산이론을 적용할 때 이 부분은 상당히 주의할 필요가 있다. 인플레이션 효과를 고려하지 않고 점증성과 단절성을 판단하면 잦은 단절적 현상이 발생하는 것으로 잘못 해석할 수 있다.

이 인플레이션 효과를 없애는 방법은 분석자료에서 불변가격으로 예산을 조정하는 방법과, 그렇지 않고 현재가격으로 된 예산자료라면 단절성 기준에서 인플레이션율을 더해서 단절기준값을 높게 정하는 것이다. 두 방법 중 후자 방법보다는 전자방법이 더 적절하다. 왜냐하면 단절기준값만 조정할 경우 단절시점을 확인하는 데는 큰 문제가 없지만, 확률분포를 이용하여 전체적인 단절성을 판단할 때나 단절확률을 계산할 때는 원(raw) 자료 자체에 여전히 인플레이션이 반영되어 있기 때문이다. 따라서 이 책은 전자의 방법, 즉 불변가격으로 된 예산자료를 사용했다. 그렇기 때문에 단절성 기준에 인플레이션을 고려한 기준값의 상향 조정이 필요 없다. 오히려 선행연구들의 기준값을 참고해서 사용한다면 상향된 인플레이션값을 다시 빼야 한다. 그래서 단절성 기준에 인플레이션을 고려했다고 전제한 기존연구에서 참고한 10%와 인플레이션이 반영된 전체 공적개발원조 예산의 평균 변화율 10%의 합인 20%는 이 책의 분석기간인 지난 50년간 인플레이션율로 다시 조정되어야 한다. 지난 50년간 OECD 자료를 통해 계산한 OECD/DAC 회원국들의 평균 인플레이션율은 약 5.4%이다. 이때 앞에서 단절성 기준값으로 20%를 구할 때 절삭되었던 공적개발원조 예산의 평균 변화율의 소수점 값(0.4%)을 고려해서 점증성의 경우 20.4%에서 5.4%를 차감한 15%를 그 기준으로 삼는다. 하지만 점감기준의 경우는 OECD/DAC 회원국들의 지난 50년간 매년 평균 물가상승률이 양(+)이기 때문에 물가하락 경우를 고려하지 않아도 되므로 그대로 20%가 초과될 경우를 점감으로 판단한다. 요컨대, 이 책에서 점증성과 단절의 기준은 15%이고, 점감과 단절의 기준은 20%이다.

지금까지 점증성을 측정할 때 무엇을 대상으로 할 것인가의 문제와 어떤 기준으로 판단할 것인가의 문제를 논의하였다. 점증성과 단절성의 경험적 분석을 위한 조작적 의미를 구체화한 작업으로서, 전년도 예산 대비 증가율을 대상으로 점증성은 15% 이내로 하고 점감성은 20% 이내로 하여 그 값을 초과하면 단절로 판단하기로 하였다. 여기서 한 가지 더 명확히 해야 할 것은 점증성과 단절성을 판단하는 값을 어디에 기준을 두고 적용해야 할 것인가에 관한 것이다. 다시 말해, 점증성과 단절의 시작 값(threshold)을 정하기 위해 어떤 값에 더하거나(점증의 경우) 빼야(점감의 경우) 하는가이다.

점증주의 예산이론과 단절균형 예산이론이 등장한 이후부터 대부분의 연구에서는 점증과 단절의 경계값은 주로 0이었다. 더 정확히 말하면 전년도 대비 증가율을 구해서 그 값과, 만일 점증성과 단절성을 판단하는 값이 15%라면 0에다 그 15%를 더한 값을 비교하는 것이었다. 즉 전년도 대비증가율과, 0% + 15%의 값을 비교해서 단절성을 판단하는 것이다. 이 방법의 기본적인 가정은 점증적인 예산변화의 평균 증가율은 0%이며, 따라서 점증성은 0%를 중심으로 양쪽으로 한계값(Margianl Value)을 갖는 범위에 존재한다는 것이다.

그러나 이 방법의 가장 큰 문제점은 예산변화의 패턴은 역사적 자료를 바탕으로 분석된다는 점에서 오랫동안 항상 평균적으로 14%의 매년 예산증가율을 보인 사례가 있다고 하면, 이 사례에서 어떤 특정 시점에서의 16%의 증가율은 평균적 변화에서 큰 차이가 없는 것임에도 불구하고 단순히 0을 기준으로 단절성의 기준을 15%로 적용한 결과 단절적인 경향이 강한 것으로 판단될 수 있다는 것이다. 그리고 매년 평균 증가율이 20%라는 사례가 있다고 하면, 0을 기준으로 15%의 단절기준값을 사용하게 되면 많은 경우 예산변화는 항상 단절적이라는 과대추정(overestimate)을 하는 오류를 범하게 된다. 대부분의 시간 동안 20%대로 변화가 이루어져 왔기 때문이다.

단절은 표준(norm)으로부터 떨어진 희소한(scare) 값이 중요한 의미를 지니는 것이기 때문에, 단절성을 판단하는 값의 크기도 중요하겠지만 무엇보다도 표준적인 변화(정규적인 변화 패턴)에서 얼마나 희소하게 떨어져 있는가를 측정하는 것이 중요하다(Jordan, 2003; Dempster and Wildavsky, 1979). 이는 Wildavsky(1984)가 점증주의를 논할 때 사용한 핵심용어인 기준과 공평한 몫의 개념에서도 드러난다. 점증적 변화는 전년도의 예산수준에 대한 기대에다 증가된 일정 부분을 소폭 추가한 변화라고 하였다는 점에서, 전년도 예산수준에다 증가한 일정 부분이 포함된 것이기 때문에 '항상 기대하는 수준'에서의 변화를 의미하므로 그 기준이 반드시 0이 된다는 것을 의미하는 것은 아닌 것이다.

실제로 Wildavsky는 1964년 이후 Dempster와의 공동연구에서 여기에 대한 논의를 추가하고 있다. Dempster and Wildavsky(1979)에 따르면, 예산변화의 정규적인 패턴이 유지되거나 이탈하는 것이 점증과 비점증의 구분이 된다고 하고 있다. 단순히 0%에서 사전에 정한 점증성과 단절성 기준을 적용해서 특정 연도의 점증성을 판단하는 것이 아니라 기존의 변화 패턴에서 얼마나 떨어져 있는가를 판단한다는 것이다. 이 방법은 단절균형 예산이론 연구에서 Jordan(2003)에 의해 적용되었는데, 그는 단절성과 점증성을 구분하는 기준값을 정한 뒤 예산부문별 평균 증가율에 그 값을 더하여 단절이 시작되는 시작점(threshold)을 계산해서 단절성을 판단하였다. 예컨대, 정부의 소방 예산은 매년 평균 증가율이 약 3%이므로 여기에 그가 설정한 점증성 기준인 35%를 더하여 38%의 값이 점증을 초과하는 단절적 현상을 보이는 시작점으로 정하였으며, 마찬가지로 공공시설 건립과 관련된 예산은 매년 평균 증가율이 약

21%이므로 단절이 시작되는 기준값은 35%를 더한 56%의 증가율을 보일 때로 하였다. 점감의 경우도 그는 −25%의 단절성 값을 정한 뒤 소방 관련 예산의 평균 증가율인 3%에 이 값을 빼서 약 −21%의 감소율이 보이면 점감을 초과한 단절적 현상으로 보고 있다.

항상 정규적인 패턴이 일정 부분 증가율을 보이는 것이라면 그 패턴에서 얼마나 벗어나는가를 단절의 시작으로 보는 것이다. 즉, 매년 30%의 증가율을 보인다면 올해에도 30% 증가율을 보이면 그것이 점증적 예산변화를 보여주는 것이다. 이때 전년도 대비 0%의 변화, 즉 아무런 변화가 없다면 오히려 이 경우가 단절적인 예산변화를 의미한다고 보는 것이 더 적절하다. 예산변화의 역사적 패턴에 대한 고려 없이 단순히 0이라는 전혀 변함없는 것이 점증적이라고 보는 것은 잘못된 해석이라고 할 수 있다. 따라서 이 책에서도 매년 평균 증가율에서 앞서 정한 점증성과 단절성을 구분 짓는 경계값을 적용해서 단절성을 측정하기로 한다. 즉, 점증성과 단절성은 U+15%의 값이 그 경계가 되고, 점감성과 단절성은 U−20%의 값이 경계가 된다(U는 평균 변화율이다).

단절성 판단의 방법

지금까지가 점증성과 단절성의 조작적 의미를 구체화하는 과정이었다면 이어서는 조작화된 점증성과 단절성을 어떤 방법으로 측정할 것인가에 대한 논의이다. 이에 대해서는, 단절균형 예산이론은 점증적 변화에서 단절이 발생하는 희소성을 중점적으로 측정하는 깃이기 때문에 구체적인 단일의 함수를 가정하고 분석하기보다는 확률과정방법(Stochastic Process Method)을 통해 정규적 패턴에서 얼마나 벗어나 있는가를 분석하는 것이 더 적절다고 볼 수 있다(Breunig and Koski, 2009: 1119 – 1120). 그래서 정규분포에서 얼마나 벗어나 있는가를 보는 세첨분포(Leptokurtic Distribution)를 측정한다. 세첨분포는 정규확률분포와 비교할 때 중앙에서 높은 빈도를 보이면서 분포의 꼬리부분은 두터운(fat – tails) 것이 특징이다. 이는 곧 단절균형적 예산변화에서 파레티안 확률분포(Paretian Probability Distribution)가 나타나고 있는 것을 말한다. 예산변화에서 파레티안 확률분포의 유의미성은 예산변화의 빈도가 중앙에서 높은 빈도를 보이고 있으므로 대부분의 변화들이 유사한 변화패턴에서 안정적(균형적·점증적)인 경향을 지니면서, 동시에 정규분포와 비교해서 매우 크거나 극적인 변화의 빈도가 상대적으로 많이 꼬리부분에서도 나타나기 때문에 두꺼운 꼬리를 보일 때이다(Jordan, 2003: 346 – 347). 따라서 단절균형 예산이론에서의 단절은 때때로 (간헐적으로) 나타나는 큰 예산변화와 자주 나타나는 작은 예산변화(유사한 패턴의 변화)의 안정적 분포가 함께 존재할 때를 나타내는 파레티안 확률분포에 토대해서 분석된다.

　다음 [그림 3]은 정규분포와 단절적 변화가 반영된 세첨분포를 보여준다. 보는 바와 같이 중앙의 높은 빈도와 두터운 꼬리 그리고 약한 어깨는 잦은 점증성과 때때로 큰 변화의 단절을 보여주는 단절균형을 나타낸다. 정규분포에 비해 꼬리가 훨씬 느리게 0으로 떨어지는 것을 보이는데, 이것은 극단적인 사건(단절)이 보통의 경우만큼 드물지 않다는 뜻이다. 정규분포와 달리 x가 평균에서 꽤 멀어져도 y가 0이 되지 않기 때문에 평균에서 벗어난 단절적 변화가 발생하는 것을 보여준다. 이는 전체 표본의 단절성 유무를 측정하는 데 유용하게 사용된다.

그러나 세첨분석은 주로 정규분포와의 비교를 통한 기술에 중점을 두는 경향이 있다. 따라서 이 책에서는 이러한 세첨분석만 하는 데 그치지 않고 앞서 설정한 단절성 기준값을 이용하여 단절발생의 경계를 설정하고 동시에 그 확률도 계산하는 것이다. 첨도분석은 세첨분포를 확인하고 그에 기초하여 전체적인 단절균형 패턴을 확인하는 데 사용하고, 앞에서 논의한 점증성과 단절성의 판단기준들은 단절시점과 단절확률을 확인하는 데 사용하는 것이다. 따라서 이 책은 단절확률과 단절시점도 확인하고 전체적인 단절균형 분포도 분석하기 때문에 점증성과 단절성 기준을 통한 분석은 물론이고 다음 그림과 같이 세첨분포를 이용한 분석도 함께 실시하는 것이다.

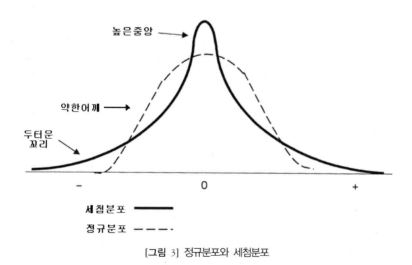

[그림 3] 정규분포와 세첨분포

이를 위한 구체적인 분석기법은 Kolmogorov-Smirnov의 Z값을 이용하는 방법과 정규성 검정에서 첨도 값을 계산하는 것이다. 두 기법 모두 정규성을 검정하는 방법임에도 불구하고 하나만 사용하지 않고 함께 사용하는 이유는, 단절성 측정이 정규성에서 벗어난 것을 의미하므로 Kolmogorov-Smirnov 검정을 통해 전체적인 자료의 비징규성을 확인하는 동시에 첨도분석을 통해 비정규성 중에서 분포의 꼬리부분의 두터움을 추정하여 단절성 정도에 대한 정확한 정보를 얻기 위해서이다. Kolmogorov-Smirnov 검정만 할 경우 정규적인 패턴에서 벗어난 꼬리부분에 대한 설명력이 약하다는 비판이 있을 수 있기 때문에(John and Margetts, 2003: 422), 이를 최소화하기 위한 것이기도 하다. 이 분석결과에서 정규분포가 아닌 파레티안 분포에 가깝다는 결과가 나타나게 되면 분포의 면적을 이용하여 단절확률도 측정할 수 있다. 단절확률은

$$P = [X \geq \mu] \frac{\dfrac{1}{(1+|\mu|)^{\alpha}}}{2}$$ 을 통해 측정된다.[23]

---

23) 여기서 μ는 단절 시작점이고, α는 $\dfrac{1}{Z}$로 구할 수 있는데, $\overline{Z}$는 $Z_i = \ln(|\overline{X} - X_i| + 1)$의 평균이다.

원조예산은 어떤 패턴을 보이는가?

1. 공적개발원조 활동의 전개과정과 예산 추이

공적개발원조 활동의 전개과정

1960년대

개발도상국가들의 경제발전과 복지증진을 위한 공적개발원조는 1950년대 후반에 이르러 중점적으로 논의가 시작되었다고 볼 수 있다. 학자에 따라, 관점에 따라 오늘날의 공적개발원조에 해당하는 원조활동이 언제부터 본격적으로 이루어졌는가에 대한 논의가 그 자체로 또 다른 논쟁거리가 되기도 하겠지만, 당시의 국제정세와 여러 국제기구의 활동, 그리고 국제선언 등에 비추어 보면 1950년대 후반부터라고 할 수 있다. 그 이전에는 제2차 세계대전 이후의 긴급복구를 위한 원조가 주를 이루었고, 동시에 미국과 소련을 중심으로 자본주의 진영과 국가사회주의 진영 간의 원조경쟁

이 원조활동의 핵심이었다. 다시 말해 당시에는 미국이 중심이 된 자본주의 진영과 소련을 중심으로 한 국가사회주의 진영은 각 진영의 세력 확대 및 저지를 위해 원조활동을 활발히 하였던 것이다. 이는 당시 트루먼 선언(Truman Doctrine)과 마셜 플랜(Marshall Plan)에서도 확인된다. 1947년에 트루먼 대통령이 "공산주의 세력의 압박으로부터 자유와 안전이 위협받는 나라를 지원하기 위한 목적으로 대외원조를 실시한다"고 선언하였고, 같은 해 조지 마셜 장관이 제안한 마셜 플랜은 공산주의의 침투를 저지하기 위해 유럽의 패전국을 중심으로 원조활동을 실시하였다. 이와 함께 당시에는 영국과 프랑스를 중심으로 자국의 식민지에 대한 지원활동 역시 이루어졌다(한국국제협력단, 2009: 47-52; Hjertholm and White, 2006: 80-82). 따라서 1950년 후반 이전의 원조활동은 오늘날의 공적개발원조와는 다른 성격을 지닌 원조활동이었다고 할 수 있다. 대외원조활동의 역사를 살펴본다면 이 시기도 고려해야 하겠지만 공적개발원조의 역사로는 볼 수 없는 것이다.

하지만 이 시기는 1950년대 후반에 개발도상국가들에 대한 공적개발원조가 본격화되는 데 중요한 밑거름이 되었다. 1950년대 후반부터 1960년대에는 아프리카 신생독립국의 증가와 많은 개발도상국가들이 UN에 가입하게 된 시기였고, 남북문제(선진국과 개발도상국가 간의 경제적 격차 해소를 둘러싼 제반 문제)의 해결이 국제적인 주요과제로 대두되는 시기였다.[24] 이런 상황에서 전후

---

24) 당시 신생 개발도상국의 등장과 이들 국가의 영향력 증대는 국제관계에도 큰 영향을 미쳤고, 이에 1961년 말 UN 총회는 1960년대를 '제1차 UN 개발 10년(United Nations Development Decade)'으로 삼았다(한국국제협력단, 2009: 52-53).

(戰後) 식민지 원조나 이념대결에 의한 원조활동 시기에 설립된 국제기관들이 개발도상국가들에 대한 공적개발원조 활동에서 중요한 역할을 하게 되었고, 또 마셜 플랜의 성공은 국제사회가 개발도상국가들의 개발문제로 관심을 돌리게 하는 동력이 되었던 것이다(Hjertholm and White, 2006: 81－82). 특히 마셜 플랜의 성과는 개발도상국가들에 대한 개발지원도 성과를 보일 수 있을 것이라는 신념을 심어 주었고, 마셜 플랜에서 얻은 경험은 개발도상국가들의 개발문제에도 활용될 수 있을 정도로 축적되어 있었다(Lindbaek, Pfeffermann and Gregory, 1998: 62－63; Führer, 1996: 4).

그리고 1961년에는 마셜 플랜 집행기구인 유럽경제협력기구(OEEC)가 OECD로 개편되고 개발원조그룹(DAG)이 OECD 산하의 개발원조위원회(DAC)로 전환되면서 개발원조에 관한 선진국의 논의가 본격화되었다. 이 논의는 아프리카개발은행(Africa Development Bank)이나 세계은행의 개발협회(International Development Association), 그리고 아시아개발은행(Asian Development Bank) 등이 설립되면서 더욱 활발히 이루어졌다. 또 1969년에 Pearson Commission Report가 발표되면서 GNP의 0.7%를 공적개발원조에 제공할 것을 권고하였다. 따라서 1950년대 후반부터 1960년대는 기존의 이데올로기적 대립에 의한 원조 이외에 남북 간의 격차해소를 위한 개발도상국가들에 대한 공적개발원조에 본격적인 관심을 기울기 시작한 시기였다고 할 수 있다.

1970년대

1960년대에 공적개발원조에 대한 관심이 대두되어 관련 기관이
나 기구들의 제도화가 이루어졌지만 그 관심만큼 개발도상국가의
경제성장이나 빈곤감소 등은 기대에 미치지 못하였다. 그래서 그
동안의 원조결과에 비추어 원조와 빈곤 감소에 대한 연계가 미흡
했음을 인식하고 새로운 방안을 모색한 시기가 1970년대이다(Riddell,
2007: 31-32). 그 일환으로 1970년대에는 체계적인 원조의 필요
성과 개발에서의 사회경제구조 변화의 중요성, 원조규모의 증액
등이 강조되기 시작했다(한국국제협력단, 2009: 57). 그리고 이 시
기에는 선진국들의 원조수준이 증가되면서 동시에 NGO에 의한
원조활동도 성장하였다. 그러나 1973년 석유위기는 세계경제의
침체를 유발하였고 그로 인해 일부 원조삭감이 있기도 하였다.

그렇지만 동시에 OECD/DAC는 석유위기로 인해 가장 큰 영향
을 받는 개발도상국가들에 대한 원조의 필요성을 오히려 더 강조
하였다(Führer, 1996: 26). 그것을 보여주는 것으로 '제2차 UN 개
발 10년 계획(Second United Nations Development Decade, 1970년)',
'UN 경제권리와 의무헌장(Charter of Economic Rights and Duties of
States, 1974년)', OECD/DAC의 '경제성장을 위한 개발협력과 인간
의 기본적 욕구 충족 선언(Statement on Development Cooperation for
Economic Growth and Meeting Basic Human Needs, 1977년)', '원조
집행 개선을 위한 가이드라인(Guidelines for Improving Aid Implemen-
tation, 1979년)' 등이 발표되거나 채택되었다. 또 이때 Pearson Com-
mission Report에서 권고된 GNP 대비 0.7%의 공적개발원조 예산
지출도 스웨덴·네덜란드·노르웨이·덴마크가 달성하기에 이르렀

다. 그렇지만 이런 노력에도 불구하고 1979년의 제2차 석유위기는 개발도상국가의 채무증가를 심화시키는 계기가 되어 선진국의 원조피로(aid fatigue) 현상이 대두되기도 했다.

1980년대

1980년에 들어서는 새로운 관점에서 개발원조를 바라보게 되는 환경이 조성되었다. 개발도상국가의 계속되는 채무누적과 1982년의 멕시코 금융위기가 급속하게 다른 제3세계 지역으로 확산되어 원조환경에도 많은 영향을 준 것이다(Thorbecke, 2006: 33). 무엇보다도 기존에 원조수혜국의 빈곤이나 가난, 그에서 비롯되는 기본적 욕구충족이 이루어지지 않는 점에만 초점을 두고서 원조공여국 관점에서 원조제공에만 중점을 두었던 것에 대한 문제점을 인식하게 되었던 것이다. 다시 말해 1960년대를 비롯하여 1970년대에는 개발도상국의 경제성장이 빈곤문제를 자연스럽게 해결할 수 있다는 연쇄효과(Trickle Down)를 가정하고 있었고, 또 개발도상국가들이 원조를 제공받으면 원조자금을 잘 운용할 수 있는 행정적 능력이 갖추어져 있는 것으로 전제하였던 것이다(Degnbol-Martinussen and Engberg-Pedersen, 2003: 44-47). 이와 더불어 1980년대 전후로 영국의 대처 정부, 미국의 레이건 정부와 같은 보수파 정부의 등장과 함께 1980년대에는 시장주의 정책을 중심으로 한 신고전파 경제학의 접근이 개발이론에서도 주류가 되었다(박형중, 2007: 23).

이러한 배경들에서 개발원조 수혜를 받는 개발도상국가들 스스로의 책임을 물으며 급진적인 구조조정이 필요하다는 주장이 대두되었다. 이는 채무위기의 규모와 대규모 내외적 불균형을 시정하는 구조조정이 개발재개를 위한 필요조건이라는 것을 의미한 것이었다. 따라서 세계은행과 IMF 등은 누적 채무가 있는 개발도상국에 대한 구조조정 차관이 실시되었다. 특히 국제적으로 개발도상국의 채무경감을 위해 '토론토 조건(Toronto Terms)'에 대한 합의나 '브래디 계획(Brady Plan)' 등의 합의가 도출되었다.

이와 함께 1980년대에는 원조조정(Aid Co-ordination)과 원조효과성(Aid Effectiveness)에 대한 관심도 높아졌다. 즉, 원조수혜국이 원조공여국 파트너와 연계하여 당국의 개발목표와 전략에 적합하게 계획하는 원조조정은 OECD/DAC 고위급 회담에서 '원조조정을 위한 개발전략 및 프로그램 향상(Aid for Improved Development Policies and Programmes and Implications for Aid Co-ordination)'에 대한 원칙을 채택하고 여기서도 원조조정에 대한 일차적 책임은 각 원조수혜국에게 있다는 뜻을 밝혔다(OECD, 2006a: 22). 그리고 OECD/DAC는 원조의 효과에 대한 평가를 위해 원조평가 전문가 그룹을 1982년에 정식으로 발족시켰다(한국국제협력단, 2009: 67). 요컨대, 1980년대에는 개발도상국의 금융위기와 신자유주의의 영향으로 원조수혜국의 구조적 문제 해결이 필요함이 강조되었고, 원조 파트너십과 주인의식 그리고 원조 효과성에 대한 논의가 시작되는 단계였다.

1990년대

1990년대의 공적개발원조는 냉전의 종식과 세계화 그리고 아시아 금융위기 등의 외재적 요인에서 많은 영향을 받았다. 냉전 종식으로 이념적 성격의 원조는 감소하였으나 세계화의 영향으로 개발도상국가들에 대한 공적개발원조의 개발 이슈에는 민주화·인권·환경 문제 등이 포함되기 시작했다. 이는 유엔이 개발문제에 관심을 환기하고 해결책을 제시하기 위해 개최한 많은 국제회의에서도 드러난다. 실제로 어린이·환경·인권·인구·사회개발·여성·안정·식량부족·기후변화 등에 관한 여러 국제회의들이 개최되었다. 이처럼 당시에는 보다 포괄적인 국제개발문제들에 도전하는 시기였던 것이다(King and McGrath, 2004: 22 – 23). OECD/DAC도 경제적 웰빙(빈곤감소), 사회개발(교육, 남녀평등, 어린이사망, 건강보호 접근), 환경(지속 가능 개발) 등의 유사한 주제들에 대해 21세기 개발전략(Shaping the 21st Century)을 발표하기도 하였다(OECD, 1996: 9 – 11). 그 외에도 새로운 국제 맥락에서의 개발파트너십(Development Partnership in the New Global Context)의 채택이나 유엔개발계획(United Nations Development Programme)에서의 인간안보(Human Security)라는 새로운 개념과 인간개발지수(Human Development Index)의 작성도 당시의 공적개발원조 활동에 영향을 미쳤다.

그리고 1990년대에는 개발도상국가의 거버넌스와 원조효과성에 대한 관심이 이전과 비교해서 상당히 증대되었다. 1980년대에 개발도상국가의 행정체제 능력이나 원조효과성에 대한 관심이 시작되었지만, 특히 1989년과 1990년대에 이에 대한 많은 논의가 진행되기 시작했다(Doornbos, 2001: 93). 그중에서도 1989년 세계은행의 원조 관련 보고서 등에서 원조수혜국의 거버넌스 위기(Crisis of Governance)가 빈곤과 가난 그리고 저개발의 원인이 된다는 점이 지적되면서 원조수혜국의 거버넌스 개선을 위한 원조가 필요함이 새롭게 주장되었다. 물론 기존의 원조 관련 보고서에서 주장되어 왔던 빈곤감소를 위한 경제정책에 대한 강조도 계속되었지만, 원조수혜국의 거버넌스 위기가 아프리카 등의 많은 빈곤국가들의 가난이 지속되는 중요한 원인으로 새롭게 부각된 것이다. 다시 말해, 기존의 원조행태와 같이 직접적으로 빈곤감소를 위한 원조사업에 초점을 둔 원조뿐 아니라, 합리적이고 올바른 법과 제도, 관료제도 등 공식적인 제도의 성립을 통해 공정성과 법치가 확립되도록 하는 것도 함께 필요하며, 또 사회의 다양한 목소리가 반영되어 책임성, 투명성, 정당성, 참여가 보장되도록 하는 데 도움이 되는 원조도 필요하다는 인식을 하기 시작한 것이다. 그렇게 함으로써 효율적인 자원사용과 자원배분이 이루어지고 효과적인 정책집행도 가능해지므로 궁극적으로는 빈곤도 감소된다는 것이다(Williams and Young, 1994: 85－88).25) 이와 같이 1990년대에는 개발도상국가들에 대한 공적개발원조의 과제가 다양해지고 원

---

25) 실제로 빈곤감소가 경제성과와 관련된다고 할 때, Knack and Keefer(1995)가 분석한 바와 같이 경제성과에 영향을 미치는 여러 요인들 중 하나가 세계은행의 거버넌스 하위지표와 중첩되는 지표들(법치, 반부패, 관료제의 질 등)로 구성된 제도적 변수들이다. 그리고 Evans and Rauch(1999)의 연구에서도 세계은행의 거버넌스 하위지표들 중 정부효과성 지표에 가까운 관료제 점수를 사용한 분석을 통해 효과적인 거버넌스가 경제성장에 유의미한 영향을 미친다는 것을 보여준다. 그들은 이 결과를 통해 아프리카 빈국들의 낮은 경제성장과 빈곤이 거버넌스의 문제로도 설명될 수 있다고 주장한다. 또 세계은행보고서(World Bank, 1997: 29－38, 79－98)도 법치나 참여보장, 반부패 등을 통해 잘 작동되는 제도를 갖추고 높은 역량을 지닌 관료제가 존재할 경우 빈곤이 감소된다는 증거를 보여주고 있다. 세계은행의 <Assessing Aid: What Works, What doesn't, and Why> 보고서 역시 같은 맥락에서 개발도상국가의 정책 및 제도개선을 주장하고 있다. 이 모두 후진국의 빈곤이 열악한 거버넌스에서 비롯된다는 점을 중점적으로 보여주는 연구결과들이다. 그런 점에서 원조수혜국의 원조도 궁극적으로는 빈곤감소를 위한 것이지만 그것을 위한 한 수단으로서 거버넌스의 개선이 필요하다는 주장이 대두된 것이다.

조효과에 대한 평가를 원조수혜국의 거버넌스와 관련해서 주로 논의가 이루어졌다.

2000년대

2000년이 되면서 공적개발원조는 OECD/DAC의 고위급 포럼과 Gleneagles에서 열린 G8 정상회담, UN의 밀레니엄 개발목표(Millenium Development Goals)의 중간평가회의 등의 주요 국제회의를 통해 지속적인 원조예산의 규모 확대가 강조되었다(한국국제협력단, 2009: 87). 여기서 특히 밀레니엄 개발목표는 공적개발원조의 역사에서 중요한 이정표로서 평가받고 있다. 그 이유는 새로운 세기가 시작된 2000년에 OECD 회원국을 비롯하여 189개 유엔회원국 정상들이 UN총회에서 2015년까지 세계 빈곤인구를 반으로 감축하기로 합의하는 내용의 밀레니엄 선언(Millenium Declaration)이 발표되면서 이를 위한 구체적이고 측정 가능한 목표로 나타낸 것이기 때문이고, 더욱이 가장 많은 원조공여국이 가입되어 있는 OECD가 밀레니엄 개발목표 수립에 적극적으로 참여하면서 이를 달성하기 위해 최대한 협력할 것을 천명하였기 때문이다(김은미 외, 2010: 8−9). 그리고 무엇보다도 밀레니엄 정상회의와 밀레니엄 선언 및 밀레니엄 개발목표는 그 이전에 있었던 많은 선언이나 합의사항들과는 달리 전 지구적 규모의 개발 및 극심한 빈곤감소를 위한 미래의 인류 공동 청사진을 마련했다는 점과 이를 수행하기 위한 체계적이고 종합적인 계획에 전 세계의 정상들이 동의했다는 점(UN 역사상 가장 많은 회원국 정상들이 합의한 계획)에서 정치적 정통성과 책임성이 큰 것이었다. 그리고 범세계적 이슈별 당면과제에 대하여 개별적인 전략과 접근을 시도하였던 과거와는 달리 그것들을 모두 포괄하여 방향을 제시하였다는 점과 또 기존에 논의된 합의나 목표를 종합하여 측정 가능한 수치로 설정하고 있다는 점 등이 공적개발원조 역사에서 한 획을 긋는 사건이었다(배진수·강성호·한희정, 2006: 27－33; 한국국제협력단, 2009: 92－93; Riddell, 2007: 40－42).

실제로 밀레니엄 개발목표를 보면 8개의 목표에 다시 세부목표들로 이루어져 있는데, 여기에는 개발을 위한 빈곤, 교육, 평등(여성), 아동사망, 모성보건, 각종 질병, 환경, 파트너십의 목표와 각 세부목표로 구성되어 있다. 목표달성과 측정 가능한 지표는 달성연도와 달성수준을 구체적으로 명시하고 있는 세부목표에 나타나 있다. 밀레니엄 개발목표는 이후 개발에 대한 논의나 개발사업이 통일적 틀을 갖고 진행될 수 있게 하는 상위 계획으로도 그 역할을 하게 되었다. 예컨대 2002년의 국제개발재원회의(International Financing and Development Conference)와 세계지속가능발전정상회의나, 원조효과를 위한 2003년 로마선언(Rome Declaration)과 2005년 파리선언(Paris Declaration on Aid Effectiveness), 2008년 아크라 행동계획(Accra Agenda for Action) 등이 밀레니엄 개발목표를 계승한 것들이다.[26] 이와 같이 2000년대는 새로운 천 년을 맞이하면서 공적개발원조에 대한 시금석이 된 대표적인 국제적인 합의로 밀레니엄 개발목표가 제시되었고 그에 따라 종합적이고 측정 가능한 원조내용들이 강조되었다.

---

26) 밀레니엄 개발목표를 통해 원조효과를 논의하는 제4차 원조효과 고위급회담은 2011년 11월에 한국에서 개최되었다.

공적개발원조 예산의 추이

공적개발원조의 예산변화는 다양한 기준과 영역으로 나누어 살펴볼 수 있다. 여기서는 OECD/DAC 회원국들의 순(net) 공적개발원조 예산을 물가수준을 제외한 실질예산으로 그 추이를 보기로 하고, 원조유형별로는 공적개발 무상원조, 공적개발 유상원조, 공적개발 다자원조로 나누어서 보기로 한다. 연구에 따라 순 공적개발원조 예산을 고려하지 않는 원조예산을 사용하거나 물가수준이 반영된 예산변화를 살펴보기도 하고, 또 OECD/DAC 회원국과 비(非) 회원국들을 모두 포함하여 예산 추이를 논하기도 한다. 그러나 여기서는 이 책의 분석이 OECD/DAC 회원국에 초점을 두면서 원조유형을 공적개발 무상원조, 유상원조, 다자원조로 구분해서 이루어지기 때문에 한 해에 지원된 원조에서 그해에 상환된 원조액을 고려하는 순 공적개발원조 예산을 중심으로 보기로 하며, 또 예산변화에 따라 점증과 단절의 패턴을 살펴보기 때문에 단절에 영향을 줄 수 있는 물가수준 변화를 배제한 예산자료를 중심으로 살펴보기로 한다.[27]

---

27) 따라서 다른 연구를 참고할 때 각 연구에서 어떤 기준으로 공적개발원조의 예산 추이를 살펴보는지 확인할 필요가 있다. 하지만 저자가 조사한 바에 의하면 비록 기준이 달라서 구체적인 금액에는 약간의 차이가 있었지만 전체 공적개발원조 예산의 대략적인 추이는 거의 유사하게 나타났다.

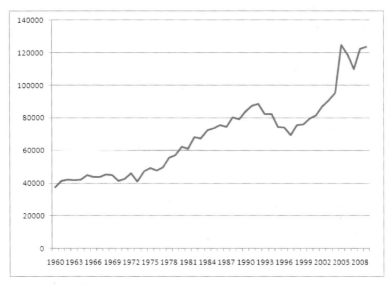

* 자료: OECD/DAC 통계자료(International Development Statistics Online DB)
* 단위: 백만 달러

[그림 4] 공적개발원조의 총예산 추이(1960~2009)

앞서 공적개발원조의 역사를 논의한 데서 알 수 있었듯이 공
적개발원조 활동의 본격적인 시작시점은 1960년이고 현재 OECD
에서 발표하고 있는 통계자료도 이때부터 확인이 가능하다. 그래서
1960년을 시작으로 2009년까지의 (EU를 제외한) 23개 OECD/DAC
회원국들의 총예산 추이를 살펴보면, [그림 4]에 나타나 있는 바
와 같이 전반적으로는 50여 년간 예산규모가 증가해 오고 있다는
것을 알 수 있다. 1960년에 약 370여억 달러에서 2009년에는 약
1,200여억 달러가 넘는 예산이 집행되었다. 산술적 비율로 보자면
3배 이상 증가한 수치이다. 물론 지속적으로 매년 증가한 것은 아
니라는 점이 확인된다. 세부적인 증감추세를 제외하고 전반적으로

살펴보면, 1960년부터 1970년대 중반까지는 커다란 변화를 보이지 않고 있고, 1970년대 중반 이후부터 1990년대 초반까지는 비교적 완만한 경사로 증가하고 있다. 1990년대 중반부터 1990년대 후반까지는 전반적으로 감소하는 추세를 보이고 있고, 2000년대에는 2006년과 2007년의 감소현상을 제외하고는 대체로 증가추세를 보인다. 이에 비추어서 지난 50년간 총 공적개발원조 예산을 대체적인 경향에 따라 간단히 구분해 보면, 예산변화가 거의 없는 시기(1960~1970년대 중반), 증가하는 시기(1970년대 중반~1990년대 초반), 감소하는 시기(1990년대 중반~1990년대 후반), 증가하는 시기(2000년대)로 나누어진다.

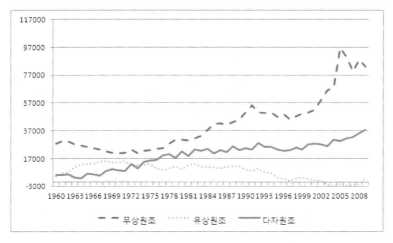

* 자료: OECD/DAC 통계자료(International Development Statistics Online DB)
* 단위: 백만 달러

[그림 5] 공적개발원조 유형별 총예산 추이(1960~2009)

총 공적개발원조 예산을 유형별로 좀 더 세분화해서 보여주고 있는 것이 [그림 5]이다. 먼저 확인할 수 있는 사실은 공적개발 무상원조예산이 공적개발 유상원조예산이나 다자원조예산보다 항상 더 많이 집행되었다는 점이다. 이는 공적개발 무상원조의 비율이 다른 원조예산보다 항상 더 높았다는 것을 의미한다. 그리고 공적개발 무상원조와 공적개발 다자원조는 비록 일징 기간의 예산감소가 여러 차례 있었지만 전반적으로 지난 50년간 증가추세를 보고 있음을 알 수 있다. 공적개발 무상원조예산의 경우 1960년에 약 270여억 달러에서 2009년에는 830여억 달러로 증가하였고, 공적개발 다자원조예산 역시 1960년에 약 53여억 달러에서 2009년에는 약 370여억 달러로 증가하였다. 하지만 이와 달리 공적개발 유상원조예산은 전반적으로 감소 추세를 보이고 있으며, 특히 1990년대 중반 이후부터 많은 감소를 보이고 있다. 1960년에 약 45여억 달러에서 2009년에는 약 29여 억 달러이다. 여기서 공적개발 유상원조의 경우 2003년부터 2008년까지 음수(−)를 보이는데, 이는 기존차관의 상환을 반영한 순 지출을 기준으로 했기 때문인 것으로, 유상원조의 기존 차관이 상환되는 양이 새롭게 차관을 제공하는 양보다 더 크거나 혹은 공여국들이 차관상환이 불가능한 채무국(원조수혜국)에 부채탕감을 유도해 유상원조를 무상원조로 전환하면서 발생한 것이다.

* 자료: OECD/DAC 통계자료(International Development Statistics Online DB)
* 단위: %

[그림 6] GNI 대비 총 공적개발원조 예산의 비중(1960~2009)

공적개발원조 예산변화를 살펴보는 것은 총예산 규모로도 확인
할 수 있지만, GNI 대비 공적개발원조 예산이 어느 정도인가를
통해서도 알 수 있다. 이는 공적개발원조의 역사를 논하면서도 살
펴본 바와 같이 1969년에 발표된 Pearson Commission Report가 GNP
의 0.7% 수준으로 공적개발원조 예산을 마련하도록 권고한 데
서 비롯되었다.[28] 이후 이 기준에 근거하여 경제규모를 고려한 공
적개발원조 예산의 변화를 살펴보는 데 많이 사용되고 있다. 이는
OECD/DAC 회원국 전체의 공적개발원조 예산변화를 이해하는 데
또 다른 정보를 제공해 준다. [그림 6]을 보면 50년간 국제사회의

---

28) 공적개발원조의 목표치를 표시할 때 최초에는 GNP를 기준으로 제시되었으나,
1999년 이후부터는 GNI를 기준으로 제시되고 있다. 그래서 본문에서 이 둘이
혼용되어 나타나고 있다.

GNI 대비 OECD/DAC 회원국 전체의 공적개발원조가 0.7%에 이른 경우는 없다는 것을 알 수 있고, 오히려 초기보다 최근이 더 낮다는 것을 알 수 있다. 초기에는 0.5%인 경우도 있었지만 최근에는 0.3%대의 수준을 보이고 있는 것이다. 물론 국가별로 이미 0.7%를 달성한 경우는 있다. 1970년대에 스웨덴, 네덜란드, 노르웨이, 덴마크가 차례로 이 목표치에 도달하였고 그 후에도 지속되고 있다. 하지만 OECD/DAC 전체 공적개발원조를 기준으로 보면 아직 그 수준에 미치지 못하고 있다.

2. 공적개발 무상원조의 예산변화 패턴

단절균형 예산이론에 기초하여 공적개발원조의 유형별 예산변화의 패턴을 살펴보기 위해서는 우선 원조유형별 단절성과 점증성을 확인해야 한다. 단절성 확인은 단절성 검정, 단절확률 변화, 연도별 단절경향이 어떤 추세에 있는지를 종합해서 볼 수 있다. 이 세 가지 측면에서 뚜렷한 차이가 있다면 공적개발원조 유형별 예산변화의 패턴이 서로 다르다는 결론을 도출할 수 있을 것이다. 이를 위해 다음에서는 원조유형별로 분석자료, 단절성 검정, 단절확률 측정, 단절경향 분석의 순으로 살펴보고, 이어서 개별국가들에서도 단절성의 정도가 나타나는지를 확인하고, 마지막으로 원조유형별 패턴의 차이가 다른 차원과의 관계에서도 유의성을 갖는가에 대해 살펴보기로 한다. 원조유형별 패턴 차이를 도출한 후 추가적으로 분석하는 후반의 두 논의(개별국가들에서도 단절성의 정도가 나타나는지에 대한 확인, 다른 차원과의 관계에서도 원조유형별 패턴 차이가 확인되는가에 대한 논의)는 이 책에서 도출한 원조유형별 패턴의 차이에 대한 여러 측면에서의 신뢰성과 유의성을 확보하기 위한 것이다.

분석자료

지난 50년간 OECD/DAC 회원국들의 공적개발 무상원조예산은 다음 <표 2>와 같다. 이 표는 자료의 요약 값을 나타낸 것이기 때문에 분석과정에 그대로 이 값들이 사용된 것은 아니다. 다시 말해, 분석에 사용된 단위가 개별국가들의 연도별 예산 변화율이기 때문에 여기에서의 평균 원조예산이나 평균 변화율은 총 988개(변화율로 환산하면 965개)의 표본을 각 국가의 50년간 평균치로 나타낸 것이다. 그럼에도 불구하고 표에서는 공적개발 무상원조와 관련한 여러 가지 정보를 얻을 수 있다.

지난 50년간 평균적인 공적개발 무상원조예산의 경우 미국이 11,602백만 달러로 가장 많고 다음으로 프랑스, 독일, 영국, 일본 순이다. 가장 낮은 곳은 한국이다. 하지만 평균적인 무상원조의 예산 변화율은 한국이 가장 높고 이어서 포르투갈, 그리스 순으로 높다. 평균적인 무상원조예산이 높은 미국이나 프랑스의 경우 상대적으로 낮은 예산 변화율을 보이고 있다. 대체로 평균 무상원조예산이 높을수록 무상원조예산의 매년 변화율은 낮다고 할 수 있는데(혹은 반대로 예산이 낮을수록 변화율은 높다고 할 수 있는데), 실제로 이 둘 사이의 비모수상관관계인 Spearman의 rho 값은

$-0.68(\alpha < 0.01)$로 나타났다.[29] 물론 이는 평균적인 원조예산과 변화율을 의미하기 때문에 매년 항상 둘 사이가 음의 상관관계를 지닌다고는 할 수 없다.

<표 2> 무상원조의 예산현황

국가 (OECD/DAC)	평균 원조예산 (백만 달러)	평균 변화율(%)	표본 수: 원조액기준, 변화율기준
호주	1,329	3.9	50, 49
오스트리아	329	16	49, 48
벨기에	871	2.7	50, 49
캐나다	1,810	8.4	50, 49
덴마크	869	13.5	50, 49
핀란드	342	19	40, 39
프랑스	6,290	0.6	50, 49
독일	4,031	6.1	50, 49
그리스	201	20.3	14, 13
아일랜드	219	17.7	36, 35
이탈리아	1,087	9.1	50, 49
일본	3,125	4.7	50, 49
한국	116	45	23, 22
룩셈부르크	131	17.9	26, 25
네덜란드	2,492	8.1	50, 49
뉴질랜드	157	4.3	40, 39
노르웨이	1,240	13.6	50, 49
포르투갈	192	28.3	30, 29
스페인	1,194	23.5	30, 29
스웨덴	1,377	15.4	50, 49
스위스	665	12.1	50, 49
영국	3,321	4.5	50, 49
미국	11,602	2.5	50, 49
전체 표본 수			988, 965

* 자료: OECD/DAC 통계자료(International Development Statistics Online DB)(1960~2009)

---

29) Pearson 상관계수를 사용하지 않은 이유는 개별국가의 적은 표본 수의 문제(49 이하 20 이상)와 정규성 가정에 대한 위배 문제 때문이다. 그래서 비모수상관관계 분석인 Spearman의 rho 계수를 구하였다.

예산변화의 패턴 분석

이 분석자료를 이용하여 공적개발 무상원조예산이 어떤 패턴으로 변화되어 왔는지 확인하기 위해 통계분석을 실시하였다. 예산변화의 패턴을 판단하는 세 가지 측면 중 하나인 단절성 확인을 먼저 실시하였고 이때 사용된 방법은 Kolmogorov–Smirnov 검정과 첨도분석이다. <표 3>의 분석결과에 따르면, Kolmogorov–Smirnov의 Z값은 유의수준 0.01에서 유의미한 결과를 보임으로써 공적개발 무상원조예산의 변화는 정규적 분포가 아니라는 결과가 나왔고, 동시에 첨도도 정규적 분포를 나타내는 지표인 0보다 큰 값이 측정되었다.[30] 이는 공적개발 무상원조예산의 경우 꼬리부분이 두터운 파레티안 확률분포 형태를 지니고 있음을 의미하는 것으로 몇 차례의 비정기적인 단절이 나타나고 있음을 의미한다.

단절확률의 경우는 증가방향으로 점증성에서 벗어나는 단절확률이 전체적으로 약 21.5%이며 감소방향으로의 단절확률은 16.2%이다. 공적개발 무상원조의 경우 증가방향으로 단절적 예산변화가 발생할 확률이 감소방향으로 나타날 확률보다 상대적으로 높은

---

30) 표본 첨도는 $\left[\sum_{i=1}^{n}(x_i-\overline{x})^4/((n-1)s^4)\right]-3$으로 구할 수 있다. 일반적으로 첨도 값의 기준은 3을 사용하는 경우가 있는가 하면 첨도 값에 3을 뺀 0을 기준으로 삼는 경우도 있다. 이 책에서는 후자 방법을 사용하였다. 단절성을 측정하는 연구는 아니지만 Curran, West and Finch(1996: 20)의 연구와 같이 일부 연구의 경우 첨도 값을 다소 완화해서 7(3을 뺀 값일 경우는 4)까지 완만한 정규적 특성을 보이는 것으로 판단하는 경우도 있기도 하지만, 이 책에서 이를 적용하는 것은 적절하지 않다. 단 한 번의 단절이라도 그것이 갖는 의미가 단절균형 패턴 분석에서는 중요하기 때문이다. 정규적 패턴에서 벗어난 희소성 자체가 의미 있다고 보는 것이 단절균형 예산이론인 것이다.

것이다. 그리고 단절확률의 경우 각 기간별 단절확률의 변화율에 대해서도 살펴볼 필요가 있는데, 그 이유는 50년간 단절확률의 변화율을 살펴보면 점증성의 지속성과 단절적 변화의 발생 가능성의 변화를 알 수 있으므로 어느 정도의 균형이 지속될 가능성이 있었는지 혹은 단절 가능성이 변했는지를 알 수 있기 때문이다. 이는 단절과 균형의 지속 가능성을 확률변화로 추정하는 것이다. 이를 위해 10년 단위로 구분된 다섯 구간(1960년대, 1970년대, 1980년대, 1990년대, 2000년대)의 단절확률 변화율을 계산하였다. 다섯 구간이므로 변화율은 네 개가 측정된다. 그 결과에 따르면, 단절확률은 10% 내로 감소하다 1990년대에서 2000년대에 이르러 증가하는 모습을 보이고 있다. 이 단절확률의 변화율은 T1과 T2의 감소방향 단절확률 변화율을 제외하고는 10%를 초과하는 경우가 거의 없기 때문에 단절성 검정에서 나온 두터운 꼬리부분의 형태에 큰 변화가 없다는 것을 의미한다. 특히 증가방향 단절의 경우 단절확률의 변화는 10%를 초과하지 않는다. 따라서 상대적으로 지속적 균형의 가능성이 높고 때때로 발생하는 단절 가능성은 상대적으로 낮기 때문에 단절균형적 패턴에 가깝다는 것을 알 수 있다. 이는 이어서 분석하는 단절시점 확인을 통한 단절추세를 보면 더 정확히 알 수 있다.

<表 3> 무상원조예산의 단절성과 단절확률 분석결과

단절성		단절확률		
평균 변화율	11%	전체 단절확률	+단절: 21.5%, −단절: 16.2%	
Kolmogorov − Smirnov test의 Z값	6.561***	기간별 단절확률의 변화율	T1	+단절확률: 8.5% 감소, −단절확률: 11.2% 감소
첨도	88.561		T2	+단절확률: 10.6% 감소, −단절확률: 14% 감소
왜도	7.441		T3	+단절확률: 6.8% 감소, −단절확률: 9% 감소
N	965		T4	+단절확률: 4.2% 증가, −단절확률: 5.6% 증가

*** $\alpha < 0.01$, T1: 1960~1970년대, T2: 1970~1980년대, T3: 1980~1990년대, T4: 1990~2000년대

공적개발 무상원조의 예산변화 추세는 다음 [그림 7]과 같다. 단절시점을 확인하기 위해서는 단절성 기준을 적용해서 판단해야 한다. 이 책에서 단절성 기준은 평균 변화율에서 증가방향으로는 15%를 더하고 감소방향으로 20%를 감하는 것이므로 <표 3>에 나타나 있는 바와 같이 공적개발 무상원조예산의 평균 변화율인 11%에 이를 적용하면, 증가방향으로의 단절은 26%를 초과하는 경우이고 감소방향 단절은 −9%를 초과하는 경우이다. 이를 기준으로 단절시점을 확인하면, 28%의 증가율을 보인 1964년, 33%의 증가율을 보인 1979년, 29%의 증가율을 보인 1984년, 29%의 증가율을 보인 1987년, 39%의 증가율을 보인 1991년, 43%의 증가율을 보인 2005년도가 해당된다. 공적개발 무상원조예산은 50년 동안 총 여섯 차례의 단절적 변화를 보인 것이다. 단절시점과 단절시점 간의 기간은 15년, 5년, 3년, 4년, 14년이다. 이는 단절이 발생하고 이어서 곧바로 단절이 발생하는 것이 아니라 일정한 균

형상태가 지속되었다는 것을 의미한다. 특히 1964년 단절적 변화 후와 1991년 단절적 변화 후에는 장기간의 균형상태가 지속되었다는 것을 알 수 있다. 그리고 단절방향은 모두 증가(+)방향으로만 발생하였다. 즉 공적개발 무상원조의 경우 단절적으로 예산변화를 보인 것은 단절적 증가를 위한 변화였다는 것을 알 수 있다. 따라서 공적개발 무상원조예산은 예산증가를 위한 단기적인 여섯 차례의 단절과 장기적인 균형이 지속되는 단절균형적 예산변화 패턴을 보이고 있음을 알 수 있다.

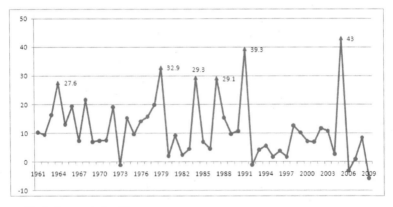

* 단위: 세로축 -%, 가로축 -년
* 숫자는 단절적 변화를 보인 연도의 숫자임

[그림 7] 무상원조의 예산변화 추세

공적개발 무상원조의 전체적인 단절균형적 예산변화 패턴은 개별 국가들로 구분해서 분석한 결과에서도 발견된다. 이처럼 OECD/DAC 전체의 공적개발원조의 예산변화 패턴을 확인하는 데서 나아가 국가별로도 확인하는 이유는 도출된 특정한 패턴에 대한 하위

항목에서의 신뢰성을 확인하기 위해서이다. 개별 국가의 분석결과에 따르면, 대부분의 국가들의 공적개발 무상원조의 예산변화에 단절성이 확인된다. <표 4>는 확률분포를 이용한 분석에서 유의미한 결과를 위해 필요한 최소한의 표본 수에 미달하는 그리스를 제외한 국가들의 첨도 값, 단절확률 값, 단절경향에 대한 현황을 나타낸 것이다. 첨도 값은 그 값이 클수록 단절적 경향이 심한 것을 나타내는 것으로, 상대적으로 한국(20.3)과 핀란드(22.6)의 첨도 값이 높게 나타났고, 미국(0.4)과 룩셈부르크(0.3)가 낮게 나타났다. 미국과 룩셈부르크의 경우 완전한 정규적 분포는 아니지만 다른 국가들에 비해 상대적으로 파레티안 확률분포의 속성이 낮은 것이다. 하지만 단절성의 정도가 상대적으로 약하다는 의미이지 완전한 점증적인 변화라는 것을 의미하지는 않는다. 따라서 모든 국가들의 첨도 값을 통해서도 무상원조예산의 변화가 점증적 패턴이라기보다는 단절적 모습이 포함된 예산변화라는 것을 알 수 있다.

그리고 단절확률은 개별 국가들의 분석에서도 전체 국가들을 대상으로 분석한 결과와 같이 증가(+) 방향으로의 단절확률이 감소(−) 방향으로의 단절확률보다 더 높다는 것을 알 수 있다. 모든 국가들의 사례에서도 공적개발 무상원조의 예산은 증가 방향으로 단절적 변화가 발생할 확률이 더 높은 것이 확인된 것이다. 상대적으로 가장 낮은 단절확률을 보이는 국가는 호주(8.9%, 5%)이며 다음으로 프랑스(10.2%, 6%)이다. 상대적으로 높은 단절확률을 보이는 국가는 한국(33.8%, 29.6%)과 포르투갈(33.7%, 29.5%), 스페인(32.8%, 28.5%) 등이다. 한국, 포르투갈, 스페인이 <표 3>에서 제시된 OECD/DAC 전체 국가들을 대상으로 한 단절확률

(21.5%, 16.2%)보다 높은 30% 이상의 단절확률을 보이는 것은 여타 국가들이 50년 동안의 예산자료를 모두 보유하고 있는 것과는 달리, 이들 국가는 원조 시작 시점이 늦기 때문에 그 절반 정도의 자료만 있는 까닭에 확률분포를 이용할 수 있는 최소 조건에 근접한 표본 수에서 비롯된 것으로 보인다. 표본 수가 작기 때문에 한 번의 단절확률이 주는 영향이 큰 것이다. 반면에 호주와 프랑스를 제외하고 그 외 대부분의 국가들은 약 10%대와 20%의 단절확률을 보인다. 이 점은 OECD/DAC 전체 국가들을 대상으로 한 단절확률 결과와 큰 차이를 보이지 않음을 보여주는 것이다.

다음으로 국가별로 단절경향을 보면, 모든 국가들이 대체로 단절균형적 모습을 보이고 있는 것이 확인되었다. 많은 국가들이 전체 국가를 포함해서 분석한 결과에서 나온 여섯 개의 단절적 연도들에서도 단절적 예산변화를 보이고, 그리고 그 이외의 연도에도 단절적인 예산변화가 국가에 따라 더 발생하였다. 단절횟수가 국가에 따라 차이가 있기는 하지만 전반적으로 볼 때 공적개발 무상원조의 각 국가별 예산변화도 단절균형적인 패턴으로 변화해 왔다. 비교적 단절적 변화의 분포가 50년 기간 동안 고르게 분포하고 있다. 개별 국가를 중심으로 무상원조 예산변화의 단절시점을 포함한 이러한 단절경향에 대한 구체적인 사례분석은 영국을 중심으로 Ⅴ장에서 이루어진다. 그리고 이와 함께 미국의 경우 전반적으로 단절균형적인 패턴을 보이고는 있지만 단절적 발생이 주로 1990년대 이후에 잦게 나타나고 있다는 특징점이 발견되어 이에 대한 사례분석도 같은 장의 절에서 심층적으로 논의한다.

결국, OECD/DAC 회원국들의 전체 무상원조의 단절균형적 패턴은 개별국가의 무상원조 예산변화 패턴에서도 유사하게 나타나고 있음을 보여준다. 국가별로 단절성·단절확률·단절경향 등의 정도(程度) 차이가 없는 것은 아니지만 대체로 OECD/DAC 전체를 대상으로 한 무상원조 예산변화 패턴에 부합하는 단절균형적 패턴을 보이고 있다고 할 수 있다. 그리고 국가별로 단절시점의 횟수와 단절시점 간 간격 등에서도 다소(多少)와 장단(長短)의 차이가 있지만 단절균형적인 모습이라는 점에서는 동일하다. 따라서 지난 50여 년간의 무상원조 예산변화는 OECD/DAC 전체를 대상으로 한 분석이나 국가별로 살펴본 바에 의해서도 단절균형적인 모습이라고 할 수 있다.

<표 4> 국가별 무상원조예산의 변화 패턴

국가	단절성(첨도)	단절확률(%) (+단절, −단절)	단절경향
호주	1.1	8.9, 5	단절균형
오스트리아	8.7	27.1, 22	단절균형
벨기에	2.6	15.7, 10.6	단절균형
캐나다	5.6	22, 16.7	단절균형
덴마크	11.5	19.8, 14.5	단절균형
핀란드	22.6	25.6, 20.4	단절균형
프랑스	1.7	10.2, 6	단절균형
독일	3.1	17, 11.8	단절균형
아일랜드	9.3	21.6, 16.3	단절균형
이탈리아	2.1	29.3, 24.4	단절균형
일본	2.8	13.8, 9	단절균형
한국	20.3	33.8, 29.6	단절균형
룩셈부르크	0.3	22.6, 17.3	단절균형
네덜란드	8.4	14.9, 9.9	단절균형
뉴질랜드	10.4	12, 7.4	단절균형
노르웨이	15.8	19.2, 13.9	단절균형
포르투갈	19.2	33.7, 29.5	단절균형

스페인	15.7	32.8, 28.5	단절균형
스웨덴	5.3	21.5, 16.2	단절균형
스위스	11.9	21.2, 15.8	단절균형
영국	2.6	15.6, 10.5	단절균형
미국	0.4	16.5, 11.4	단절균형

* 자료: OECD/DAC 통계자료(International Development Statistics Online DB)
* 표본 수 제약으로 그리스는 제외함
* Kolmogorov − Smirnov test의 Z 값은 모두 유의미함($\alpha < 0.01$, 0.05, 0.1)

　　한편, OECD/DAC 전체를 대상으로 통계 분석하여 도출된 공적개발원조 예산의 변화패턴을 국가별로 확인한 데서 나아가 원조유형별 패턴이 다른 차원과의 관계에서도 차이를 보이는가를 확인한다면 원조유형별 패턴 차이의 유의성은 더 높아질 것이다. 그래서 다른 차원 중 하나로 현재 원조활동과 관련하여 새로운 연구주제로 관심을 모으고 있는 국내 차원의 복지와 국제 차원의 원조와의 관계에 대한 논의를 여기서도 적용할 수 있을 것이다. 그것은 원조예산변화(단절성)와 사회민주주의를 중심으로 한 복지국가 성향 간의 관계를 살펴보는 것이다. 이 분석은 원조유형별 패턴 차이를 여러 면에서 유의성을 보여주는 것이 되고, 또 국가의 원조비율과 복지국가 성향 간의 상관관계를 분석한 선행연구 결과에 부합한 증거를 제공해 주면서 동시에 원조예산의 동적인 측면, 즉 변화와의 관계를 보여주는 것이기 때문에 국내 복지국가의 성향과 국제 차원의 원조와의 관계에 대한 다면적 이해에 도움이 될 것이다.

　　이와 관련한 선행연구로 Noël and Thérien(1995)의 연구에서는 국가별 원조비율과 사회주의(socialism) 지수 간의 상관관계를 분석한 결과 사회주의적 속성이 강한 나라일수록 원조비중이 높다는 것을 발견했고, White(2004) 역시 국가의 사회민주적(social democratic) 속성과 원조비중이 서로 양의 상관관계가 있음을 밝혔다. 그리고 Bergman(2007)도 공공사회 지출과 공적개발원조와의 상관성이 높다는 것을 논의하고 있다. 이 책에서는 앞의 결과에 비추어 보면 공적개발 무상원조예산이 단절균형적 패턴을 보인다는 것을 밝혔고, 이때 단절은 예산이 증가되는 단절이 발생할 확률이 높다고 하였다. 그렇다면 단절성 정도가 높은 국가는 그렇지 않은 국가보다 상대적으로 무상원조의 예산이 증가방향으로 단절될 가능성이 높다는 것을 의미한다고 볼 수 있다. 따라서 사회민주적 속성이 강한 국가일수록 단절성의 정도도 높다면, 상대적으로 사회민주적 속성이 강한 나라일수록 공적개발 무상원조예산의 변화가 점증적 증가가 아닌 단절적 증가의 특징을 보인다고 판단할 수 있다. 즉, 사회민주적 속성이 강한 나라는 국내 복지정책과 제도의 특성이 국제적으로 이어져 원조예산에도 그 특성이 나타날 가능성이 높다는 것과 마찬가지로(Noël and Thérien, 1995, 546-551), 단순히 원조예산의 비중뿐 아니라 원조예산이 단절적으로 증가하는 변화에도 국가별 사회민주적 속성이 관계될 수 있다는 것을 의미하게 된다. 이는 원조예산의 비중과 국가별 속성과의 상관성을 분석한 선행연구와 달리 예산의 (증가)변화와 국가별 속성과의 상관성을 살펴보는 것이라 할 수 있다.

이를 보여주는 것은 [그림 8]에 나타나 있다. 그림에서는 OECD/DAC 회원국 중 16개 국가만 포함되어 있는데, 그것은 선행연구에서 사용한 Esping-Andersen(1990)의 국가별 사회민주적 지수가 산출된 국가가 이 16개 국가이기 때문이다.[31] 국가별 단절성의 정도를 나타내는 첨도 값과 사회민주적 지수 간의 상관관계는 0.7 ($\alpha < 0.01$)로 나타났다.[32] 따라서 사회민주적 속성이 강한 나라일수록 공적개발 무상원조의 예산변화가 단절적으로 증가할 가능성이 높은 경향이 있다고 할 수 있다.[33] 이 결과는 공적개발 무상원조에 대한 결과로서, 만일 이어서 논의될 원조유형들(유상원조, 다자원조)과 차이가 존재한다면 원조유형별 패턴 차이 분석을 더 풍부하게 보여주는 것이 될 것이다.

요컨대, 공적개발 무상원조예산의 변화는 정규적 분포에서 벗어난 단절적 확률분포를 보이면서 지난 50년간 여섯 번의 단기적인 예산증가의 단절적 변화와 지속적인 균형을 보이는 단절균형적 예산변화의 패턴을 지니고 있음을 알 수 있다. 그리고 개별 국가들의 무상원조예산 역시 거의 모든 경우에 단절적 속성이 나타났고, 이 단절적 속성의 정도는 개별국가의 국내 복지제도의 사회민주적 속성과도 관련이 있음을 알 수 있다.

---

31) Esping-Andersen(1990)이 제시한 국가별 사회민주적 지수는 덴마크, 노르웨이, 스웨덴은 모두 각각 8이고, 핀란드와 네덜란드는 6, 호주, 벨기에, 캐나다, 독일, 스위스, 영국이 4, 오스트리아, 프랑스, 일본이 2, 이탈리아와 미국이 0이다.

32) 여기서도 개별국가의 표본 수 제약과 표본의 정규성 가정 문제 그리고 사회민주적 지수의 척도를 고려해서 Spearman의 rho 값으로 상관관계를 계산하였다.

33) 이 둘의 관계에 대해서는 V장에서 자세히 논의된다. 본 장에서는 분석결과에 대한 기술에 초점을 둔다.

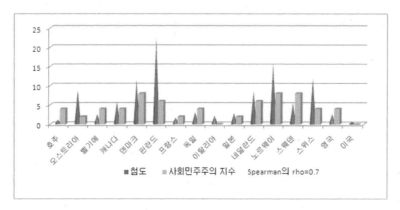

* Esping – Andersen에 의해 사회민주주의 지수가 산출되지 않은 국가는 제외한 결과임

[그림 8] 국가별 단절성 정도와 사회민주주의 지수 간의 상관관계

3. 공적개발 유상원조의 예산변화 패턴

분석자료

공적개발원 유상원조의 예산변화에 대한 패턴을 분석하기 위해
사용된 분석자료는 다음 <표 5>와 같다. 앞의 공적개발 무상원
조와 마찬가지로 사용된 표본을 국가별 요약 값으로 나타낸 것이
다. 무상원조보다 모든 국가의 평균 유상원조 규모는 상대적으로
작은 반면, 증가와 감소 방향을 구분하지 않은 변화폭은 유상원조
가 더 높다. 그리고 무상원조와 달리 평균 변화율에 음의 방향이
나타나고 있다. 평균 원조예산에서 음수(−)가 나타난 것은 앞서
도 언급했듯이 기존 차관의 상환을 반영한 순 지출을 기준으로

했기 때문에 기존 차관이 상환되는 양이 새롭게 차관을 제공하는 양보다 더 크거나 혹은 원조공여국들이 차관상환이 불가능한 채무국(원조수혜국)에 부채탕감을 유도해 유상원조를 무상원조로 전환하면서 발생한 것이다. 가장 높은 평균 유상원조예산을 보이는 국가는 일본이고 미국, 독일, 프랑스 순이다. 평균 변화율은 증가 방향의 경우 스웨덴이 가장 높고 이어서 스위스, 호주 순이다. 감소방향으로 가장 큰 평균 변화율을 보인 곳은 핀란드이다. 한편, 공적개발 무상원조의 예산규모와 평균 변화율 간에 음의 상관관계가 존재했던 것과 달리 공적개발 유상원조예산의 경우에는 이들의 관계에 유의미한 상관관계가 존재하지 않았다.

<표 5> 유상원조의 예산현황

국가 (DAC)	평균 원조예산 (백만 달러)	평균 변화율(%)	표본 수: 원조액기준, 변화율기준
호주	11	80	21, 20
오스트리아	44	28.1	47, 46
벨기에	53	− 59.1	50, 49
캐나다	140	− 98.4	49, 48
덴마크	57	− 25.2	49, 48
핀란드	13	− 206.2	38, 37
프랑스	1,002	1.5	50, 49
독일	1,210	− 154.8	50, 49
그리스	5	− 32.6	4, 3
이탈리아	408	36	50, 49
일본	2,406	52.6	50, 49
한국	93	47.4	21, 20
네덜란드	139	− 10.3	50, 49
뉴질랜드	6	− 79.8	9, 8
노르웨이	24	60.7	42, 41

포르투갈	86	417	21, 20
스페인	409	69.2	26, 25
스웨덴	30	121.8	39, 38
스위스	23	86.3	47, 46
영국	465	− 5.6	50, 49
미국	1,554	− 35.8	50, 49
전체 표본 수			813, 792

* 자료: OECD/DAC 통계자료(International Development Statistics Online DB)(1960~2009)
* 유상원조가 없는 아일랜드와 룩셈부르크는 제외

예산변화의 패턴 분석

공적개발 유상원조의 예산변화 패턴을 살펴보기 위해 공적개발 무상원조와 같이 Kolmogorov−Smirnov 검정과 첨도분석을 실시하였다. 분석결과 <표 6>에서 보는 바와 같이 평균적인 예산변화는 97%이고, 무상원조 예산변화와 마찬가지로 정규성이 아닌 꼬리 부분이 두꺼운 단절적 특성을 지닌 파레티안 확률분포 모양을 하고 있다는 것을 알 수 있다. 즉, Kolmogorov−Smirnov 검정에서 Z값은 유의수준보다 낮은 유의확률을 보였고, 첨도도 0이거나 0보다 작은 값이 아니라 0보다 큰 값을 보였다. 특히 여기서 Kolmogorov−Smirnov의 Z값은 무상원조에 비해 높은 값을 보였다는 점에서 정규적 분포(귀무가설)에 대한 기각력이 무상원조 예산변화보다 더 높다는 것을 알 수 있으며, 동시에 첨도 값도 무상원조에 비해 더 높게 나왔다는 점에서 단절적 모습이 강하게 형성되어 있다는 것을 알 수 있다.

공적개발 유상원조 예산변화의 단절확률은 예산의 점증을 초과

할 확률은 42.4%이고 점감을 초과할 확률은 40.1%이다. 무상원조
예산에서의 단절확률과 비교해서 약 2배 이상 높다. 그리고 무상
원조에서는 상대적으로 감소방향의 단절보다 증가방향으로의 단
절확률이 높았던 것과는 달리 유상원조예산에서는 두 방향 모두
비슷한 수준의 단절확률을 보이고 있다. 이러한 공적개발 유상원
조의 단절확률은 <표 6>에 나타나 있는 바와 같이 기간별 소폭
의 감소율을 보이다 1980년대부터 다시 단절확률이 증가한다. 특
히 이전에는 감소방향으로 단절이 발생할 확률이 증가방향으로
발생할 확률보다 상대적으로 더 크게 감소하다 이후에는 감소방
향으로 단절이 발생할 확률의 증가폭이 더 크게 증가한다. 유상원
조의 경우 전체적인 단절확률 자체가 높기 때문에 초기의 약 1~
7% 내외의 단절확률 감소율은 단절확률변화에 큰 영향을 주지
않으며, 오히려 이후에 10% 내외의 단절확률 증가율의 증가는 유
상원조의 단절적 경향이 더 높아지고 있다는 것을 추정하게 해준다.
특히 공적개발 무상원조 예산변화에서와 달리 지속적 균형과 단절
의 발생 비율에 큰 차이가 없기 때문에 지속적 균형과 '간헐적' 단
절보다는 더 잦은 단절이 발생할 것으로 예상된다. 이는 이어서 제
시된 [그림 9]의 단절시점을 통한 단절추세를 보면 확인된다.

<표 6> 유상원조예산의 단절성과 단절확률 분석결과

단절성		단절확률		
평균	97%	전체 단절확률	+단절: 42.4%, −단절: 40.1%	
Kolmogorov−Smirnov test	12.059***	기간별 단절확률의 변화율	T1	+단절확률: 5.8% 감소, −단절확률: 7.7% 감소
첨도	730.478		T2	+단절확률: 1.8% 감소, −단절확률: 2.4% 감소

왜도	26.397		T3	+ 단절확률: 11% 증가, − 단절확률: 15.1% 증가
N	792		T4	+ 단절확률: 7.3% 증가, − 단절확률: 9.9% 증가

***$\alpha < 0.01$, T1: 1960~1970년대, T2: 1970~1980년대, T3: 1980~1990년대, T4: 1990~2000년대

　단절시점을 통해 예산변화의 추세를 확인하기 위해서는 공적개발 유상원조예산의 평균 변화율에 증가방향 단절기준(15%)과 감소방향 단절기준(20%)을 각각 가감한 값을 구해야 한다. 유상원조의 예산은 97%의 평균 변화율을 보이고 있으므로, 점증적 변화는 예산변화가 112%와 77% 사이에 존재할 경우이고 이 범위를 벗어날 경우 단절로 간주된다. 따라서 112%를 초과하면 점증성을 벗어난 단절이고 77% 미만의 변화는 점감성을 벗어난 단절적 감소인 것이다.

　그래서 이 기준에 비추어 보면, 공적개발 유상원조예산의 변화는 1987년 86.7%의 점증적 증가와 2008년 78.3%의 점증적 증가(변화)를 제외하고는 모두 단절적 모습을 보이고 있음을 알 수 있다. 그리고 단절확률 변화율에서도 알 수 있었듯이 1980년대를 전후하여 그 이전에는 증가방향으로 단절적 경향이 자주 나타났으나 그 이후에는 감소방향으로 단절적 경향이 자주 나타나고 있다. 이는 상대적으로 감소방향 단절확률의 증가폭이 점점 증가하는 현상에 부합하는 결과라고 할 수 있다. 그렇다면 공적개발 유상원조의 예산변화가 점증적 변화가 아님에는 분명하다. 하지만 그렇다고 해서 공적개발 무상원조의 예산변화와 같이 균형과 단절의 반복으로 이루어지는 단절균형적 패턴이라고도 볼 수 없다. 오히려 간헐적으로 점증적 변화가 있었고 지속적으로 단절적 변화가 있어 왔다는 점

에서 단절균형적 패턴의 의미와 정반대의 모습을 보인다고 할 수 있다. 이는 점증주의 패턴도 아니고 단절균형적 패턴도 아닌 제3의 '단절적 패턴'이라고 할 수 있다. 공적개발 유상원조의 이 같은 예산변화 형태를 어떻게 명명(命名)하든, 분명한 것은 공적개발 무상원조 예산변화 패턴과는 확연한 차이를 보인다는 사실이다.

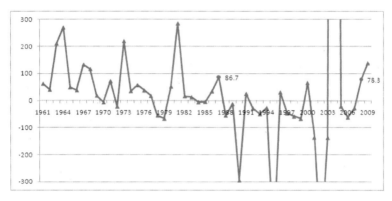

* 단위: 세로축 %, 가로축 년. * 숫자는 점증적 변화를 보인 연도의 숫자임
* 무상원조 예산변화와 달리 세로축 간격이 100%임

[그림 9] 유상원조의 예산변화 추세

이러한 결과는 개별 국가의 예산변화 분석에서도 나타난다. <표 7>에서 보는 바와 같이 국가별 첨도 값과 단절확률 그리고 단절경향을 살펴보면 개별국가에서도 유상원조예산의 변화모습이 단절적이라는 것을 알 수 있다. 우선 국가별 첨도 값에 비추어 단절성을 확인하면, 독일(44.7)과 일본(43.1)이 단절성이 강하다는 것을 알 수 있고 상대적으로 한국(5.7)과 프랑스(4.5)가 낮다는 것을 알 수 있다. 모든 나라들이 0에 근접한 첨도 값을 보이지 않고 비교적 강한 단절성을 보였는데, 이 점 역시 지속적 균형과 간헐적 단절이 나타난 공적개

발 무상원조의 경우와 다른 점이다. 각 국가의 첨도 값 자체가 높은 것도 차이이지만, 공적개발 무상원조의 경우 0에 가까운 첨도 값을 보인 국가(미국과 룩셈부르크)가 존재했던 것과도 상반된다.

단절확률은 OECD/DAC 전체를 대상으로 한 분석결과와 동일하게 개별 국가들에서도 증가방향으로의 단절확률이 다소 높게 나타났다. 그리고 단절확률의 값은 상대적으로 프랑스(30.9%, 26.3%)가 낮고 포르투갈(48.3%, 47.7%)이 높지만, 대체로 대부분의 국가에서 30% 후반에서 40%대를 보인다는 점에서 개별국가들의 결과도 전체 국가를 포함해서 분석한 결과(42.4%, 40.1%)와 유사하다는 점을 알 수 있다. 공적개발 무상원조보다는 높은 단절확률인 것이다. 다시 말해 공적개발 유상원조의 예산은 무상원조보다 상대적으로 더 단절적으로 변화될 가능성이 높다는 것이다.

단절경향을 보면 전체 국가를 포함해서 분석한 결과와 동일하게 지난 50여 년간 모든 국가에서 지속적으로 단절을 보이고 있다. 극소수의 점증적 변화 이외에는 대부분의 경우 단절적 변화이다. 그렇기 때문에 단절이 발생한 후 균형패턴을 유지하는 단절균형적 모습이 아닌 것이다. 오히려 점증이 매우 드물게 발생하고 지속적으로 단절이 유지되는 것이다. 그래서 지속적 단절의 예산변화 패턴인 것이다. 모든 국가들이 이 같은 패턴을 보이지만 그중에서도 유상원조의 비중이 상대적으로 높은 일본의 사례를 중심으로 이러한 단절적 변화의 경향에 대해 Ⅴ장에서 사례분석을 하기로 한다.

한편, 공적개발 무상원조 예산변화의 단절성이 국가의 속성(사회민주주의)과 유의한 관계를 지닌 것과 다르게 유상원조의 예산변화는 둘 사이에 유의미한 관계를 보이지 않았다. 이는 공적개발 유상원조의 예산변화의 경우 단절적 방향이 증가나 감소 방향 중 어느 하나로 강하게 발생하는 것이 아니라 양방향 모두 강하게 나타나기 때문에 사회민주적 속성과 단절성이 일정한 방향으로 상관성을 가지는 것이 어렵기 때문인 것으로 추정된다. 즉, 유상원조의 양방향으로의 강한 단절적 특징에서 비롯된 것으로 판단된다. 이를 통해 유상원조의 강한 단절적 변화의 속성을 다시 한 번 더 확인할 수 있다.

<표 7> 국가별 유상원조예산의 변화 패턴

국가	단절성(첨도)	단절확률(%) (+단절, -단절)	단절경향
호주	13.7	42.3, 39.9	지속적 단절 발생
오스트리아	18.9	43.2, 41.2	지속적 단절 발생
벨기에	18.6	39.2, 36.1	지속적 단절 발생
캐나다	18.6	44.5, 42.8	지속적 단절 발생
덴마크	7.5	42, 36.7	지속적 단절 발생
핀란드	34.7	44.8, 43.1	지속적 단절 발생
프랑스	4.5	30.9, 26.3	지속적 단절 발생
독일	44.7	45.3, 43.8	지속적 단절 발생
이탈리아	15.4	40.4, 37.6	지속적 단절 발생
일본	43.1	39.3, 36.2	지속적 단절 발생
한국	5.7	37.5, 34	지속적 단절 발생
네덜란드	22.1	35.4, 31.5	지속적 단절 발생
뉴질랜드	6.9	42.8, 40.6	지속적 단절 발생
노르웨이	16.4	40.6, 37.8	지속적 단절 발생
포르투갈	19.9	48.3, 47.7	지속적 단절 발생
스페인	20.2	40.8, 38.1	지속적 단절 발생
스웨덴	27.1	42.6, 40.3	지속적 단절 발생
스위스	14.7	42.4, 40	지속적 단절 발생
영국	7.9	38.7, 35.4	지속적 단절 발생
미국	33.9	36.3, 32.5	지속적 단절 발생

* 자료: OECD/DAC 통계자료(International Development Statistics Online DB).
* Kolmogorov-Smirnov test의 Z값은 모두 유의미함($\alpha < 0.01$, 0.05, 0.1)
* 표본 수 제약으로 그리스 제외, 유상원조 없는 아일랜드와 룩셈부르크 제외

4. 공적개발 다자원조의 예산변화 패턴

분석자료

공적개발 다자원조의 예산변화 패턴을 분석하기 위한 자료는 <표 8>에 국가별 요약 값으로 제시되어 있다. 상대적으로 평균 다자원조예산이 높은 곳은 미국, 독일, 일본 순이고, 예산의 평균 변화율이 높은 곳은 오스트리아, 미국, 한국 순이다. 지난 50년간 공적개발 다자원조의 평균 예산규모와 평균 변화율 모두 대체로 높은 곳은 미국이라는 것을 알 수 있다. 하지만 평균 원조예산규모와 평균 변화율 사이에 상관관계는 존재하지 않는다. 평균 다자원조를 지금까지 논의한 평균 무상원조와 평균 유상원조의 상대적인 규모와 비교해 보면, 공적개발 다자원조의 평균 예산은 그리스와 이탈리아를 제외하고 모두 무상원조보다는 낮은 규모이고, 일본을 제외하고는 모두 다자원조예산이 유상원조예산보다 많다.

<표 8> 다자원조의 예산현황

국가 (DAC)	평균 원조예산 (백만 달러)	평균 변화율(%)	표본 수: 원조액기준, 변화율기준
호주	343	20.8	50, 49
오스트리아	196	60.3	50, 49
벨기에	472	13.1	50, 49
캐나다	904	7.6	50, 49
덴마크	665	6.6	50, 49
핀란드	246	8.8	40, 39
프랑스	1,987	8.1	50, 49

독일	2,538	6.9	50, 49
그리스	256	4.3	14, 13
아일랜드	139	11.2	36, 35
이탈리아	1,455	24.4	50, 49
일본	1,992	13.4	50, 49
한국	109	29.2	23, 22
룩셈부르크	52	11	30, 29
네덜란드	1,089	7.8	50, 49
뉴질랜드	44	7.1	40, 39
노르웨이	644	6.5	50, 49
포르투갈	128	28	29, 28
스페인	881	24.3	30, 29
스웨덴	681	11.1	50, 49
스위스	270	14.7	50, 49
영국	1,983	7.9	50, 49
미국	3,208	35.5	50, 49
전체 표본 수			992, 969

* 자료: OECD/DAC 통계자료(International Development Statistics Online DB)(1960~2009)

예산변화의 패턴 분석

공적개발 다자원조예산 역시 점증성과 단절성에 기초해서 변화의 패턴을 살펴보기 위해 Kolmogorov-Smirnov 검정과 첨도 분석을 실시하였다. <표 9>의 분석결과를 보면, 앞의 공적개발 무상원조나 유상원조의 예산변화와 동일하게 정규적 분포가 아닌 파레티안 분포를 보임으로써 단절적 특징이 있는 것으로 나타났다. 즉, Kolmogorov-Smirnov의 Z값이 유의수준에서 유의미한 결과를 보였고, 첨도 값 역시 0이 아닌 376.7이었다. 그리고 평균적인 예산증가율은 16%였다. 단절확률의 경우 전체적으로는 증가방향으로 28.5%이고 감소방향으로는 23.6%이지만, 시간에 따라 비교적 큰 폭의 감소율을 보이고 있다. 1970년대와 1980년대 사이에 소폭의 단절확률의 변화율이 증가한 경우를 제외하고는 최고 25%의 감소폭을 보이며 단절 가능성이 낮아지고 있다. 전체적으로 증가방향의 단절확률이 높은 가운데 감소방향으로의 단절확률의 감소폭이 더 크다는 점에서, 낮아진 단절확률에서 증가방향의 단절확률이 상대적으로 더 높다고 할 수 있다. 하지만 단절확률 자체의 감소폭이 점점 높아졌기 때문에 단절이 발생할 경우는 과거보다 드물 것으로 추정된다.

<표 9> 다자원조예산의 단절성과 단절확률 분석결과

단절성		단절확률		
평균	16%	전체 단절확률	+단절: 28.5%, −단절: 23.6%	
Kolmogorov − Smirnov test	7.808***	기간별 단절확률의 변화율	T1	+단절확률: 19.6% 감소, −단절확률: 25.4% 감소
첨도	376.713		T2	+단절확률: 4.4% 증가, −단절확률: 6% 증가
왜도	16.194		T3	+단절확률: 20% 감소, −단절확률: 25.8% 감소
N	969		T4	+단절확률: 10.1% 감소, −단절확률: 13.3% 감소

***$\alpha < 0.01$, T1: 1960~1970년대, T2: 1970~1980년대, T3: 1980~1990년대, T4: 1990~2000년대

실제로 [그림 10]에 나타난 단절추세를 보더라도 이를 알 수 있다. 우선 공적개발 다자원조에서도 단절시점을 확인하기 위해서는 단절기준을 평균 변화율에 맞추어 조정해야 한다. 다자원조의 평균 변화율은 16%이므로 증가방향으로의 단절은 31%를 초과할

경우이고 감소방향으로의 단절은 −4%를 초과한 감소율을 보일 때
이다. 이를 통해 다자원조 예산변화의 단절시점을 분석하면, 1962년
의 156.5%, 1964년의 −15.4%, 1965년의 95.4%, 1968년의 38.5%,
1969년의 55.8%, 1972년의 58.3%, 1974년의 33.8%, 1987년의 −7.8%
로 총 8회의 단절적인 예산변화가 발생했다. 특징적인 점은, 총 8회
의 단절적 예산변화가 50년의 기간 중 거의 대부분 초기(1960년
대와 1970년대)에 발생했고 1987년 이후부터 현재까지(22년간)는
단절적 예산변화가 발생하지 않고 점증적인 변화만 보이고 있다
는 점이다. 그리고 이때 초기의 단절적 변화는 단절 후 균형이 존
재하는 패턴이라기보다는 연속적으로 단절이 나타나고 있다. 즉,
단절과 단절의 간격이 짧다는 것이다. 초기에 단절적인 경향이 강
했고 후기로 가면서 점점 점증주의적 변화를 보인 것은 앞서 살
펴본 단절확률의 변화율의 감소현상과도 부합하는 결과라고 할
수 있다. 따라서 공적개발 다자원조의 예산변화는 초기의 단절적
경향과 후기의 점증적 경향의 패턴을 보인다고 할 수 있다. 1987
년 한 차례의 단절을 제외한다면 최근 약 35년간 점증적 예산변
화를 보이고 있으므로, 초기 기간을 제외하고 최근의 경향을 중심
으로 보면 거의 점증적 패턴이라고 할 수도 있다.

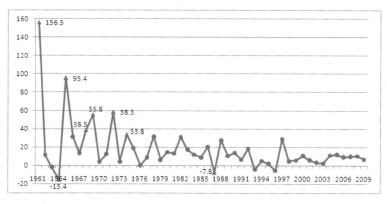

* 단위: 세로축 −%, 가로축 −년
* 숫자는 단절적 변화를 보인 연도의 숫자임

[그림 10] 다자원조의 예산변화 추세

　여기서 공적개발 다자원조의 이러한 예산변화 패턴은 단절확률
과 관련하여 한 가지 의문점을 제기한다. 그것은 단절균형 패턴을
보이는 무상원조 예산변화의 단절확률보다 점점 점증적으로 변해
가는 다자원조의 단절확률이 더 높게 나타나는 현상에 관한 것이
다. 다시 말해, 공적개발 무상원조예산의 단절확률은 증가방향과
감소방향으로 각각 21.5%와 16.2%인 반면, 공적개발 다자원조예
산의 단절확률은 각각 28.5%와 23.6%로 나타난 점에 비추어 볼 때,
점증적 변화에 가까운 다자원조예산이 단절균형적 패턴의 무상원
조예산의 단절확률보다 더 높다는 것이 모순적으로 여겨질 수 있
는 것이다. 하지만 여기서 알 수 있는 사실은 단절확률은 50년간
의 전체적인 단절적 확률을 측정한 것이기 때문에, 다자원조의 단
절확률은 초기의 단절적 예산변화로부터 주로 영향을 받았다고 볼
수 있다. 이는 단절확률의 증감률 변화에서도 확인된다. 무상원조

는 단절과 균형의 반복적 패턴을 보이기 때문에 전체적인 단절확률의 증감폭이 크지 않고 단절확률이 감소하다 다시 증가하는 반면, 다자원조는 지속적으로 단절확률이 감소되면서 그 폭도 무상원조에 비해 크다. 따라서 시간 경과에 따라 점증적 예산변화모습을 보이고 있는 다자원조가 비록 전체적인 단절확률이 단절균형적 패턴의 무상원조의 단절확률보다는 높다고 하더라도, 전반적인 추세를 고려한다면 둘 다 20%대의 단절확률이지만 현재 시점에서는 다자원조의 단절확률이 무상원조의 단절확률보다 더 낮다고 할 수 있다.

한편, 초기 단절에서 후기 점증적 패턴의 모습을 보이고 있는 공적개발 다자원조 예산변화의 모습은 <표 10>과 같이 OECD/DAC 회원국별로 단절성과 단절확률 그리고 단절경향을 분석한 결과에서도 나타난다. 즉, 주로 후기 (최근에) 점증적인 모습을 보이는 것이 국가별 분석에서도 확인된다. 우선 국가별로 다자원조예산은 전반적으로 공적개발 무상원조예산이나 유상원조예산에서의 단절성 정도보다 낮다는 것을 알 수 있다. 즉, <표 10>에서 보는 바와 같이 전체 회원국들의 다자원조 예산변화의 단절성이 유상원조나 무상원조보다 낮다는 것을 알 수 있다. 개별 국가들의 경우에도 전반적인 경향이 그대로 나타나고 있는 것이다. 상대적으로 다자원조 예산변화의 단절성이 높은 나라는 오스트리아(46.3), 이탈리아(19.4) 순이며, 단절성 정도가 낮은 국가는 한국(-0.3), 캐나다(0.3), 룩셈부르크(0.4), 노르웨이(-0.4)이다. 단절성 정도가 낮은 국가의 경우 완전한 정규적 분포를 보이는 것은 아니지만 상당히 유사하다. 이런 정규적 분포에 가까운 국가 수가 무상원조나 유상원조보다도 높다는 점도 다자원조 예산변화의 점증적 패턴의 속성을 뒷받침해 준다.

단절확률은 전체 국가가 포함된 분석결과의 값(28.5%, 23.6%)을 전후(前後)하여 국가별로 다양하게 나타나고 있다. 상대적으로 낮은 곳은 노르웨이(11.4%, 6.9%)와 덴마크(13.1%, 8.3%)이며, 높은 곳은 미국(38.4%, 35.2%)과 오스트리아(37.8%, 34.4%)이다. 그 이외의 국가들은 20%대의 단절확률을 주로 보이고 있다. 그리고 단절방향 간의 차이에서 증가방향으로의 단절확률이 상대적으로 높다는 사실도 확인된다. 따라서 단절확률의 평균적인 정도나 방향 간의 상대적인 차이 등에 비추어 볼 때 OECD/DAC 전체 국가를 포함하여 분석한 결과와 큰 차이가 없다. 여기서도 국가별로 다자원조가 점증적인 패턴에 가까움에도 불구하고 무상원조보다 단절확률이 다소 높게 나타는데, 이에 대해서는 앞서 OECD/DAC 회원국을 모두 포함하여 나타난 결과에 대한 설명에서 논의했던 이유와 같은 맥락이다.

국가별 단절경향에서의 특징을 보면, 대부분 국가들의 다자원조예산의 변화는 최근으로 올수록 강하게 점증적인 모습을 보인다. 초기의 잦은 단절과 1987년의 단절을 제외하면 최근 약 35여 년간 대부분의 국가에서 다자원조예산에서의 단절적 변화가 거의 관찰되지 않는 것이다. OECD/DAC 전체를 포함한 분석에서와 같이 초기(1974년까지)에 단절적 변화가 집중적으로 발생한 후 1987년의 단절을 기점으로 거의 단절적 변화를 보이지 않는 점증적인 예산변화 패턴을 보이고 있다. OECD/DAC 전체를 분석한 결과에서 가장 최근의 단절적 예산변화였던 1987년도에 단절이 발생한 국가들로 호주·오스트리아·아일랜드·이탈리아·룩셈부르크·포르투갈·스페인·스웨덴·스위스·미국이 해당되는데, 그 이외의 나머지 국가들은 이 해에도 점증적인 변화를 보이고 있다. 개별

국가 사례를 통해 다자원조예산의 단절시점에 따른 단절경향에 대한 분석은 덴마크를 중심으로 V장에서 이루어진다. 결국 전반적으로 보면 OECD/DAC 전체 국가들을 포함해서 분석한 결과와 마찬가지로 개별 국가별로도 공적개발 다자원조의 예산변화는 대체로 점증적인 패턴을 유지하고 있다고 할 수 있다.

<표 10> 국가별 다자원조예산의 변화 패턴

국가	단절성(첨도)	단절확률(%) (+단절, -단절)	단절경향
호주	4.8	35, 31	(초기 단절-후기)점증적 변화
오스트리아	46.3	37.8, 34.4	(초기 단절-후기)점증적 변화
벨기에	11.9	29.1, 24.2	(초기 단절-후기)점증적 변화
캐나다	0.3	22.8, 17.5	(초기 단절-후기)점증적 변화
덴마크	5.3	13.1, 8.3	(초기 단절-후기)점증적 변화
핀란드	2.2	18.7, 13.4	(초기 단절-후기)점증적 변화
프랑스	4.1	19.3, 13.9	(초기 단절-후기)점증적 변화
독일	2.4	20, 14.8	(초기 단절-후기)점증적 변화
아일랜드	6.4	23.7, 18.5	(초기 단절-후기)점증적 변화
이탈리아	19.4	35.3, 31.4	(초기 단절-후기)점증적 변화
일본	2.6	30.2, 25.4	(초기 단절-후기)점증적 변화
한국	-0.3	36.2, 32.4	(초기 단절-후기)점증적 변화
룩셈부르크	0.4	20.4, 15.1	(초기 단절-후기)점증적 변화
네덜란드	5.5	21.1, 15.8	(초기 단절-후기)점증적 변화
뉴질랜드	4.9	22.1, 16.8	(초기 단절-후기)점증적 변화
노르웨이	-0.4	11.4, 6.9	(초기 단절-후기)점증적 변화
포르투갈	18.4	33.7, 29.5	(초기 단절-후기)점증적 변화
스페인	2.1	32.2, 27.8	(초기 단절-후기)점증적 변화
스웨덴	3.4	24.3, 19	(초기 단절-후기)점증적 변화
스위스	8.3	29.4, 24.6	(초기 단절-후기)점증적 변화
영국	9.9	23.2, 17.9	(초기 단절-후기)점증적 변화
미국	5.6	38.4, 35.2	(초기 단절-후기)점증적 변화

* 자료: OECD/DAC 통계자료(International Development Statistics Online DB)

이와 함께 [그림 11]과 같이 개별 국가의 다자원조 예산변화의 단절성 정도가 국가별 사회민주적 속성과도 유의미한 상관관계가 있는 것으로 나타났다. Esping-Andersen의 사회민주주의 지수를 활용하여 Spearman 상관관계를 분석한 결과 $-0.5(\alpha < 0.01)$의 계수 값이 도출되었다. 이는 강한 정도의 상관관계는 아니지만 어느 정도 사회민주주의적 속성이 강한 나라일수록 다자원조 예산변화의 단절성은 낮다는 것을 의미한다. 이 결과는 앞의 무상원조예산 분석에서의 결과와 반대되는 것이다. 무상원조의 단절적 변화는 사회민주적 속성이 강할수록 높았지만, 다자원조의 경우에는 사회민주적 속성이 강한 나라일수록 예산변화의 단절성은 낮은 것이다. 따라서 양 국가 간에 직접적으로 무상으로 제공되는 무상원조에서는 증가방향으로의 단절성이 주로 나타났기 때문에 사회민주적 속성이 강한 나라일수록 단절적으로 증가된 무상원조가 지원되는 경향이 강하다고 볼 수 있으나, 국제기구를 통한 다자원조에 관해서는 사회민주적 속성이 강한 나라는 대개 점증적으로 예산변화를 보이는 경향이 강하다고 할 수 있다.

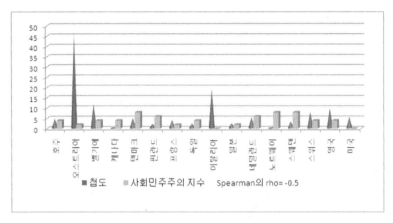

[그림 11] 국가별 단절성 정도와 사회민주주의 지수 간의 상관관계

5. 원조유형 간 예산변화의 패턴 비교

지금까지 분석한 공적개발원조의 유형별 예산변화의 패턴에 대한 결과를 정리하면서 각 유형 간 패턴의 특징을 서로 비교하기로 한다. 첫째, 단절성과 점증성의 조작적 개념을 이용하여 예산변화의 패턴을 세 가지 측면에서 분석한 결과 무상원조의 예산변화는 단절균형 예산이론에 부합한 단절균형적 패턴을 보이고, 다자원조의 예산변화는 초기에는 단절적 모습(혹은 단절균형적 모습)을 보이다가 점점 점증주의적 예산변화에 부합한 모습으로 변해갔다. 이를 이 책에서는 초기 단절 – 후기 점증적 패턴이라고 하였다. 초기 기간을 제외한다면 점증적 패턴이라고 할 수 있다. 유상원조의 경우에는 단절균형 예산이론이나 점증주의 예산이론에

서 직접적으로 설명되지 않은 모습을 보였는데, 그것은 지속적으로 단절적 변화를 보이는 모습이다. 따라서 이 책에서는 이를 단절적 패턴이라고 하였다. 종합하면 세 가지 유형의 공적개발원조 예산의 변화는 각각 서로 다른 예산변화의 패턴(단절균형, 단절, 점증)을 보인다고 할 수 있다.

둘째, 원조유형별 단절확률은 유상원조가 40% 이상을 보이면서 가장 높고 다음으로 다자원조와 무상원조가 20%대이다. 하지만 여기서 다자원조의 경우 초기 단절적 변화의 영향이 크게 작용하였고 그 이후의 장시간 동안 점증적 패턴으로 변해 감에 따라 단절확률도 점점 감소하고 있다는 점에서 시간적 변화를 고려한다면, 단절확률의 변화가 적으면서 최근에는 증가추세에 있는 무상원조의 예산변화보다 더 낮은 단절확률을 보이고 있다고 할 수 있다.

셋째, OECD/DAC 전체 국가를 포함해서 분석된 유형별 공적개발원조 예산변화의 패턴은 개별국가들을 대상으로 분석한 경우에도 유형별 패턴에 상응하는 모습을 보였다. 유형별로 단절균형적 패턴, 단절적 패턴, 점증적 패턴이 개별 국가 사례에서도 나타났다. 그리고 전반적으로 개별 국가별로 유상원조의 단절성이 가장 높고 다음으로 무상원조, 다자원조 순이다. 또 단절확률의 경우에도 개별 국가 간의 세부적인 정도의 차이는 존재하지만, 유상원조가 무상원조와 다자원조의 단절확률보다는 모두 높게 나타났다. 따라서 공적개발원조의 유형별 예산변화 패턴은 개별국가들을 대상으로 분석한 결과에서도 OECD/DAC 전체를 대상으로 분석한 결과와 거의 동일하게 나타나고 있다.

넷째, 하지만 거시 측면에서 원조유형별로 전반적인 패턴 차이가 뚜렷이 존재하지만 미시 측면에서 개별국가의 세부적 차이는 존재하며, 또 개별 국가들 간의 비교에서 나타나는 특수성도 존재한다. 따라서 개별국가를 대상으로 단절시점을 포함한 단절경향에 대한 사례분석이 필요하다. 이를 위해 단절균형적 예산변화 패턴을 보이는 무상원조에 대한 사례는 영국과 미국을 대상으로 실시한다. 여기서 미국은 단절균형적 패턴을 보이기는 하지만 단절적 변화가 다른 국가들과 달리 전 기간 내에 고르게 분포하고 있지 않고 주로 1990년대 이후에 자주 발생하는 형태를 띠고 있는 데 대한 특징에 따른 것이다. 지속적인 단절적 예산변화 패턴을 보이는 유상원조에 대한 국가 사례는 일본을 중심으로 논의하며, 점증적 예산변화 패턴을 보이는 다자원조에 대한 사례는 덴마크를 중심으로 논의한다. 이러한 개별 사례에 대한 분석은 비록 국가별 특수성이 존재하는 것이 전제된 논의가 되겠지만, 단절시점에 대한 설명을 포함하기 때문에 유형별 예산변화 패턴의 구체적인 형성 맥락을 이해하는 데 도움을 준다. 이는 V장에서 논의된다.

다섯째, 원조유형별 패턴 차이의 외연(外延)의 한 측면에서 다른 차원과의 관계에서도 패턴 간 차이의 유의성이 있는가를 살펴보기 위해 개별국가들의 단절성을 사회민주적 속성과의 관계를 살펴보았다. 그 결과 사회민주적 속성이 강할수록 무상원조에서 점증성을 벗어나는 단절성의 정도가 높은 경향이 있는 반면, 다자원조에서는 단절성의 정도가 낮은 점증적 경향을 보이는 것으로 나타났다. 이때 무상원조의 단절성이 증가방향으로 발생할 가능성이 더 높다는 점에서 사회민주주의적 국가들의 원조수혜국으로의 직접적인 무상원조는 단절적인 예산증가로 이루어져 왔다는 점을 일정 부분 확인할 수 있고, 국제기구를 통한 간접적인 다자원조에 대해서는 점증적으로 원조를 하는 경향이 있다는 것을 알 수 있다. 하지만 유상원조의 경우에는 사회민주적 성향과의 관계가 의미 있지 않은 것으로 나타났다. <표 11>은 유형별 공적개발원조의 예산변화 패턴을 간략히 요약한 것이다.

<표 11> 유형별 공적개발원조의 예산변화 요약

	무상원조 예산변화	유상원조 예산변화	다자원조 예산변화
패턴	단절균형적 패턴	단절적 패턴	(초기 단절-후기) 점증적 패턴
주요 특성	* 지속적 점증과 간헐적 단절의 반복 * 20%대의 단절확률 지속	* 지속적 단절 * 40%대의 단절확률 지속	* 초기의 잦은 단절과 후기의 지속적 점증 변화 * 20%대의 단절확률이 점점 감소
비고 (개별 국가)	* 개별국가도 단절균형적 패턴을 보임 * 모든 국가가 단절적 특징을 보이며 그 정도는 유상원조보다는 낮고 다자원조보다는 높음 * 단절성의 정도와 사회민주적 속성 간 양의 상관관계가 존재 * 단절시점을 고려한 단절경향 사례분석 대상 국가: 영국과 미국(V장)	* 개별국가도 지속적인 단절적 패턴을 보임 * 모든 국가가 단절적 특징을 보이며 그 정도는 무상원조와 다자원조보다 높음 * 단절시점을 고려한 단절경향 사례분석 대상 국가: 일본(V장)	* 개별국가도 점증적인 패턴을 보임 * 모든 국가가 단절적 특징을 보이며 그 정도는 무상원조와 유상원조보다 낮음 * 단절성의 정도와 사회민주적 속성 간에 음의 상관관계가 존재 * 단절시점을 고려한 단절경향 사례분석 대상 국가: 덴마크(V장)

원조유형별로 예산의 패턴이

다른 이유는 무엇인가?

세 가지 원조유형별 예산의 변화는 서로 다른 패턴을 보이고 있다는 것이 지금까지의 분석결과이다. 따라서 원조유형 간 예산변화가 서로 다른 패턴을 보이는 이유가 무엇인지에 대한 설명이 필요하며, 이에 대한 논의가 본 장의 목적이다. 서론의 연구방법에서도 밝혔듯이 지금까지의 원조유형별 예산변화의 패턴 구분을 단절성에 기초해서 도출하였기 때문에, 원조유형 간 단절적 예산변화의 발생 가능성 차이를 살펴본다면 그에 대한 설명이 가능할 것이다. 단절균형 예산이론에서 논의하는 단절적 예산변화는 앞서도 논의하였듯이 예산결정이나 과정에 관련된 제도적 구조의 변화와 관계되기 때문에, 여기서도 단절적 예산변화의 가능성을 공적개발원조 예산과 관련된 제도적 측면에서 원조유형 간 예산변화의 패턴 차이를 설명하기로 한다. 제도적 측면에서의 논의는 신제도주의의 여러 분파에서 규정하는 다양한 제도의 의미들을 모두 포괄하는 것으로 전제한다. 제도적 '맥락'을 고려한다는 의미에서 구조화된 규칙이나 구조적 관계 등 공식적인 측면뿐 아니라 규범이나 공유된 가치체계, 그리고 레짐 등도 모두 포함해서 논의하는 것이다.

이에 바탕을 두고 다음에서는 원조유형별로 각각 국제적 차원과 국내적 차원에서 형성되어 있는 제도적 맥락에서 비롯된 단절적 예산변화 발생의 가능성을 살펴본다. 원조유형 간에 국제적 차원과 국내적 차원에서 단절적 예산변화 발생 가능성의 차이가 존재하기 때문에, 유형별로 단절적 예산변화의 빈도가 다름으로 인해 세 가지 유형의 예산변화 패턴이 형성되었다는 것을 논의한다. 이는 공적개발원조의 유형 '간' 예산변화 패턴의 차이에 초점을 둔 것이다. 이 책은 여기서 나아가, Taleb(2007)이 말하는 검은 백조(black swan)에 대해서도 함께 살펴보기로 한다. 즉, 원조유형 간 예산변화의 패턴이 서로 다른 이유(패턴 차이 비교)를 설명하는 데서 나아가, 특정한 원조유형에서 보이는 특정한 원조예산변화의 패턴을 결정한 단절적 예산변화의 시점에 대한 설명도 함께 하고자 한다. 따라서 이를 위해 각 원조유형별로 개별 국가를 중심으로 사례분석을 실시한다. 사례분석은 23개국 모두를 대상으로 하는 것이 아니라 원조유형별 예산변화 패턴의 대표적인 사례에 초점을 두고 논의한다.[34]

---

34) 원조유형 간 예산변화 패턴의 차이를 국제적 차원과 국내적 차원으로 구분하고 다시 각 차원별 하위 항목들을 설명할 때 한 가지 전제할 것은, 여기서 설명되는 모든 요인들은 교호작용을 하면서 원조유형별로 원조예산의 변화 패턴의 차이를 형성한다는 것이다. 사회현상을 설명할 때 다수사례에 기초한 계량적 설명방법처럼 특정 변수의 독립적 순효과(net effect)만 존재하는 경우는 매우 드문 일이다(Ragin, 1987: 53－68). 따라서 공적개발원조의 유형별 예산변화 패턴 차이에 대한 설명도 여기서 논의되는 다양한 요인들이 연관되어 영향을 미치는 것이라 할 수 있다. 그리고 국가 사례에서 단절시점을 논의할 때에도 해당되는 요인들의 상호 관련성은 존재한다. 그런 점에서 이 책에서 제시되는 여러 요인들에 대

1. 양자원조예산의 단절균형(무상)·단절적(유상) 변화

국제적 차원

공적개발 양자원조(무상원조, 유상원조)의 예산변화가 다자원조의 예산변화(점증적 변화 패턴)와 달리 상대적으로 더 비점증적인 패턴(무상－단절균형적, 유상－단절적)을 보이는 것에 대한 국제적인 측면에서의 논의는 국가 간 관계나 국제적 합의 등으로 인한 제도적 구조변화에 따른 예산결정의 기준(base) 변화에서 비롯된다. 단절균형 예산이론에서의 기준의 변화란 기존 기준의 무용이나 새로운 기준 설정이나 단절적인 변화를 동반하는 기준의 수정 등이 된다. 점증적 변화를 위한 전제조건인 기존의 기준이 고려되지 않음으로써 점증적인 변화보다는 단절적 변화가 발생할 가능성이 높은 것이다. 따라서 원조공여국과 원조수혜국 간의 구조적 관계 변화에서 비롯되는 사항이나, 원조공여국들의 국제적 합의에 따라 원조공여국의 원조정책이나 제도 및 체계상의 변화는 원조예산이 기존의 기준을 사용하지 않고 결정될 가능성이 높음을 보여준다. 그래서 기준의 변화를 가져오고, 이러한 기준의 변화는 점증적 변화를 위한 전제가 변화하는 것이기 때문에 예산변화가 단절적 변화로 이어지게 되는 것이다.

원조공여국의 예산이 직접적으로 원조수혜국으로 이동하는 무

한 통계적 조작화를 통해 상호작용효과를 반영한 계량분석을 하는 것은 앞으로의 연구과제가 될 수 있을 것이고, 그 연구의 선행연구로서의 역할이 이 책이라 할 수 있다.

상원조와 유상원조를 포함하는 양자 간 원조가 특히 이러한 원조
공여국과 원조수혜국 간의 관계와 국제적 합의 등에 따라 더 큰
영향을 받게 된다. 따라서 국제적 차원에서의 양자원조예산의 단
절적 변화의 가능성은 원조공여국과 원조수혜국 사이에 형성되어
있는 제도적 구조 관계(체계)와, 원조공여국들의 원조예산결정에
미칠 수 있는 국제적 차원의 합의가 미치는 영향으로 살펴볼 수
있다. 전자는 원조공여국과 원조수혜국 간의 직접적으로 형성되어
있는 제도적 구조에서 비롯되는 안정성에 따른 단절적 예산변화
가능성을 살펴보는 것이고, 후자는 국제 레짐 등의 국제적 차원의
합의 등에서 비롯되는 원조예산의 변동 가능성을 살펴보는 것이
다. 이 두 가지 사항은 양자원조예산이 다자원조예산보다 더 단절
적인 변화가 발생되는 주요 요인이 되는 것이다.

1) 양국 간의 제도적 구조 관계와 단절적 예산변화 가능성

원조공여국가와 원조수혜국가 간의 구조적 관계에서 볼 수 있
는 비점증적, 즉 단절균형이나 단절적 특성은 양국 간의 비대칭적
인 의존관계에서 비롯된다. 원조제공활동과 원조수혜활동에서 맺
게 되는 관계 중 국가 간의 직접원조인 양자원조의 경우는 원조
공여국이 원조 관련 국제기구를 통해 원조를 제공하는 다자원조
와는 달리 해당 양 국가 간에 비대칭적인 의존관계를 맺고 있을
가능성이 높다. 여기서 비대칭적인 의존관계라고 한 것은 상호 의
존관계를 형성하고는 있지만 상호 의존의 정도에 따라 둘의 관계
가 비대칭적인 모습을 띠게 되기 때문이다. 만약 두 당사자들이

상호 의존적이기는 하지만 한쪽이 덜 의존적이라면, 양자가 모두 상호 의존적 관계를 가치 있다고 생각하는 한 덜 의존적인 쪽은 권력의 원천을 가지고 있게 되는데[Nye, 2009(양준희·이종삼 역, 2009: 322)], 이때 양 국가가 상호 의존적이되 비대칭적인 상호 의존관계의 모습을 보이게 되는 것이다.35)

중요한 것은 균형적이지 못한 비대칭적인 상호 의존 관계가 그 자체로 하나의 현상에 지나는 것이 아니라 권력이나 영향력 행사의 원천이 되며, 이는 서로 간의 여러 행위에 영향을 미치게 된다는 점이다. 그런 점에서 상호 의존(특히 비대칭적 상호 의존일 경우)이 항상 양자 간에 모두 만족하는 우호적인 협력이나 결과만을 가져오는 것은 아니다(Keohane and Nye, 1987: 728－730). 이에 대해 원조관계에 해당하는 쉬운 예를 들면, 만일 양자 간의 원조 관계에서 원조에 더 의존적인 원조수혜국이 덜 의존적인 원조공 여국의 원조중단으로 인해 빠르게 영향을 받게 되는 경우(민감성)나, 원조중단으로 인해 행하고 있던 관련 사업이나 일들이 순식간에 더 이상 진행되지 못하게 되는 경우(취약성) 등이 그러한 결과들이다.36)

---

35) 마찬가지로 국가 간의 원조활동이 원조공여국과 원조수혜국 모두에게 가치가 있다고 여겨져 상호 의존적인 형태를 지니고 있다고 하더라도 의존의 정도에 따라 항상 균형적 힘으로 유지되고 있는 것은 아닌 것이다. 무엇보다도 국가는 여유 자금을 확보하기 위해 외국으로부터 자금을 들여오는 것이 아니라 원조와 같이 반드시 필요한 자금을 외국으로부터 들여오기 때문에 이 자금을 받아들인 국가는 당연히 원조된 자금으로부터 자유로울 수 없고, 그 결과 원조를 제공한 국가에 경제적으로 의존하지 않을 수 없게 되는 것이다(송영우, 2002: 245－246). 이러한 국가 간 경제적 의존 관계의 심화는 여러 분야에서 의존관계를 창출하게 되는데, 이때 의존은 균형적인 의존이 아니라 비대칭적인 의존이 되는 것이다.

36) 이러한 불균등하고 비대칭적인 상호 의존 관계는 군사적 불균등 상호 의존, 비군사적 취약성 상호 의존, 비군사적 민감성 상호 의존으로 분류되는데(유영옥,

이처럼 국내 자본의 국외 이동을 의미하는 재정의 세계화에서 큰
몫을 차지하는 원조는 원조제공 국가로 하여금 원조를 제공받은 국
가의 경제 정책에 영향력을 행사할 수 있는 중요한 기초를 제공함
으로써, 실제로 원조수혜국의 내외적 관여를 통해 원조공여국은 원
조를 철회거나 원조 철회를 매개로 위협을 줄 수 있다. 이러한 모습
은 특히 양자원조 관계에서 더 크게 작용되고 있는 것이나(송영우,
2002: 265; Spero, 1982: 159 – 161). Maizels and Nissanke(1984)가 양
자원조와 다자원조를 실증적으로 비교 분석한 결과에서도 양자원
조 관계가 다자원조 관계보다 원조공여국의 이익에 크게 좌우되
고 있는 모습이 나타난다. 따라서 양자 간 원조활동에서 원조공여
국은 원조수혜국보다 상대적으로 더 큰 영향력을 지니고 있으므
로 원조수혜국가에 대한 원조를 중단하거나 변경하거나 추가하거
나 등의 행위를 통해 원조예산의 변화(단절)를 가져오게 된다. 이
는 원조공여국가가 원조 관련 국제기구 등에 정해진 분담금 및
출자금을 통해 원조예산을 결정하는 다자원조의 경우와는 차이를
보이는 점이다. 그래서 앞서 분석한 결과에서 양자원조(무상원조
와 유상원조)의 단절확률이 다자간 원조(특히 단절확률의 감소 추

2006: 132), 그중 비군사적 취약성 상호 의존이나 민감성 상호 의존관계에 해당
되는 여러 사례 중 하나가 원조관계라고 할 수 있다. 여기서 취약성과 민감성
상호 의존은 상호 의존 관계에서 덜 의존적인 쪽의 영향으로 인해 더 의존적인
쪽에 변화와 동반된 취약성과 민감성을 각각 말하는 것이다[Nye, 2009(양준희 ·
이종삼 역, 2009: 319 – 321)].
물론 민감성 상호 의존과 취약성 상호 의존은 항상 같은 방향으로 작용되는 것
은 아니다. 즉 높은 민감성이 높은 취약성을 의미하는 것은 아니다. 상호 의존관
계에서 민감성은 높지만 취약성은 낮은 경우도 있는 것이다. 실제로 양자 간에
변화로 민감하게 반응하더라도 취약성은 낮아서 변화에 대한 대응은 쉽게 이루
어지는 사례들도 많이 있다[Nye, 2009(양준희 · 이종삼 역, 2009: 319 – 321)].

세)보다 더 높은 이유가 바로 여기에 있는 것이다.

원조공여국이 원조수혜국보다 상대적으로 높은 영향력을 이용하여 원조예산의 변화를 가져오게 되는 것은 다음의 현상들에서 구체적으로 알 수 있다. 우선, 원조활동에서 원조공여국은 원조효과성을 추구하기 위해 원조제공 후 일정한 성과를 전제한 이행조건(conditionality)을 원조수혜국에 제시하거나, 원조수혜를 위해서는 일정한 조건이 미리 갖추어져야 한다는 선택조건(selectivity)을 원조수혜국에 제시하고 있다. 이 점은 원조공여국의 원조수혜국에 대한 영향력 행사를 단적으로 보여주는 사례 중 하나이다. 원조공여국이 제시하거나 요구하는 원조수혜에 따른 이행조건과 원조수혜를 위한 선택조건은 원조가 절실하며 그래서 원조에 의존하고 있는 원조수혜국에는 계속적인 원조수혜를 위해서는 따를 수밖에 없는 것들이다. 그렇기 때문에 이행조건과 선택조건은 원조효과성과 관련되기도 하지만 한편으로는 원조공여국과 원조수혜국 간의 불균등한 의존관계를 간접적으로 보여주는 예가 되기도 한다. 특히 Ostrom et al.(2002: 63 – 67)이 논의한 원조공여국과 원조수혜국 간의 원조활동 협상의 세 가지 모습 중 지금까지 원조활동에서 가장 현실적인 모습이었다고 할 수 있는 강한 원조공여국(Strong Donor)과 약한 원조수혜국(Weak Recipient)의 관계를 보면 둘 간의 비대칭적인 영향력의 모습은 두드러지게 나타난다.[37]

---

37) 세 가지 모습에는 강한 원조공여국(Strong Donoe) – 강한 원조수혜국(Strong Recipient), 강한 원조공여국 – 약한 원조수혜국(Weak Recipient), 계몽적 원조공여국(Enlight Donor) – 약한 원조수혜국이 있다. 이 중 첫 번째는 과거 제2차 세계 대전 후 서유럽에 대한 미국의 원조활동과 이념 대립이 치열했던 냉전시기의 원조활동이 주로 해당되며, 세 번째는 앞으로의 원조활동에서는 원조공여국이 원조수혜국의 주인의식을 강조해야 한다는 필요성에서 제시된 형태이다(Ostrom et al., 2002: 63 – 67).

실제로 원조공여국가 중 하나인 가나의 경우 2000년 새 대통령이 자국의 산업부흥대책을 구상하여 시행하려고 했지만, 이념적으로 새 대통령의 산업부흥대책에 적대적이면서 가나 정부의 능력을 불신하였던 원조공여국은 새 대통령이 구상한 계획이 아닌 그들이 제시한 대책(이행조건)에 따르도록 요구했고, 결국 원조수혜가 필요한 가나 정부는 그에 동의할 수밖에 없었다(Green, 2008: 365). 동의하는 데서 끝나는 것이 아니라 앞으로 원조수혜국은 의무적으로 성과(원조공여국이 제시한 미션이나 조건 달성의 성과)를 증명해 보이기 위해 수백 권의 보고서를 만들어 수십 차례 원조공여국의 대표들을 만나야 한다(Green, 2008: 375). 그래서 또 다른 원조공여국가 중 하나인 르완다의 공무원은 원조공여국을 대할 때는 마치 젖소를 대하는 것처럼 해야 한다고까지 했다. 잘 대해 주면 기대했던 것보다 더 많은 우유를 얻을 수 있게 되지만 그렇지 않고 잘못 대해 주면 젖소들은 우유 통을 차 버린다는 것이다(Green, 2008: 377). 이처럼 원조에 의존적인 정부들은 대개 자국 시민들보다 원조공여국가의 이해와 요구에 오히려 더 반응적이다. 그래서 우간다의 Yoweri Museveni 대통령은 2005년 워싱턴에서 열린 회의에서 GDP의 22% 정도의 (자국에서의) 세원이 확보된다면 원조수혜를 위해 타국에게 무엇인가를 달라고 귀찮게 요구하지도 않을 것이고 즐겁게 이런 자리(국제회의 등)에 나올 수 있을 것이라고 하면서(Green, 2008: 365 - 368), 원조공여국에 원조수혜를 위한 조건들을 검토하고 조율하는 원조 관련 회의의 불편함을 말하기도 했다.

　김민주(2011)의 연구에서도 원조수혜국의 원조수혜를 위한 이행조건과 선택조건의 유효성은 실증적으로 확인되었다. 이행조건과 선택조건의 하나로 원조수혜국의 거버넌스 개선에 초점을 두고 분석한 것이었는데, 거버넌스의 하위 항목별로 이행조건과 선택조건이 되는 경우에는 차이가 있었지만, 원조수혜국이 원조수혜를 위해서는 원조공여국이 제시하는 조건들을 따를 수밖에 없다는 점은 유의미하게 나타나고 있음을 보여주고 있다. 또 심지어 개발도상국가들은 국제 NGO들이 제공해 주는 지원에 대해 고마워하면서도 국제 NGO들이 마치 상급자처럼 행동하고 자원과 기술을 이용해 주제 넘는 행동을 하며 그들이 의제(조건)를 부여하는 것에 대해 자주 불만을 토로하고 있는데(Green, 2008: 376), 이처럼 원조공여자로서 국제 NGO의 원조수혜국에 대한 모습이 이와 같은데 이해관계가 더 명확한 원조공여국가는 더욱 그러할 수 있다. 그만큼 원조수혜국은 필요하고 절실한 원조를 얻기 위해 원조공여국에 의존하고 있는 것이다. 비대칭적, 불균등한 의존관계의 형성은 일반적인 현상인 것이다.

이러한 원조공여국과 원조수혜국 간의 불균등한 의존관계는 원조예산의 변화를 가져오게 되는데, 그것은 이행조건에 의한 원조의 경우 원조수혜국은 처음에는 원조자금이 필요해서 원조공여국이 제시한 조건들을 이행할 것을 약속하지만, 원조자금을 받은 다음에는 실제 이행조건을 이행하지 않는 경우가 발생하는 데서 비롯된다. 이행조건이 어려워서일 수도 있고 자의적 사용에 의한 것일 수도 있다. 실제로 짐바브웨(Zimbabwe)처럼 많은 빈곤국가들이 처음 약속한 개혁 등이 포함된 이행조건을 포기하는 경우가 종종 있다(Collier, 2007: 108 – 109). 이럴 경우 원조공여국이 해당 원조수혜국에게 지속적으로 원조를 할 유인이나 정당성은 낮아진다. 더구나 이행조건의 미이행이나 포기는 원조공여국 입장에서는 낮은 원조효과성을 의미하는 것이므로, 예산의 원천이 자국민의 세금이라는 점에서 볼 때 원조공여국의 정부가 해당 원조수혜국가에 원조활동을 지속하는 것은 어렵게 된다. 그리고 선택조건의 경우에도 전년도에 원조를 제공받았다고 하더라도 원하는 선택조건들이 충족되지 못한다면 원조공여국은 원조제공을 하지 않을 수도 있다. 그렇기 때문에 IMF의 조사에 따르면, 원조수혜국에서 원조자금의 유입은 재정수입보다 더 변동이 심했고, 특히 원조의 존도가 더 높을수록 원조규모가 더 변동적인 것으로 나타났다(Green, 2008: 364). 이행조건의 미이행과 선택조건의 부적합으로 인해 원조공여국은 원조수혜국의 약한 힘(Weak Position)의 이점을 이용해 자신들이 원하는 방향으로 원조활동을 갑자기 수정하거나 변경하는 것이다(Ostrom at al., 2002: 65 - 66). 수정과 변경은 기존 원조수혜국에 대한 원조 중단 및 원조예산 삭감 혹은 새로운 원조수혜국 모색 등이 포함된다.

만일 원조공여국이 제시하는 이행조건과 선택조건이 원조공여국의 이득과 특히 관련된 것이라면 서로 간에 형성된 불균등한 의존관계에서 비롯되는 관계 단절 및 중단 그리고 변경과 같은 변동은 더 자주 발생할 수 있다. 자국 이득에 부합하지 않는다면 지속적인 원조제공의 필요성이 낮아지기 때문이다. 이행조건과 선택조건이 원조공여국의 이득과 얼마나 관련되는가에 대해서는 현실적으로 쉽게 확인할 수는 없다.[38] 그러나 통상 이행조건과 선택조건은 원조공여국이 제시하는 의제형태로 표현된다는 점에서 어느 정도 추론할 수 있다. 물론 이 역시 명시적 의제와 실질적 의제가 다를 수 있기 때문에 의제 자체를 놓고 그것이 원조공여국의 이득과 직접적으로 관련된 것인가에 대한 여부를 확인하는 것은 어렵겠지만, 분명한 것은 원조공여국이 원조수혜국에게 제시한 의제의 종류가 상당히 많다는 점이다(Grindle, 2004). 의제수가 많다는 것은 일단 원조공여국의 의도를 포함시킬 수 있는 여지가 많다는 것이고, 또 의제를 만들 때 의제 설정 주체의 입장이 전혀 반영되지 않는 경우란 거의 불가능하기 때문이다. 따라서 의제형태의 이행조건과 선택조건이 원조공여국의 이해관계와 관계될 때는 원조수혜국과의 관계 변화는 더 자주 발생할 수 있으며 그래서 그와 관련된 예산변화도 자주 발생할 가능성이 높다. 이처럼 이행조건과 선택조건의 존재는 양 국가 간의 비대칭적 의존관계와 단절적 예산변화의 가능성을 여러 측면에서 보여주고 있는 것이다.

현재 각 국가는 원조예산지출에서 원조수혜국에 대하여 이행조건만 적용하다 2000년대 이후부터는 선택조건에 많은 관심을 두고 이를 적용하고 있다(김민주, 2011). 이러한 변화는 이행조건을 적용하는 데서 추가적으로 선택조건을 적용하거나 혹은 이행조건 없이 선택조건만 적용하기도 하는 등 다양한 형태로 나타난다. 대부분은 전자의 형태를 띤다. 따라서 <표 12>의 국가별 원조예산

---

38) 이행조건 및 선택조건과 원조공여국의 이득 간의 관계를 직접적으로 분석한 경우는 없지만, 많은 연구들에서 원조활동과 원조활동의 경제적 이득은 유의미하다는 결과를 보이고 있다. 왜냐하면 원조에 의해 직접적이고 가시적인 이익이 원조공여국가에 발생하게 된다면, 원조공여국은 국민들과 의회로부터 원조활동에 대한 지지를 쉽게 얻을 수 있기 때문이다(Hjertholm and White, 2006: 71).

에서의 선택조건의 비중은 양자 간 원조에서 원조공여국의 비대칭적 권력의 모습이 더욱 강화되었다는 것을 보여준다. 기존의 이행조건에 선택조건을 추가적으로 적용하고 있기도 한 것을 보여주기 때문이다. 뉴질랜드, 룩셈부르크, 영국 등이 선택조건을 상대적으로 높게 적용하고 있으며, 오스트리아나 이탈리아는 선택조건보다는 이행조건을 중점적으로 적용하고 있다.

<표 12> 국가별 원조제공의 선택조건 이행 비율

국가	선택조건 비율(%)	국가	선택조건 비율(%)
호주	78	일본	71
오스트리아	0	룩셈부르크	85
벨기에	27	네덜란드	32
캐나다	51	뉴질랜드	95
덴마크	66	노르웨이	37
핀란드	68	포르투갈	34
프랑스	41	스페인	49
독일	44	스웨덴	20
그리스	7	스위스	22
아일랜드	61	영국	80
이탈리아	2	미국	12

* 자료: Easterly and Williamson(2011)

이와 같이 양자 간 원조활동에서 원조공여국가는 특정한 원조수혜국에 지속적으로 원조를 하는 것이 아니다. 원조대상국가가 지속되지 않고 잦은 변화를 보인다는 것은 원조대상자에 따라 원조예산을 새롭게 책정하는 것이 되므로 기존에 참조되었던 기준(base)의 변화를 가져와서 원조예산결정에서 변화가 발생할 가능성이 높아진다. 원조대상국가가 탈락되거나 새롭게 선정되는 경우는 물론이고 이전에 가장 많이 원조를 한 국가에 대해 이행조건이나 선택조건에 부합하지 않는다는 이유로나 또는 원조공여국가의 이해관계에 따라 이전과 비교해 다른 원조수혜국보다 상대적으로 적은 규모의 원조를 할 수도 있는 것이다.

이는 원조공여국가가 원조하는 원조수혜국가들 간의 상대적인 순위변화에서도 나타난다. 즉 원조공여국가가 특정한 국가에 대해 지속적으로 일정한 규모의 원조를 제공한다기보다는 원조대상국가가 새롭게 추가되거나 원조가 중단되거나 혹은 원조대상국가별로 원조예산의 비중에 변화가 생기는 것을 보여주는 것이다. 원조수혜국가가 새롭게 추가되거나 중단되는 것은 원조공여국가의 원조예산에 변화를 주는 것이 되고, 마찬가지로 중점적으로 지원하는 원조대상국가가 달라지는 것도 원조공여국의 원조예산에 변화를 주는 것이 된다. 원조수혜국가별로 새롭게 협상 및 합의를 해서 관련 절차를 마련해야 하고, 또 협상관계가 없어져 이전의 원조예산 이동 경로가 없어지고, 지원되는 원조규모(비중)의 변화로 기존 절차의 수정 보완 및 추가 혹은 삭제가 발생하는 것이다. 이는 존재해 오던 기준(base)에서 기대된 점증적 변화가 발생하기보다는 새로운 예산사용 대상자에게 거의 제로(0)에 가까운 기준에서 원조예산을 결정하게 되어 단절발생이 높은 원조예산의 증감을 가져오게 된다. 국제기구로 지출되는 다자원조예산처럼 기존에 행해져 왔던 대로 정해진 규정이나 제도적 절차에 따라 원조예산이 지출되는 것이 아니라, 원조예산사용의 대상(원조수혜국) 자체의 변화로 인해 합의과정과 절차 및 규정 등의 변경과 생성 등으로 원조예산에 변화가 발생할 가능성이 높아지는 것이다. 다음

<표 13>과 <표 14>는 연도별로 OECD/DAC 회원국들의 원조 대상국인 원조수혜국별 비중이 높은 순서대로 나열한 것이다.

<표 13> 양자원조 중 연도별 OECD/DAC의 상위 15개 원조수혜국

1970~1971	1976~1977	1980~1981	1985~1986
인도(11.9)	인도(5.5)	이집트(4.4)	이스라엘(5.8)
인도네시아(7.4)	이스라엘(5.1)	인도(4.1)	이집트(5.0)
베트남(4.9)	이집트(3.7)	방글라데시(3.6)	인도(3.1)
파키스탄(4.8)	파키스탄(3.4)	인도네시아(3.5)	인도네시아(2.4)
한국(3.5)	인도네시아(3.4)	이스라엘(3.2)	필리핀(2.1)
터키(2.6)	방글라데시(2.6)	터키(2.6)	방글라데시(2.1)
브라질(2.1)	파푸아뉴기니(1.5)	탄자니아(2.1)	파키스탄(1.9)
파푸아뉴기니(1.9)	탄자니아(1.5)	파키스탄(1.7)	중국(1.9)
콜롬비아(1.5)	한국(1.5)	수단(1.3)	수단(1.6)
알제리(1.5)	튀니지(1.2)	케냐(1.2)	탄자니아(1.4)
모로코(1.4)	베트남(1.2)	대만(1.2)	대만(1.3)
튀니지(1.3)	모로코(1.0)	한국(1.1)	에티오피아(1.2)
나이지리아(1.3)	콩고(1.0)	콩고(1.1)	스리랑카(1.1)
이스라엘(1.2)	필리핀(1.0)	스리랑카(1.1)	케냐(1.1)
콩고(1.0)	케냐(0.9)	파푸아뉴기니(1.1)	모로코(1.0)

* 자료: 연도별(1979~2009년) OECD의 Development Co-operation Report, OECD/DAC Internet Database
* 5년 단위로 나타냈지만 1975년의 자료는 누락되어 있어서 1976년도의 자료를 이용하였고, 2010년 자료는 아직 구축되어 있지 않기 때문에 2008년 자료까지 나타냄

<표 14> 양자원조 중 연도별 OECD/DAC의 상위 15개 원조수혜국(계속)

1990~1991	1995~1996	2000~2001	2005~2006	2007~2008
이집트(9.5)	중국(3.7)	중국(3.0)	이라크(13.0)	이라크(7.5)
인도네시아(3.4)	인도네시아(3.2)	인도네시아(3.0)	나이지리아(7.5)	아프가니스탄(2.8)
인도(2.6)	이집트(3.0)	인도(2.4)	중국(2.2)	중국(2.1)
이스라엘(2.6)	인도(2.6)	이집트(2.3)	인도네시아(2.0)	인도네시아(2.0)
중국(2.2)	이스라엘(2.3)	베트남(1.8)	아프가니스탄(2.0)	인도(1.8)
방글라데시(1.8)	필리핀(1.8)	대만(1.7)	인도(1.4)	베트남(1.4)
터키(1.7)	대만(1.6)	필리핀(1.6)	수단(1.3)	수단(1.4)

필리핀(1.7)	방글라데시(1.3)	탄자니아(1.5)	베트남(1.2)	탄자니아(1.3)
케냐(1.6)	코트디부아르(1.2)	파키스탄(1.4)	잠비아(1.2)	에티오피아(1.2)
탄자니아(1.4)	파키스탄(1.2)	방글라데시(1.4)	콩고(1.1)	카메룬(1.1)
모잠비크(1.3)	모잠비크(1.1)	모잠비크(1.3)	카메룬(1.0)	이집트(1.1)
대만(1.2)	보스니아헤르체고비나(1.0)	유고슬라비아(1.0)	에티오피아(1.0)	방글라데시(1.0)
파키스탄(1.2)	니카라과(1.0)	니카라과(0.9)	필리핀(0.9)	모잠비크(1.0)
잠비아(1.1)	탄자니아(0.9)	페루(0.9)	파키스탄(0.9)	나이지리아(0.9)
모로코(1.0)	볼리비아(0.9)	우간다(0.8)	이집트(0.9)	팔레스타인(0.9)

* 자료: 연도별(1979~2009년) OECD의 Development Co-operation Report, OECD/DAC Internet Database

5년 단위로 상위 15개 원조수혜국을 보면 상대적인 비중의 차이가 발생하고 있다는 것을 알 수 있다. 물론 비교적 꾸준히 상위권에 속하는 원조 대상 국가들이 없는 것은 아니지만, 많은 국가들이 시기별로 원조수혜의 정도에 변동이 있다. 원조공여국의 원조예산이 직접적으로 사용되는 원조대상국들에 대한 비중에 변동(사라지거나 추가되거나 또는 정도의 변화)이 발생하고 있는 것이다. 예컨대 1970년대 초반만 하더라도 이집트는 상위 15개국에 속하지 않을 정도로 타 원조수혜국가들에 비해 상대적으로 적은 원조수혜국가였지만 1970년대 중반에는 상위 3위에 오를 정도로 비중이 높아졌고, 반면 한국의 경우 1970년대에는 비교적 상위권에 속할 정도의 상대적으로 높은 원조를 받는 나라였지만 1980년대에는 상위 15위에 속하지 않게 되었다. 그 외에도 원조공여국들에게 새로이 중요하게 부각된 중국과 이라크, 또 터키와 같이 중요성의 부각이 불규칙하게 고려되는 경우도 있다.

이처럼 원조공여국 입장에서는 원조예산사용의 대상자인 원조수혜국이 사라지거나 추가되거나 비중이 달라짐(비중을 높이거나 낮추는)에 따라 원조예산결정에도 변화가 생긴다. 지원해 오던 원조수혜국이 없어지거나 새롭게 지원하게 되면 예산 사용의 대상자 존재에 변화가 생기는 것이므로 전년도와는 다른 원조예산변화가 발생하는 것이다. 이와 같은 원조공여국과 원조수혜국 간의 원조예산 전달과정의 구조적 관계 변화는 연도별로 개별 원조공여국가들의 원조수혜국 변화에서도 확인된다. 각 연도별(1979~2009년) OECD의 Development Co-operation Report를 보면 원조공여국은 자신들의 원조예산사용의 대상자인 원조수혜국을 변화시키고 있다는 것을 알 수 있다. 한 예로 미국의 최근 20년간의 원조수혜국의 변화를 <표 24>에서 확인할 수 있다.

<표 15> 국가별 중점원조국가 및 전체 원조국가 수

국가	중점원조국가 수, 전체 원조대상국가 수	국가	중점원조국가 수, 전체 원조대상국가 수
호주	32, 50	한국	30, 123
오스트리아	16, 53	룩셈부르크	10, 40
벨기에	17, 83	네덜란드	40, 93
캐나다	별도로 명시하지 않음, 100	뉴질랜드	17, 43
덴마크	16, 71	노르웨이	7, 88
핀란드	9, 62	포르투갈	7, 20
프랑스	54, 123	스페인	22, 81
독일	60, 110	스웨덴	32, 91
그리스	26, 34	스위스	36, 86
아일랜드	9, 56	영국	22, 93
이탈리아	40, 76	미국	공식적인 중점원조국 없음, 128
일본	주로 아시아국가들, 135	-	-

* 자료: OECD(2009, 2008b, 2008c)에서 재정리
* 각 국가의 주요 원조기관에서 집행하는 원조예산에 대한 대상국가들임
* 기타 원조 주체들의 원조대상국가들 수는 제외됨
* 주요 원조기관이 이원화된 경우 동일한 원조대상국가가 일부 중복됨

원조제공 대상국의 변화는 원조공여국이 양자 간 원조관계를 맺고 있는 수가 많다는 사실에서 특히 그 가능성은 더 높다고 할 수 있다. <표 15>에서 보듯이 많게는 일본의 경우 135개국에 원조제공을 하고 있으며 미국·한국·독일·캐나다도 모두 100개 국가 이상을 원조하고 있다. 그리고 표에서는 국가별로 해당 국가의 주요 원조기관이 선정해 놓고 있는 중점원조국가 수도 나타내고 있는데, 이 역시도 독일의 경우 60개국에 이른다. 나아가 주요 원조기관 이외에 각 정부부처 및 관련 기관 그리고 지방자치단체들의 원조국가 수까지 포함한다면 표에서 제시된 원조수혜국 이외에도 더 많은 원조수혜국이 존재한다. 한국의 예를 들어 보면, 중앙정부의 각 부·처·청은 물론이고 각 지방자치단체들도 원조대상국가를 선정해서 지원하고 있다. 그리고 원조대상국가들에 대한 중복지원과 함께 중점원조공여국가들에 대해서도 복수의 원조기관들이 동시에 원조를 제공하고 있기도 하다. 예컨대 미얀마에 대한 원조제공의 경우 교육과학기술부, 관세청, 기상청, 문화재청, 인천시 등이 원조를 제공하고 있고, 중점원조대상국가인 베트남의 경우도 교육과학기술부, 노동부, 농림부, 여성부, 공정거래위원회, 관세청, 국세청, 문화재청, 농촌진흥청, 서울시, 경기도, 대전시, 인천시 등이 원조제공활동을 하고 있다(김은미·김지현, 2009).

따라서 국가별로 원조대상국가 수 자체가 많다는 점에서도 원조대상국의 잦은 변화 가능성을 알 수 있다. 원조예산의 총액이 결정되고 원조수혜국별로 나누어서 분배되는 것이 아니라 원조수혜국을 지정하고 그에 대한 예산배분이 이루어지기 때문에 원조대상국의 변동은 예산의 변화를 가져오게 되는 것이다. 기준 자체

의 부재로 인해 기준의 재설정도 필요하고 공정한 몫에 대한 기
대도 달라지는 것이다.

<표 16> 식민지 국가에 대한 양자 간 원조 비중과 단절적 예산변화

국가	원조비중(%)	한 단위 증가 시 원조예산변화 정도(%)	단절성 기준 적용 결과 (무상원조와 유상원조 기준을 함께 고려한 결과)
호주	55.5	277	단절
벨기에	53.7	128	단절
프랑스	57	151	단절
독일	2.6	21	무상원조: 점증 유상원조: 단절
이탈리아	9	67	단절
일본	6.3	80	단절
네덜란드	17.1	94	단절
영국	78	76	단절
미국	2.9	39	무상원조: 단절, 유상원조: 점증

* 자료: Alesina and Dollar(2000)의 연구 결과를 바탕으로 재구성
* 식민지 국가가 없었던 국가, 식민지 비중이 0%인 국가, 식민지 비중은 있으나 실증분석에 포함되지 않은 국가는 제외된 것임

원조공여국과 원조대상국과의 구조적 관계에서 비롯된 예산변화
의 가능성에 대한 논의에서 한 가지 흥미로운 점은 양국 간의 관
계가 특히 과거에 직접적인 식민지 경험(지배 - 피지배)이 있는 관
계라고 한다면, 대부분의 원조공여국의 원조예산은 단절적으로 변
화된다는 경험적 분석이 있다. 다시 말해, 원조공여국과 원조수혜
국 간의 관계에서 원조예산흐름의 변화는 양 국가 간의 식민지 경
험이 일부 영향을 주기도 한다는 것이다(Lumsdaine, 1993). 여기서
말하는 식민지 경험은 원조공여국이 원조를 제공해 주는 원조수혜

국을 과거에 직접적으로 식민지로 지배한 경우이다.[39] 물론 식민지 경험이 있는 국가마다 그 영향의 정도에는 다소 차이가 있다.

Alesina and Dollar(2000)의 분석결과인 <표 16>에서 보듯이 우선 원조예산이 차지하는 비중을 보면 영국(78%), 호주(55.5%), 벨기에(53.7%)가 많은 부분 자신들이 과거 지배한 식민지 국가들에게 원조예산을 사용하고 있고, 독일(2.6%)과 미국(2.9%)은 상대적으로 적은 비중이다. 이때 원조예산의 변화는 식민지배 기간을 기준으로 해서 한 단위(unit) 증가할 경우를 가정해서 살펴볼 수 있는데, 호주는 약 277%의 원조예산이 증가하고 프랑스는 약 151%이고 벨기에는 약 128% 증가한다. 이러한 원조예산의 변화가 단절적인가 아니면 점증적인가는 국가별로 단절기준을 고려해서 판단할 수 있는데, 여기서 한 가지 주의할 점은 Alesina and Dollar(2000)의 연구는 무상원조와 유상원조를 함께 포함해서 사용한 양자원조예산이기 때문에 각 원조유형별 단절기준을 각각 고려해서 판단할 필요가 있다는 점이다. 따라서 IV장에서 국가별로 분석한 결과에 비추어서 판단하면, 독일의 무상원조와 미국의 유상원조의 경우를 제외하고는 모두 단절적 예산변화를 동반한다는 것을 알 수 있다. 이는 원조공여국과 원조수혜국 간의 관계가 만일 과거 직접적인 식민지 관계로 이루어져 있다면 원조예산의 단절적 변화 가능성이 높다는 것을 말해 준다.

이처럼 직접적으로 양 국가 간에 원조예산이 이동하는 양자 간 원조는 국가별로 역사적 배경 등도 함께 영향을 준다고 볼 수 있

---

39) 자신들의 식민지가 아닌 경우에는 원조예산의 변화에 유의미한 영향을 미치지 않은 것으로 나타났으므로 이를 명확히 할 필요가 있다(Alesina and Dollar(2000)).

는데, 그 대표적인 것이 식민지 경험의 유무가 될 수 있으며 이는 유의한 단절적 변화를 동반하는 요인이 된다는 것을 알 수 있다. 즉, 원조공여국과 원조수혜국 간에 형성되어 있는 구조적 관계에서의 단절적 예산변화 가능성은 양 국가 간에 식민지 경험이라는 역사적 배경을 고려할 경우 그 정도는 더 높을 수 있다는 것이다. 그리고 과거 식민 지배를 한 국가에 직접적으로 원조를 하고 있는 원조공여국가들로는 <표 16>에서 제시된 국가 이외에도 포르투갈·스페인·뉴질랜드 등도 해당되기 때문에 이들을 모두 고려한다면 비단 개별국가에서만 아니라 OECD/DAC 전체의 양자 간 원조예산의 전반적인 변화에서도 단절적 변화 가능성은 높을 것이라는 추론도 가능하다.

한편, 지금까지의 논의에 대한 반론이 있을 수 있는데, 그것은 최근에는 원조수혜국의 영향력이 상대적으로 더 커지고 있지 않는가라는 의견이다. 즉, 원조의 확산(proliferation)으로 원조공여국의 숫자가 많아져서 오히려 원조수혜국이 기존의 비대칭적 관계를 극복하고 원조공여국을 선택하게 되지 않았나 하는 것이다. 새로운 원조공여국가들의 등장은 원조수혜국들의 협상력과 불리한 조건들을 피할 수 있는 능력을 강화시키며, 따라서 원조수혜국들에게 인권이나 거버넌스 개혁에 대해 압력을 가하는 원조공여국의 영향력이 약화된다는 것이다(Green, 2008: 359).

그러나 이러한 현상이 당장 빈곤감소를 위한 자금마련이 필요한 빈곤국가에 해당될지 의문이고, 특히 상환의무가 없는 공적개발무상원조의 경우는 더욱 그러하다. 무엇보다도 이에 대한 경험적 결과도 아직 존재하지 않는다. 오히려 원조수혜국의 영향력은 원조확산 이전이 원조확산이 진행된 현재보다 상대적으로 더 높았다고 볼 수 있다. 냉전시대에는 이념경쟁으로 인해 각 진영에 더 많은 국가가 포함되는 것이 중요했기 때문에 원조수혜국에 원조에 따른 조건을 엄격하게 요구하기가 어려웠기 때문이다(Doornbos, 2001: 97). Ostrom et al.(2002)이 원조공여국과 원조수혜국 간의 관계 중 하나로 제시한 강한 원조공여국과 강한 원조수혜국 간의 모습이 그에 해당한다. 하지만 냉전이 종식되면서 원조공여국과 원조수혜국의 상황은 역전되었다. 냉전시기에는 원조공여국들이 그들에게 우호적인 정권이면 기꺼이 지원을 아끼지 않았지만, 냉전종식 이후에는 원조공여국이 원조수혜국의 거버넌스 개선 결과 등에 근거하여 원조를 제공하거나 철회하는 사례가 나타나게 된 것이다(Hjertholm and White, 2006: 84-85). 이데올로기 블록으로부터의 원조가 끝나면서 원조수혜국의 원조공여국 선택권은 거의 사라져 버린 것이다. 반면 원조공여국들은 이제 그들의 원조자금에 대해 보다 질 높은 정책 및 제도적 개혁이나 조건들을 요구할 수 있게 되었다(Hopkins, 2006: 439-440). 그렇기 때문에 원조공여국과 원조수혜국 간의 불균등한 의존관계가 다소 약하게 존재(원조수혜국의 영향력 정도가 다소 높았던)한 시기는 오히려 냉전시기라고 볼 수 있고, 냉전이념이 약화되면서 냉전이 종식된 이후에는 상호간의 불균등한 의존관계는 원조수혜국의 영향력(이념경쟁에서 선택권을 지니고 있음으로 인해 생겼던 영향력) 약화로 더 강하게 존재하고 있다고 볼 수 있다.

따라서 최근의 원조공여국가 수의 증가로 원조수혜국의 영향력이 상대적으로 높아져 원조공여국과 원조수혜국 간의 불균등한 의존관계가 개선되면서 원조공여국이 자의(自意)에 따라 원조예산을 변화할 수 있는 행위가 약화되었다고 말하기는 어렵다. 원조활동이 경제적 교환관계와 같은 일종의 산업이라고 한다면 구매자로서 원조수혜국이 판매자인 원조공여국을 선택할 때 판매자의 수적 증가로 인해 구매자의 영향력이 높아졌다고 할 수는 있으나, 원조활동의 경우는 시장거래와 같은 산업이 아니므로 그렇지 않은 것이다.

또 한편으로는 설사 원조수혜국의 영향력이 더 높아졌다고 인정하더라도, 결국 원조공여국 수의 증가 현상 또한 원조수혜국이 자신들의 입장과 일치하지 않으면 언제든지 원조관계를 그만둘 수 있다는 것이므로 원조공여국과 원조예산사용의 대상자 간의 관계가 쉽게 바뀔 수 있다는 것을 의미한다. 그렇기 때문에 원조예산의 변화 가능성이 높다는 것을 오히려 다른 측면에서 보여주는 것이 된다고 할 수 있다. 원조수혜국의 증가된 협상력은 특정 원조공여국과의 지속적인 원조활동이 이루어지지 않게 하기 때문인 것이다(Ostrom et al., 2002: 64-65).

2) 국제합의와 단절적 예산변화 가능성

공적개발원조 유형 간 예산변화의 패턴 차이에 영향을 준 또 다른 국제적 차원의 요인으로는 국제회의에서 도출된 국제적인 합의나 의제라고 할 수 있다. 국제회의에서 도출되는 합의, 국제 레짐 등은 비공식적 제약으로서 제도적 맥락이자 외부 환경적 요인의 하나이기도 하다. 외부 환경의 구체적인 형태가 국제회의의 합의나 의제로 도출되는 것이다. 그러나 이러한 합의나 의제는 반드시 유형의 장치나 체계 등으로 구조화되어 작동되는 것은 아니다. 그렇지만 합의는 국제규범의 근거 중 하나로서 포괄적으로 국제적 규범이라고 볼 수 있으며 이는 행위자의 행위에 영향을 미친다. 일반적으로 국제정치 연구에서 심리적 측면에 의해 국제정치의 행위자가 규범을 따르게 된다고 보는데, 예컨대 외부적 강제력, 자신의 이익, 옳다고 믿는 정당성 등의 내면화 정도에 따라 공유된 가치를 구속력 있는 규범으로 인식하고 복종하게 되는 것이다(장준호, 2007: 200). 비록 공식적으로 형성된 물리적 장치가 부재한다고 하더라도 합의와 의제에 내재된 심리적으로 공유된 힘이 행위의 변화에 영향을 주는 것이다. 이는 신제도주의에서 여러 정책 및 사회현상을 설명할 때 유형의 공식적 제도의 맥락(제약)뿐 아니라 비공식적 제약으로서의 제도적 맥락이 미치는 영향을 논의하는 것과 같다(Hall and Taylor, 1996; 하연섭, 2003; 김민주·윤성식, 2009).

따라서 원조예산의 변화 역시 국가들 간의 국제회의를 통해 형성된 국제적인 합의에 의해 영향을 받게 되며, 특히 합의나 의제의 핵심 이슈가 원조유형 중 특정 원조유형에 집중되거나 변화를 촉구하는 내용이 있다면 그렇지 않은 원조유형보다 더 잦은(혹은 더 큰 폭의) 예산변화를 동반할 가능성이 존재한다. 그래서 다자원조의 점증적 예산변화와 양자원조의 단절적(유상원조) 그리고 단절균형적(무상원조) 변화는 OECD/DAC 회원국들 간에 형성한 합의와 의제가 각 유형에 얼마나 핵심적 이슈로 다루어졌는가를 살펴봄으로써 서로 다르게 형성된 패턴을 설명할 수 있게 된다.

세 유형은 단절성과 점증성을 기준으로 구분된 것이기 때문에 원조예산변화의 단절적 변화 가능성이 국제 합의와 의제에서 어떻게 표출되었는가를 중점적으로 살펴볼 필요가 있다.

① 국제합의의 영향력

여기서 이 논지의 전제는 국제적인 합의와 의제와 같은 규범이 영향력(구속력)이 있다는 것이다. 그래서 원조예산에 변화를 가할 의제가 있다면 그에 따라 원조예산의 단절적 혹은 비점증적 변화가 발생된다는 것이다. 물론 신제도주의 이론에 토대를 두고 논의를 진행한다면 신제도주의에서 이미 제도의 비공식적인 측면의 제약의 하나로 합의나 의제 등이 관련 현상을 설명하는 주요 요인으로 제시되었기 때문에 비록 신제도주의의 한계가 없는 것은 아니지만 계속적인 논의는 진행될 수 있다. 그러나 이 책에서는 '국제' 규범에 좀 더 중점을 두고 논의가 진행되기 때문에 신제도주의에서 포괄적으로 일반적인 규범으로 제시하고 있는 점을 더 구체화하는 것이 논의의 타당도를 높일 수 있다고 판단된다. 그래서 이에 대해 간략히 언급할 필요가 있다.

일반적으로 OECD 등과 같이 회원국들이 도출한 국제규범은 결정(decision), 권고(recommendation), 기타 규범으로 구성된다. 결정은 회원국의 이행의무가 있는 규범이고, 권고는 회원국들이 적절하다고 판단할 경우 회원국에 이행의 고려대상으로 제공되는 비구속적 규범이라고 할 수 있다. 기타 규범에는 각종 지침 및 가이드라인 등이 포함된다. OECD 규범의 성격은 국제조약 규범보다는 강제성이 느슨하나 선언적 규범보다는 강한 중간적 성격이어서 유일한 구속규범인 결정도 회원국이 국내 헌법상 절차를 구비하는 경우에만 구속력이 발생한다는 점이 특징적이다. 즉 자율적 준수 원칙에 따르며 강제적 이행수단은 없다고 할 수 있다. 그러나 회원국 간의 합의에 의한 의사결정은 상호 합의를 원칙으로 하고 있어서 개별회원국의 의사에 반하는 결정은 있을 수 없다. 특히 명분이 없는 입장은 다른 회원국의 압력으로 유지하기 어렵게 된다. 따라서 OECD/DAC의 경우에도 정기적인 국별 검토와 주요 신규조치에 대한 통고의무 등 절차상의 의무를 통한 간접적인 이행수단을 활용한다. 즉 이행의무가 없는 정책규범에 대해서 동료평가 및 절차상의 의무를 통해 사실상의 구속성을 부여하고 있는 것이다(권율 외, 2009: 53 - 54).

실증적으로도 구정우·김대욱(2011)의 연구에 따르면 세계사회의 문화적 영향력으로서 국제회의와 합의 및 규범 등이 원조예산에 유의미한 영향을 주고 있으며, 이는 특히 규범의 유행이나 규범의 모방적 동형화(Mimetic Isomorphism)에 따라 규범이 영향을 미치는 경우가 많기 때문이다. 세계사회의 공통의 가치를 함축하고 있다고 여겨지는 국제회의의 선언과 합의 등은 원조예산변화에 대한 문화적 영향력을 지니고 있는 것이다.[40) 따라서 원조와 관련된 국가들 간의 국제회의에서 형성된 국제 규범은 원조예산

---

40) 많은 국가들은 국가 간의 합의 사항에서 도출된 국제규범을 내재화하기 위해 노력하고 있고, 오늘날에는 원조 관련 국제민간단체의 문화적 압력도 중요한 영향을 미치고 있는 것으로 보고되고 있다(구정우·김대욱, 2011: 169). 그러나 이 책에서는 국제민간단체가 제시하는 선언이나 합의 등에 대해서는 논외로 한다. 중요한 것은 국제민간단체의 국제회의에서 도출한 규범도 국가의 원조활동에 영향을 미치고 있다는 사실은 관련 국가 간의 직접적인 합의를 내포하고 있는 규범이 주는 영향력의 유의성을 또 다른 측면에서 보여준다는 점이다.

에 대한 변화를 줄 수 있는 영향력을 지니고 있다고 할 수 있다. 그렇기 때문에 원조활동과 관련된 지금까지의 국제적인 합의에 따른 국제규범을 우선 살펴볼 필요가 있고, 그것들이 원조유형별로 원조예산에 어떠한 영향을 미쳤는가, 즉 원조유형별로 원조예산변화의 패턴 차이에 대한 이유로 작용될 수 있는가를 살펴볼 필요가 있는 것이다.

지난 50여 년간의 공적개발원조와 관련된 국제회의에서 도출된 선언이나 의제 그리고 합의는 크게 세 가지 측면으로 분류될 수 있다. 원조의 양, 원조 조건, 원조 효과성에 대한 국제적인 합의들이 그것이다. OECD를 비롯한 많은 국가 간 협력체제에서 이와 관련한 다양한 합의와 선언들이 있었다. 그러나 원조공여국들의 핵심 협의기구인 OECD/DAC의 경우 양자 간 원조와 관련된 다양한 지침들은 생산해 온 반면 상대적으로 다자간 원조에 대한 체계적인 지침은 아직 수립한 바 없다(박명지, 2010: 39). 따라서 그동안 원조공여와 관련된 국가들 간의 국제회의를 통해 영향을 미친 많은 합의와 선언 등은 주로 양자 간 원조에 해당되는 것들이 대부분이었다고 볼 수 있다. 이는 곧 원조예산변화에서 다자간 원조예산보다는 양자 간 원조예산의 결정 및 집행의 변화에 주로 영향을 미쳤다고 할 수 있고, 그렇기 때문에 다자원조예산보다는 양자원조예산의 비점증적인 변화 가능성이 더 높았다고 할 수 있다. 그동안 원조예산의 변화에 영향을 준 주요 원조 관련 국제회의와 합의 및 선언들은 다음과 같다.

② 원조의 양과 관련한 국제합의

공적개발원조의 양에 대한 국제회의의 합의는 1960년 12월의 UN 총회, 1964년의 제1차 국제연합 무역 개발회의(United Nations Conference on Trade and Development), 1968년 제2차 국제연합 무역 개발회의에서 구체적으로 제시되었다. 이때는 비단 공적개발원조에 한정된 원조의 양이 아니라 개발도상국가에 대한 전반적인 자금지원을 선진국 GNI의 1%로 구체화하는 것이 주요 내용이었다. 보다 구체적으로 공적개발원조의 양을 국제적 합의로 정하게 된 것은 1969년 피어슨 위원회(Pearson Commission)에서 제시된 <개발에서의 파트너(Partners in Development)>라는 보고서에서 비롯되었다. 이 보고서에서 현재의 국가별 공적개발원조의 양을 비교하거나 어느 정도의 수준인가를 판단할 때 사용되는 GNP 대비 0.7%라는 기준이 제시되었다.[41] 원조활동을 하는 모든 국가들은 지금도 이 기준에 따라 원조예산의 수준이 논의되고 있는데, 단적으로 우리나라 역시 2010년 OECD/DAC에 가입한 후 지속적으로 원조예산증가의 필요성에 대한 근거를 국제적 합의에서 도출된 이 기준에서 찾고 있다(기획재정부, 2010).

이후에도 이 기준을 언제까지 달성할 것인가에 대한 국제적인 결의가 있었다. 1970년 OECD/DAC의 고위급회의와 1980년 유엔 총회에서 채택된 제3차 UN 개발 10년(United Nations Development Decade) 계획이 그 예이다. 그리고 1989년에 1990년대 개발협력에

---

41) 공적개발원조의 양적 기준으로 1999년부터 GNI(국민총수입) 개념을 사용하고 있으나, 당초에는 GNP(국민총생산)를 기준으로 해서 GNP 대비 공적개발원조 비율로 국제목표를 설정했기 때문에 GNP를 그대로 표기하였다.

대한 정책성명(Policy Statement on Development Co-operation in the 1990s)에서 다시 한 번 더 원조공여국들이 GNP 대비 0.7%의 원조예산을 달성하기 위한 노력을 결의하였다. 2000년대에 들어서도 2005년의 OECD/DAC의 고위급 회담과 글렌이글스(Gleneagles) G8 정상회담, UN의 Millennium Development Goals의 중간평가 회의 등에서 지속적으로 GNI(각주 41에서 밝힌 바와 같이 1999년부터 GNI를 사용함) 대비 0.7% 달성을 위한 원조 양의 확대에 대한 합의가 제시되고 있다.

이와 같이 그동안의 원조예산과 관련한 국제회의의 합의나 결의 및 선언 내용들은 원조공여국가들의 원조예산을 합의한 일정한 기준까지 증가시키자는 것이었는데, 이는 주로 양자 간 원조에 관한 것이었다. 물론 비단 양자 간 원조에만 초점을 두고 원조의 양을 늘리자는 것이라기보다는 다자간 원조를 포함한 전체 공적개발원조의 양을 늘리자는 것이 주 내용이라고 할 수 있지만, 원조공여국가 입장에서 볼 때 다자간 원조가 국제기구에 대한 출자 및 출연으로 이루어지기 때문에 원조예산의 목표치(GNI의 0.7%)를 위해 급격히 늘리는 것은 쉽지 않다. 그리고 원조예산의 목표치 설정과 달성 요구는 원조공여국가의 적극적인 원조활동을 고양하기 위한 것이기 때문에, 원조 관련 국제기구의 존재와 가입이 전제되어야 하는 다자간 원조활동보다는 양자 간 직접 원조에 더 초점을 두고 원조예산의 증가를 강조한 것이라 볼 수 있다. 따라서 원조예산의 양을 확대하기 위한 여러 국제회의와 합의 및 선언 등은 양자 간 원조예산변화에 더 영향을 미친 것으로 볼 수 있다.

그리고 양자 간 원조에서 유상원조의 경우에는 원조수혜국의 부채탕감을 위한 국제회의의 결과가 별도로 영향을 미쳤다고도 볼 수 있다. 많은 최빈국가들은 장기간의 부채상환에 대한 부담이 빈곤감소를 위한 자원 이용가능성을 감소시키며 제공받은 원조의 이득을 초월할 정도이므로(DFID, 2005: 19), 가난한 국가들에 감당하기 어려운 부채부담은 경제와 사회발전에서 주요한 장애가 된다는 의견에 동조하여 유상원조에 대한 주요 합의들이 등장한 것이다(Chang, Fell and Laird, 1999: 90).

대표적으로 1988년 토론토 조건(Toronto Terms)과 1996년 과도한 채무빈곤국 이니셔티브(Heavily Indebted Poor Countries Initiative) 등에서 합의된 부채탕감과 같은 국제적 규범들은 양자 간 원조예산의 확대를 위한 여러 선언들에 더해 추가적으로 유상원조예산의 변화에 영향을 주었다. 그 후에도 2000년도의 밀레니엄 선언에서도 부채탕감은 여전히 중요한 이행과제로 제시되었다. 이처럼 1980년대 이후 공적개발원조 활동과 관련하여 부채탕감에 대한 국제적인 합의는 실제로 <표 17>에서 보는 바와 같이 각 국가들의 이행실적을 높였으며, 그 결과 유상원조예산의 변화를 가져왔다. 국가별로 다소의 차이는 있지만 대체로 1980년대 이후부터 부채탕감의 규모가 크게 증가되고 있음을 알 수 있다. 캐나다의 경우 1980년대의 부채탕감 규모가 이전보다 6배 이상 증가하였고 1990년대에도 3배 이상 증가하였다. 덴마크·독일·네덜란드·스웨덴 등의 국가도 큰 폭으로 부채탕감을 실시하였다. 그 이외 국가들도 폭의 차이는 있지만 부채탕감의 규모가 증가하였다. 그리고 호주, 이탈리아와 같이 1980년대부터 부채탕감을 처음 실시한 국가들도 있다. 이처럼 당시의 부채탕감에 대한 국제적인 의제설정은 각 국가에 영향을 미쳐 유상원조예산에 변화를 가져왔다.

<표 17> 국가별 유상원조예산의 부채탕감

국가	1960~1969	1970~1979	1980~1989	1990~1999	2000~2009
호주	0	0.6	0	97.9	989
오스트리아	5	5.9	2	297.4	4,920.8
벨기에	0	0	0	684.4	3,288.7
캐나다	6.6	648.3	100.4	1,971.2	1,776.2
덴마크	0	273.4	630.7	537.9	548.4
핀란드	0	128.2	97.9	221.1	229.9
프랑스	0	1,169.5	949	17,910.6	21,715.2
독일	0	848.1	3,209.2	6,497.8	20,060.9
이탈리아	0	0	191.6	1,628.5	7,906.9
일본	0	3.2	486.9	2,985.3	17,338.9
네덜란드	0	1,273.1	652	2,171.5	3,031.2
뉴질랜드	0	13.7	0	0	0
노르웨이	0	40.4	5.9	516.6	0
포르투갈	0	0	0	482.8	397.4
스페인	0	0	0	977.8	4,106.9
스웨덴	0	695	134.7	162.9	758.1
스위스	0	300.8	0	456.7	761.8
영국	0	1,234.4	1,325.1	2,087.1	9531
미국	0	106.1	0	11,544.3	10,480.2

* 자료: OECD/DAC 통계자료(International Development Statistics Online DB)
* 단위: 백만 달러
* 유상원조를 하지 않아 부채탕감이 없는 국가와 유상원조를 하지만 부채탕감을 하지 않은 국가인 그리스, 아일랜드, 한국, 룩셈부르크는 제외

③ 원조조건과 관련한 국제합의

원조조건에 관한 국제적 합의 역시 양자 간 원조예산에 영향을 주는 사항들로 이루어져 있다. 원조 조건에 관한 합의는 공적개발원조에서 증여비율을 높이는 것(무상원조를 늘리는 것)과, 증여율

(Grant Element)을 높이는 것(유상원조의 조건을 완화하는 것), 그리고 구속성 원조(Tied Aid) 비율에 관한 내용들이 주요 이슈이다. 증여비율을 높이는 것은 앞서 살펴본 원조의 양과 관련하여 무상원조를 늘리자는 것이 핵심 주장이다. 증여율 증가에 대한 국제적 규범은 원조공여국들의 원조수혜국에 대한 원조제공 시 증여율을 높이자는 것이다. 증여율이 25% 이상이되 100%가 아닌 이상 유상원조이므로 이는 유상원조의 조건 완화를 말한다. 대표적으로 1972년에 구체적으로 제시된 원조 조건에 대하여 1978년 개정된 원조 조건에 관한 DAC의 권고(Revised DAC Recommendation on Terms and Conditions of Aid)를 들 수 있는데, 여기서 증여율의 목표치를 전반적으로는 평균 86%(1972년에는 84%로 합의)까지 높이고자 하였고, 최빈원조수혜국 그룹에 대해서는 연간 90% 이상 및 개별최빈국에 대해서는 3년 평균 86% 이상을 준수하도록 권고하였다. 이처럼 무상원조의 비율을 확대하는 것이나 유상원조의 조건 완화는 원조공여국들의 원조예산변화에 영향을 미쳤는데, 특히 증여율 충족과 관련해서는 OECD/DAC의 매년 개발협력보고서(Development Co-operation Report)에서 충족 여부를 평가하고 있다. 그 결과 모든 OECD/DAC 국가들은 이 목표치를 달성하기 위해 노력하였으며 현재 대부분의 국가들은 달성하였다. 한국의 경우 개별 최빈국에 대한 증여율의 목표치인 3년간 평균 86%라는 국제적 합의를 2005~2007년 사이에는 충족시키지 못했지만 2007~2009년 사이에는 충족시켰다(OECD, 2010c; OECD, 2011b).

원조조건에 대한 또 다른 국제적 합의는 구속성 원조와 관련된 것이다. 구속성 원조는 공적개발원조를 위한 물자나 서비스의 조달처를 원조공여국 또는 일부의 국가에만 한정하는 것을 말한다. 반면 비구속성 원조(Untied Aid)는 원조수혜국이 모든 국가에서 자유롭게 원조 관련 물자를 조달할 수 있게 하는 것이다. 원조활동에서 원조수혜국의 경제적 이득 목적은 간과할 수 없는 원조의 동기로서 그동안 많은 경험적 연구들에서 확인된 바인데, 그래서 원조공여국이 원조수혜국에게 지원하는 원조가 구속성의 성격을 지니고 있을 경우 원조공여국은 자국의 특정한 이익(구속성으로 인해 자국의 물품을 구입하게 되는 데서 오는 이익)에 해당되는 프로젝트에만 계속 치중하게 되고 이익이 되지 않는 원조프로젝트에는 관심을 덜 가지게 된다. 그리고 주로 상업적으로 매력을 지닌 원조수혜국과의 원조활동만 유지하게 되는 현상이 발생한다(Hjertholm and White, 2006: 71-72). 실제로 Jepma and Bartels(1986)의 연구 결과에 의하면 순수한 상업적 교역과 원조에 의한 교역 간에 큰 차이가 없다는 점이 발견된다. 다시 말해, 원조공여국이 구속성 원조를 할 때 상업적으로 교역하는 것과 같이 주로 자국이 비교우위를 갖는 분야에 중점을 두고 있음이 실증적으로도 확인된다. 이는 원조공여국의 편중된 원조활동을 초래하여 더 실질적으로 원조가 필요한 곳에 자금 제공이 이루어지지 못하게 하는 결과를 낳는다(한국국제협력단, 2009: 203). 그래서 원조공여국가들은 국제회의를 통해 비구속화의 비율을 증대시키는 방향으로의 국제 협약을 지속적으로 도출하는 것이다.

비구속화를 위한 국제사회의 주요 논의는 1969년 양자 간 원조의 비구속화를 위한 논의를 시작으로 1974년에는 10개 원조공여국이 양자 간 원조의 비구속화를 위한 MOU도 체결하였다. 이후에는 1987년 공적개발원조의 구속성, 비구속성, 부분적 구속성에 대한 DAC 가이드(DAC Guiding Principles for Associated Financing and Tied Untied and Partially Untied ODA)를 통해 구속성 원조에 대한 정의와 원칙들을 제시하였다. 여기서는 국제적 경쟁입찰을 통한 원조 물품이나 서비스의 조달 여부를 구속성 원조와 비구속성 원조의 여부를 판단하는 주요 기준이 됨을 분명히 하였다. 이에 대한 원칙을 좀 더 구체적으로(국제적 경쟁입찰, 국내 경쟁입찰, 기타 입찰 적용의 경우 제시) 제시한 국제적 합의는 1992년의 효과적인 원조를 위한 DAC 원칙(DAC Principles for Effective Aid)이며, 이어서 1996년에도 21세기를 위한 개발협력의 기여(Shaping 21th Century: the Contribution of Development Co−operation)에서 원조의 비구속화를 주요 의제로 제시하였다. 그리고 2001년에도 UN의 최빈국 관련 회의에서 최빈국에 대한 비구속성 공적개발원조에 대한 권고(Recommendation on Untying Official Development Assistance to the Least Developed Countries)에서 최빈국에 대한 비구속성 원조의 확대를 강조하였고, 2007년 DAC 고위급회의에서는 최빈국 이외에 과도한 채무국에 대해서도 비구속 원조의 확대를 강조했다.

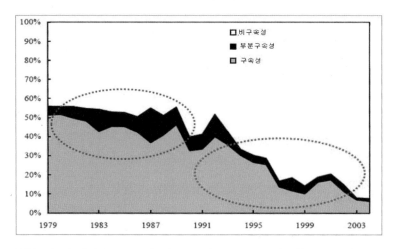

* 자료: Cohen, D., S. G. Jeanneney and P. Jacquet(2006), La France et l'aide Publique au D'eveloppement
[주동주・김학기・김석환・김계환(2009)에서 재인용]

[그림 12] 양자 간 원조의 비구속성 원조비율 변화(1979~2005)

이러한 국제적 합의로 인해 OECD/DAC 회원국들은 특히 2001
년도에 채택된 최빈국 공적개발원조 비구속화 권고안을 충실히
이행하기 위한 노력을 경주하고 있다. 그 결과 양자원조에서 비구
속성의 원조비율의 변화는 [그림 12]에서 보는 바와 같이 최근에
는 90%까지 확대되었으며, 최근 3년간 이동평균값으로 했을 경우
에도 1985~1987년 사이에는 30%에서 이후 2년 단위로 34%, 37%,
42%, 44%, 49%, 그리고 2003~2005년 사이에는 56%까지 변화였
다(주동주・김학기・김석환・김계환, 2009: 36).

<표 18> 국가별 최빈국에 대한 비구속성 원조비율 변화

국가	1999~2001 평균	2004	2005	2006	2007	2008~2009 평균
호주	42	91	49	100	98	95
오스트리아	34	68	83	91	90	76
벨기에	49	99	99	100	100	94
캐나다	40	76	66	75	85	93
덴마크	77	80	94	97	88	97
핀란드	69	100	95	98	99	91
프랑스	54	85	83	91	54	86
독일	43	66	69	83	80	98
그리스	−	41	25	10	87	49
아일랜드	100	100	100	100	100	100
이탈리아	30	80	−	−	53	72
일본	76	81	81	81	86	96
룩셈부르크	−	100	100	100	100	100
네덜란드	86	96	96	96	99	86
뉴질랜드	−	36	80	36	81	92
노르웨이	99	100	100	100	100	100
포르투갈	42	99	77	99	91	42
스페인	25	95	60	95	76	73
스웨덴	69	98	99	98	97	100
스위스	84	95	83	95	39	98
영국	63	100	100	100	100	100
미국	55	68	76	86	84	72

* 자료: OECD(2006b; 2011b)
* 단위: %

특히 2001년도의 권고안 채택 이후 최빈국들에 대한 OECD/DAC 회원국별 양자원조의 비구속성의 비율도 지속적으로 증가하고 있다(권율 외, 2009: 62－63). <표 18>에서 보듯이 대부분의 국가에서 2001년 이후 꾸준한 증가를 보이고 있다. 특히 캐나다, 독일, 스페인은 경우 지속적으로 증가하였을 뿐 아니라 최초 낮은 비중에서 상대적으로 크게 증하였다. 나머지 국가들도 10년 전과 비교할 때 그 정도가 크게 증가하였다는 것을 알 수 있다.

그리고 OECD/DAC에서는 회원국들의 비구속성 원조에 대한 노력분담의 정도도 별도로 측정하고 있다. <표 19>의 노력분담지수(Effort－sharing Composite Indicator)를 통해 그 정도를 나타내고 있다. 국가별로 보면 대체로 2001년 이후에 지수가 증가하고 있다. 2001년 이전 자료가 조사되지 않은 4개국(한국, 룩셈부르크, 뉴질랜드, 미국)을 제외하고 호주, 벨기에, 캐나다, 핀란드 등 10개국에서 노력 정도가 증가하고 있고, 나머지 국가들은 감소, 현상 유지, 증가를 다양하게 보이고 있다. 따라서 전반적으로 원조의 비구속성에 대한 합의 이행을 따르고 있다고 볼 수 있다. 물론 비중의 변화가 중간에 낮아지거나 변화의 폭이 적거나 노력분담의 정도가 낮은 국가들도 존재하는 것도 사실이므로 모든 국가가 수동적으로 그대로 이행하고 있지는 않다는 점은 전제한 결과이다.

실제로 <표 20>을 보면 국제입찰을 통해 이루어지는 원조사업에 대한 계약이 자국의 사업체와 이루어지는 경우가 많은 덴마크, 영국, 미국의 사례도 존재한다. 하지만 그 이외의 국가들은 비구속성의 확대로 다양한 국가들을 대상으로 원조예산의 사용처를 결정하려는 노력을 보이고 있다. 물론 나머지 국가들도 100%가 모두 타국과 계약이 맺어지는 것은 아니지만 그 정도가 늘어난 것은 분명하며, 덴마크, 영국, 미국도 다른 국가들에 비해 자국 계약이 높은 편이지만 과거에 비해 그 정도는 낮아진 것이다. 즉 타국과의 계약을 의도적으로라도 늘리는 것이다.

<표 19> 국가별 노력분담지수

국가	1999~2001 평균	2006	2009
호주	0.05	0.07	0.07
오스트리아	0.09	0.08	0.10
벨기에	0.11	0.20	0.28
캐나다	0.05	0.09	0.15
덴마크	0.35	0.29	0.37
핀란드	0.10	0.18	0.28
프랑스	0.10	0.14	0.20
독일	0.06	0.09	0.10
그리스	0.00	0.04	0.03
아일랜드	0.15	0.28	0.28
이탈리아	0.05	−	0.06
일본	0.06	0.08	0.07
한국	−	−	0.41
룩셈부르크	−	0.38	0.27
네덜란드	0.28	0.28	0.11
뉴질랜드	−	0.09	0.36
노르웨이	0.34	0.33	0.09
포르투갈	0.11	0.11	0.12
스페인	0.06	0.06	0.45
스웨덴	0.25	0.33	0.14
스위스	0.11	0.09	0.27
영국	0.10	0.19	0.07
미국	−	0.04	0.12

* 자료: OECD(2011c)
* OECD에 보고되지 않은 국가나 한국과 같이 DAC에 가입되기 전의 국가에 대해서는 계산되지 않음

따라서 전반적으로 이러한 비구속화의 증대는 결국 자국의 물품이나 서비스를 사용하는 데서 오는 이익만을 고려한 원조예산의 결정 행태를 이전보다는 덜하게 되어 기존의 구속성 원조대상국 이외의 원조대상국과의 원조를 위한 원조예산을 결정하게 된다. 또 국제적 경쟁 입찰을 통해 물품 등의 구입이 이루어지도록

하기 때문에 국제적 입찰이 유치될 수 있을 정도의 단위(규모 증대)로 원조예산이 구획화되어 실시되도록 하였다. 즉 비구속화의 확대로 원조대상국의 변화와 원조예산의 증대 등으로 기존의 상업적 목적에 의해서 구속성 원조를 하는 행태와 그 규모에 영향을 준 것이다. 원조공여국과 원조수혜국 간의 관계에 변화를 준 것이고 그것은 원조공여국 입장에서 볼 때 원조예산결정에서 원조예산 사용 대상자의 변화를 의미하는 것이다. 그리고 비구속성을 실천하기 위한 국제적 입찰이 가능할 정도의 원조예산의 증대도 가져온 것이다. 따라서 원조공여국의 원조예산에 변화를 수반하게 되는데 그것은 양자원조에 해당되는 것이다. 비구속성에 대한 국제적 합의는 양국 간의 비구속성이라는 그 속성 자체가 다자간 원조가 아닌 양자 간 원조에 주로 해당되기 때문에 더욱 그러하다.

<표 20> 비구속성 원조에 대한 계약(입찰) 건수

국가	전체	자국	타 DAC 및 비 DAC 국가	개발도상국가 (최빈국 제외)	최빈국
호주	1,144	837	151	110	46
벨기에	36	1	2	3	30
덴마크	388	325	59	3	1
핀란드	115	88	13	12	2
프랑스	1,700	286	63	741	610
독일	210	97	23	18	72
그리스	26	–	–	5	21
일본	166	32	15	117	2
룩셈부르크	94	4	16	51	23
뉴질랜드	208	126	33	26	23
포르투갈	34	19	–	5	10
스웨덴	19	11	8	–	–

| 영국 | 174 | 157 | 11 | 4 | 2 |
| 미국 | 174 | 102 | 9 | 41 | 22 |

* 자료: OECD(2011c)
* 오스트리아·캐나다·아일랜드·노르웨이·스위스는 (조사 당시) 정보가 제공되지 않아 제외되었고, 이탈리아·네덜란드·스페인은 입찰 권고 수준에 달성되지 못해 제외되었으며, 한국은 조사 당시인 2009년 OECD/DAC에 미가입 상태이므로 제외되었음

④ **원조효과성과 관련한 국제합의**

국제회의에서 원조의 효과성에 대한 합의와 협약 및 선언 등도 꾸준히 존재해 왔다. 원조의 효과성이 강조되는 것은 원조가 곧 자금 이전에 의한 것이기 때문에 자금의 출처자들로부터의 지지와 자금 사용의 정당성을 확보하기 위한 것이 바로 원조의 효과성 정도를 평가하는 것이기 때문이다. 정부예산의 사용에서 직접적으로 자금(예산)의 출처자를 위해 해당 자금이 사용될 때에도 자금 사용의 효과성이 강조되는데, 더욱이 자금의 출처자와 사용자가 서로 다른 원조활동에서의 원조 효과성 확보는 원조활동의 중요한 과제이자 이슈가 되는 것이다. 그뿐 아니라 원조의 효과성은 함께 성과 측정의 한 구성요소이기도 한 효율성 측정의 유용성과 같이 앞으로의 원조활동에서 필요한 제도적 기능과 관리적 기능 그리고 기술적 기능 등에 관한 유용한 정보를 제공해 주기 때문에(김민주, 2010: 77-78), 국가별 원조활동의 발전방향에 도움을 주기도 한다. 그렇기 때문에 많은 원조 관련 국제회의에서 원조의 효과성을 높이기 위한 여러 합의와 노력들이 원조활동 초반부터 있어 왔다.

그러나 원조효과성에 대해 특히 강조되기 시작한 것은 냉전 이후이다. 그것은 냉전시대에는 이념경쟁으로 인해 각 진영에 더 많

은 국가가 포함되는 것이 중요했기 때문에 원조에 대한 효과성 검증은 크게 고려되지 않았던 것이다(김민주, 2011; Doornbos, 2001: 97). 하지만 냉전 이후 이념 대결에서의 세력 확보를 위한 외교적 목적에 따른 원조활동의 성격이 약해진 이후에는 원조자금의 사용 자체에 대한 효과성이 더욱 강조되어, 현재에 이르기까지 원조효과성과 관련된 많은 국제적 선언들이 제시되고 있다. 사실, 앞서 논의한 원조의 양이나 원조의 조건 등을 포함한 거의 모든 원조 관련 국제회의들도 원조의 효과를 높이기 위한 것이었다고도 할 수 있다. 그것들은 원조의 효과성, 즉 원조가 의도한 목적인 개발도상국가의 개발과 발전을 어떻게 하면 잘(효과적으로) 달성할 수 있을 것인가에 대한 회의들이었던 것이다. 따라서 원조의 효과성에 대한 국제적 회의와 합의 및 선언들을 포괄적으로 본다면 앞서 제시한 모든 선언들도 포함된다고 할 수 있다. 다만 원조의 효과성을 측정하는 것과 같이 좀 더 원조의 효과성 자체가 국제회의의 주요 주제된 된 회의들을 중심으로 별도로 본다면 다음과 같다.

원조효과성과 관련해서 원조 역사의 한 획을 긋는 사건이라 할 수 있는 것은 2000년 UN총회에서 채택된 밀레니엄 선언(Millenium Declaration)과 밀레니엄 개발목표(Millenium Development Goals)의 제시였다. 이 선언은 그동안의 여러 국제회의에서 논의되고 합의되었던 목표를 모두 종합하고 측정 가능한 수치를 제시함으로써 원조공여국들의 원조효과성을 제고하기 위한 것이었다. 무엇보다도 가시적인 효과성을 보여줄 수 있는 8개의 주요 목표와 18개의 세부목표를 제시하였다는 점에서 원조공여국들의 효과적인 원조활동에 대한 구체적인 방향을 제시하였다고 할 수 있다.

이어서 2003년의 원조 조화를 위한 고위급 포럼을 열어 원조 조화를 위한 로마 선언문(Rome Declaration on Aid Harmonization)을 합의하여 밀레니엄 개발목표 및 개발원조의 효과성 제고를 위해 정책, 절차, 관행 등을 조화시키기 위한 국제적인 노력을 하기로 결의하였다. 그리고 2004년에는 개발 결과를 위한 관리 회의(Managing for Development Result)를 실시하여 일명 마라케시 선언(Marrakesh Declaration)을 통해 개발성과를 위한 관리를 효과적으로 하기 위한 5가지 원칙과 7가지 행동계획을 마련하였다. 이후에는 2005년 원조효과성에 대한 고위급 포럼을 열러 원조 효과성을 위한 파리 선언문(Paris Declaration on Aid Effectiveness)을 채택하였다. 파리선언은 원조의 효과성 향상을 위한 5가지 원칙을 제시하면서 구체적인 성과측정을 위한 12개의 지표를 제시하였다.

이처럼 원조활동 초기에도 원조 효과와 관련된 선언들이 있었지만 2000년대에 많은 원조효과와 관련된 선언들이 등장하게 된다. 하지만 2000년대의 여러 원조효과와 관련한 선언들의 기본적인 지침은 앞서 언급한 2000년도의 밀레니엄 선언에서 비롯된 목표들이다. 그 목표들을 달성하기 위한 부가적인 선언과 합의들이 그 후의 것들인 것이다. 따라서 이러한 국제적인 선언과 의제들이 실제 원조예산의 변화에 영향을 주었는가에 대해서는 밀레니엄 선언 이후 그에 대한 국가별 후속조치와 이행모습을 보면 알 수 있다.

예컨대, 네덜란드는 원조효과성에 대한 국제합의 이행을 위해 2002년에 재정경제부에 원조조화를 위한 데스크를 설치하였고, 2003년에 '상호 이해, 상호 책임: 2015년을 향한 네덜란드 개발협력(Mutual Interest, Mutual Responsibilities: Dutch Development Co-operation En Route on 2015)'이라는 정책문서를 발간하여 밀레니엄 목표달성을 위한 구체적인 지침을 마련한다. 그 후 2005년에는 원조 효과성과 질 부서(Effectiveness and Quality Department)를 설립하였다. 그리고 2006년 이래로 파리선언의 항목 자체가 외무부의 예산에 예산항목으로 포함되어 예산이 별도로 편성되고 있기도 하다(OECD, 2006d). 이와 같이 네덜란드는 밀레니엄 선언 이행을 위해 별도의 정책 지침을 마련하고 부서설립 및 예산항목 신설 등을 통해 예산에 변화를 보였다. 그래서 실제로 무상원조예산의 경우 2002년과 2005년에 단절적 증가를 보였다.

또 다른 사례로 스웨덴의 경우 밀레니엄 개발목표 이행을 본격적으로 시행하기에 앞서 우선 밀레니엄 개발목표에 대한 대중적인 캠페인을 실시하여 밀레니엄 개발목표 실행을 위한 제반 정책 수단 동원에 국민들의 지지를 확보하고자 하였다. 국제적 합의사항인 밀레니엄 개발목표와 선언을 국민들에게 적극적으로 홍보하여 국내정책으로 실행 시 지지를 얻기 위한 이 같은 활동을 한 사례는 스웨덴이 최초였다. 이 과정에서 스웨덴 정부는 정부에서 마련한 글로벌 개발 정책(Policy for Global Development)은 밀레니엄 개발목표와 선언에 기반하고 있다는 점을 명확히 밝히면서, 대중에게도 이를 홍보하였다. 스웨덴에서 밀레니엄 개발목표 이행을 위한 대표적인 별도의 기금 마련 사례로는 신속대응기금(Rapid Response Funds)을 들 수 있다. 밀레니엄 개발목표와 선언 이행 사항 중 파트너십 강화 목표에 대한 부응 차원에서 신속대응기금을 설치하여 공적개발원조 활동을 하는 NGO에 대한 원조예산을 신속하게 결정하여 지원해주는 체계를 구축한 것이다(OECD, 2005).

지금까지 유형별 원조예산변화의 패턴이 다른 이유를 국제적 차원의 두 번째 이유로 국제적 합의와 선언을 통해 살펴보았다. 1960년대부터 원조의 양이나 원조의 조건 그리고 원조의 효과성과 같은 많은 국제회의가 개최되었고, 회의 결과에 기초한 여러 선언 및 권고 사항들은 주로 양자 간 원조예산에 변화를 주었다고 할 수 있다.

국내적 차원

1) 원조예산 집행과정에서의 단절적 예산변화 가능성

국내적 차원에서도 양자원조예산의 단절적 변화 가능성은 다자원조예산보다 더 높다. 국내적 차원에서 단절적 예산변화 가능성은 크게 원조공여국의 원조예산 집행과정에서 보이는 구조적 특징들과, 원조공여국가 내의 사회민주적 속성이라는 제도적 맥락에서 살펴볼 수 있다. 이 두 가지 요인은 양자원조예산의 결정에서 기준(base)의 흔들림을 가져올 가능성이 높고, 그래서 단절적 예산변화의 가능성을 더 높여 준다.

① 원조예산집행의 분절성

우선, 양자 간 원조가 다자간 원조보다 상대적으로 더 비점증적인 특성을 보이는 것은 원조공여국가 내의 원조예산집행의 구조적 특징에서 찾을 수 있다. 그 대표적인 것이 원조공여국가의 분절(fragmentation)적 원조집행 모습이다. 원조공여국의 분절적 원조예산집행이란 한 공여국가에서 집행하는 원조사업의 수가 많거나, 원조공여국가 내에 다양한 정부부처와 원조기관들이 각각 개별적으로 소규모의 원조 프로그램을 다양하게 집행하는 것을 말한다. 또는 두 경우가 동시에 나타나는 것 역시 원조예산이 분절적으로 원조예산사용의 대상국(원조수혜국)에게 집행되는 것이다. 다시 말해, 하나의 원조공여국가를 기준으로 원조예산이 배정되이 집행되는 사업 수가 많은 경우와 한 국가 내 원조예산의 집행 주체가 다양한 경우 그리고 두 경우가 동시에 나타나는 것이 분절적인 원조예산집행인 것이다. 여기서 한 공여국가의 원조사업의 수가 많다는 것은 해당 공여국가의 원조규모가 세계 총 원조에서 차지하는 비중보다 작은 비중으로 각 원조수혜국에게 원조를 지원하고 있을 경우를 말하는 것으로, 이때 원조사업의 수가 원조규모에 비해 많다고 평가하는 것이다(김은미 · 김지현, 2009: 17 − 18).

원조의 분절은 앞서 언급된 원조공여국의 수 증가에 따라 원조수혜국이 다양한 경로를 통해 원조를 제공받게 되는 현상의 한 원인인 원조의 확산(proliferation)과도 관련된다. 원조의 확산은 원조공여국가의 수 증가뿐 아니라 특정한 원조공여국가 내의 다양한 원조 주체들(중앙정부, 지방정부, 공공기관 등)의 수 증가에 따른 현상에서도 비롯되기 때문이다. 다시 말해 원조공여국에서 원조사업예산의 분절적 집행이 원조제공 주체의 증가로 이어지므로 원조의 확산은 원조의 분절과도 관련되는 것이다. 이처럼 원조의 분절은 원조수혜국의 입장에서는 제공받는 원조예산원천의 다양함을 의미하는 동시에 원조공여국의 입장에서는 원조예산 마련과 집행 출처의 다양함이 되는 것이다(Acharya, Lima and Moore, 2006: 12 − 13).

[그림 13]은 원조공여국가들의 원조분절성의 정도를 지수로 나타낸 것이다. 지수가 높을수록 원조공여의 분절성이 높다는 의미하는데, 원조의 분절성은 증가되고 있음을 알 수 있다.

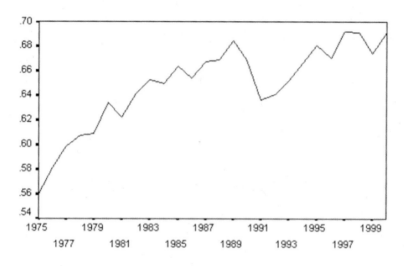

* 자료: Knack and Rahman(2003)

[그림 13] 원조공여의 분절 지수

이러한 원조예산집행의 분절적 현상은 원조예산에 대한 통합예산(Single Budget)이 운용되기 어려운 이유가 된다. 실제로 공적개발원조 예산만을 위한 통합예산을 실행하는 국가는 많지 않다. 한 국가 내의 원조예산은 원조활동 전담기구의 원조공여활동뿐 아니라 여타 부서와 그 밖에 지방자치단체들을 통해 지출되는 경우가 많기 때문이다. 그래서 대부분의 국가에서는 외교부, 재경부, 보건복지부 등 원조활동에 관련된 부처별로 예산을 배분하고 있고, 일부 국가의 경우는 원조예산을 따로 책정하지 않고 관련된 각 부처에 예산을 배정한 후 그중에서 원조 관련 지출만 따로 합산을 하기도 한다(권율 외, 2006: 78). 이 점은 OECD/DAC 회원국들의 다자간 원조 관리체계가 서로 비슷한 것과는 달리 양자 간 원조는 관리체계가 국가별로 다양하다는 점에서도 알 수 있는 사실이다. 즉 OECD/DAC 회원국들은 서로 유사한 다자간 원조체제를 구성하고 있는데, 주로 재정부(Ministry of Finance)는 IMF와 세계은행과 같은 국제금융기관들을 담당하고 외교부(Ministry of Foreign Affairs)는 주요 UN기관들과 기금을 담당하는 경우가 많은 반면,42) 양자 간 원조의 경우는 다자간 원조에 비해 더 다양한 경로와 국가별로도 다양한 기관들로 구성되어 원조예산이 마련되고 집행(담당)되고 있다(Chang, Fell and Laird, 1999: 31). 문제는 이러한 분절화된 조직 체계에서는 관련 행정 부처 및 기관과 같은 조직 내 소그룹들이 명확한 목표를 공유하고 있지 못하거나 조직적·제도적으로 응집되어 있지 못하거나 정책이 일관적이지 못하다는 것이다(김은미·김지현, 2009: 31).

그래서 양자 간 원조예산이 통합적으로 운용되지 않음으로 인해 각 원조 주체별 원조예산은 그만큼 부처나 기관에 따라 변화가 발생할 가능성 높게 된다. 그것은 일반적으로 원조공여자는 원

---

42) 여기서 말하는 재정부는 일반적인 의미로 사용된 것으로 국가에 따라 재무부(Treasury)나 경제부(Ministry of Economics) 등으로 쓰이며, 마찬가지로 외교부도 일반적인 개념으로 쓰인 것이며 국가에 따라 국무부(State Department)나 대외관계부(Ministry of External Relations) 또는 외교통상부[Ministry of Foreign Affairs and (International)Trade] 등으로 쓰인다(Chang, Fell and Laird, 1999: 31). 여기서 말하고자 하는 것은 다자원조는 국가별로 유사한 기관이 담당하고 있을 정도로 비교적 일관적으로 집행된다는 점이다.

조활동에 따른 최악의 결과를 피하기 위해 단기간의 눈에 보이는 성과를 제시하는 데 몰두하기 때문인데(World Bank, 1998: 84),[43] 특히 한 국가 내 소규모 원조예산집행 주체들은 일정한 성과가 도출되지 않으면 지속적인 원조활동을 유지하는 것이 어려우며 그래서 중단되는 경우가 발생하게 된다. Knack and Rahman(2007) 이 원조공여국의 분절적 집행과 원조수혜국 정부의 질(Bureaucratic Quality)과의 관계를 실증적으로 분석한 연구 결과에서도 볼 수 있듯이 분절적인 원조공여를 보여주는 다양한 원조공여 주체들은 원조수혜국 정부의 질을 떨어뜨리게 되는데, 그것은 원조공여국들 이 자신들의 성과 극대화에 초점을 둔 나머지 원조수혜국의 장기 적인 발전에 필요한 역량 구축 등에는 소홀히 하기 때문이다. 원 조공여국이 다양해질수록 단기간의 성과를 위한 원조활동의 경쟁 은 치열해지는 것이다. 한 공여국가 내의 여러 부처나 지방자치단 체 간의 원조성과나 효과에 따라 원조활동의 지속과 중단이 결정 되는 것도 바로 이러한 현상에서 비롯되는 것이다. 따라서 분절화 된 소규모의 많은 원조공여 주체들은 해당 연도의 원조예산 마련 이 어렵거나 전년도 원조활동의 효과가 미흡했다면 원조활동을 중단하거나 보류하는 것이다.

분절적으로 이루어진 원조예산의 편린(片鱗)들은 소규모 원조 예산이고 해당 국가 전체를 대표하는 원조활동을 보여주는 것이 아니기 때문에 비교적 개별적으로 원조활동을 중단하거나 보류하

---

43) 왜냐하면 원조에 의해 직접적이고 가시적인 이익이 공여국가에 발생하게 된다면 원조공여국은 자국의 국민들과 의회로부터 지지를 얻기 쉽기 때문이다(Hjertholm and White, 2006: 71).

는 것이 어렵지 않다. 하지만 중단된 소규모 사업들을 모두 합친 원조예산규모는 결코 작은 규모가 아니기 때문에 분절화된 여러 개의 소규모 원조예산들의 단절적 변화의 합은 해당 국가에 전체적인 단절적 변화를 가져오게 되는 것이다. 따라서 양자 간 원조에서 원조공여국가 내의 분절적인 원조예산집행은 원조예산의 비전증적인 변화를 동반하게 되는 것이다.

<표 21> 국가별 원조제공의 집중도

국가	원조제공집중도(%)	국가	원조제공집중도(%)
호주	48	일본	33
오스트리아	51	룩셈부르크	63
벨기에	47	네덜란드	45
캐나다	35	뉴질랜드	58
덴마크	38	노르웨이	48
핀란드	44	포르투갈	55
프랑스	41	스페인	52
독일	54	스웨덴	48
그리스	68	스위스	44
아일랜드	41	영국	39
이탈리아	42	미국	27

* 자료: OECD(2008c)
* 2010년에 DAC에 가입한 한국 사례는 제외되어 있음
* 원조집중도가 50% 이하인 경우 분절적이라고 함

실제로 현재 많은 국가들은 양자 간 원조예산집행에서 단절화의 모습을 보이고 있다. 이러한 국가별로 원조제공의 집중도, 즉 분절성은 OECD/DAC의 동료심사(Peer Review)에서 항상 지적되어 온 사항이기도 하다. <표 21>에 나타난 원조집중도는 50% 이하인 경우에 원조제공활동이 대체로 분절화되어 있다는 것을 의미한다.

7개 국가, 즉 오스트리아(51%), 독일(54%), 그리스(68%), 룩셈부르크(63%), 뉴질랜드(58%), 포르투갈(55%), 스페인(52%)은 분절화되어 있지 않다. 하지만 이 국가들 중 그리스와 룩셈부르크를 제외하면 나머지 5개 국가들이 50%의 기준과 큰 차이를 보이는 것은 아니다. 룩셈부르크와 그리스는 원조대상 국가의 수가 상대적으로 적으면서 동시에 평균 이상의 원조를 제공받는 원조대상국의 수는 많은 데서 비롯된 결과이다. 반면, 나머지 15개 국가는 원조제공활동에서 분절적인 모습을 보이고 있다. 그중 미국(27%)은 가장 낮은 집중도를 보이므로 분절 정도가 높은 모습을 보이고, 일본(33%), 캐나다(35%) 등도 다른 국가들에 비해 분절화의 정도가 높다.

앞서 논의한 바와 같이 분절화가 높다는 것은 원조예산의 단절 가능성도 높다는 것이므로, 미국의 높은 분절화는 높은 단절 가능성을 말한다. 그러나 Ⅳ장의 <표 4>에서 살펴본 바에 의하면 미국의 경우 무상원조예산의 단절적 변화 가능성은 다른 국가에 비해 상대적으로 낮았다. 이는 서로 상충되는 결과가 아니라, 위의 <표 21>이 2000년대 이후를 대상으로 조사한 데서 비롯된 결과이다. 앞서도 논의하였듯이 미국의 무상원조 예산변화는 1990년대 이전에는 주로 점증적으로 변화하고 그 이후에 잦은 단절적 모습을 보이는 특징을 보인다. 이에 대해서는 사례분석에서 구체적으로 다룰 것이다. 따라서 1990년대 이후의 잦은 단절적 예산변화의 모습과 <표 21>에서 보이는 높은 분절화는 시기를 고려할 때 서로 관련이 깊다고 할 수 있다.

② 원조예산집행에서의 비용 증가

그뿐 아니라 여러 연구(Acharya et al., 2006; Arimoto and Kono, 2007; World Bank, 2007)에 따르면 분절적 원조예산집행은 거래비용을 증가시킨다. 다양한 경로를 통해 원조예산이 집행되기 때문에 관련 거래비용이 증가하는 것인데, 특히 새로운 원조공여 주체의 증가나 새로운 원조예산사용 대상자가 등상하면 관련된 거래비용을 포함한 전반적인 의사결정 비용이 증가한다. 원조수혜국별 다른 언어와 예산일정 및 원조프로젝트 실행을 위한 다양한 공여 규칙들과 절차 수행에서 오는 비용들은 물론이고(Berg, 1993: 81; UNDP, 2003: 148), 동일한 원조수혜국에 원조공여 주체들의 중복된 원조활동에서 오는 비용 증가, 그리고 원조 프로그램의 운영이 여러 조직에 걸쳐서 나누어져 있고 분리되어 있을수록 조정과 일관성을 유지하기가 어렵고 그에 따른 마찰 비용 등 많은 비용도 발생되는 것이다(Chang, Fell and Laird, 1999: 30). 또 그만큼 (여러 원조사업별로) 다양한 관련자들의 원조활동에 대한 참여가 이루어지므로 해당 원조활동의 지속 및 단절을 야기하는 등의 추가적인 협상비용도 증가한다.

이러한 비용 증가는 단절균형 예산이론의 이론적 논의에서 살펴본 것처럼 변화에 대한 요구 증대에 따라 정책산출의 반응의 폭이 점점 커지는 데서 더욱 높아지게 되는데, 이는 점증성을 낮게 하였던 기존의 기존(base)에 의하지 않는 의사결정 및 새로운 기준 설정에 따라 전과는 다른 정책산출이 이루어지는 데서 비롯되는 단절적 현상을 보여주는 것이 된다. 그래서 원조활동에서의 제반 비용의 증가는 원조활동과정에서의 다양한 변동요인들의 반영을 의미하므로 기존에 지속되던 기준(base)의 흔들림을 의미한다. 점증적 변화는 기준에서의 변화에 따른 것이므로 기준 자체의 흔들림(기존의 기준이 0이 되거나 새롭게 기준이 구축되는 경우 등)은 예산의 변화를 동반한다. 그래서 원조예산에서 높은 비율의 간접비용 등의 증가는 여러 신호들에 따른 마찰들의 증가와 그 마찰들의 증가가 기존의 기준에 의하지 않기를 원하는 것으로 나타나기 때문에(한 단위 비용 증가에 따라 급격히 산출반응이 높아지는 것), 기존에 합의되어 있었고 그래서 기대되어 있던 기준에 따라 예산이 결정되거나 또 기존에 의도되었던 원조예산의 지속과는 달리 다른 방향으로의 전환(diversion)을 가져오게 되는 것이다(Easterly and Williamson, 2011: 1934 – 1935).

<표 22> 국가별 양자 간 원조에서의 간접비용

국가	간접비용(%)	국가	간접비용(%)
호주	90	일본	95
오스트리아	32	룩셈부르크	17
벨기에	41	네덜란드	93
캐나다	76	뉴질랜드	44
덴마크	39	노르웨이	100
핀란드	71	포르투갈	85
프랑스	46	스페인	80
독일	98	스웨덴	61
그리스	27	스위스	49
아일랜드	78	영국	83
이탈리아	73	미국	54

* 자료: Easterly and Williamson(2011)
* 비용 산출은 공적개발원조 대비 행정비용(의사결정 제반 비용 포함), 직원보수, 그리고 1인당 공적개발원조 예산 비율을 종합해서 산출된 것임

국가별로 원조예산집행에 따른 다양한 의사결정비용이 포함된 행정적 비용과 직원들의 보수 및 1인당 원조집행액 등 각각의 비율을 사용해서 간접비용을 측정한 결과가 <표 22>이다. <표 22>에서는 요소별 비용을 모두 종합한 결과이며, 노르웨이, 독일, 일본, 네덜란드 등이 높은 것으로 나타나고 있다. 비용들을 종합하기 전의 자료를 제시하고 있지는 않지만 Easterly and Williamson (2011)의 언급에 따르면, 미국의 경우 특히 높은 행정 비용(<표 22>에서 제시된 직원 보수나 1인당 원조예산비율이 포함되지 않은 행정비용만을 놓고 볼 때를 의미)을 보이는데, 그 이유는 의회가 많은 귀표들(earmarks)이나 다양하고 갈등적인 요구들을 미국 국제개발처(USAID)에 부과하기 때문에 나타난 것이라고 분석하고 있다. 의회가 예산결정과정에서 여러 논의들이 진행되는 가운데 발생시키는 비용들에 따른 것이다. 원조예산과 관련된 사람들의 요구가 의회를 통해 전달될 때 그것을 반영시키려는 제반 행위들이 있을 수 있는데, 이때 증가하는 의사결정 비용(앞서 살펴본 네 가지 종류의 비용들)들의 증가는 곧 기존의 기준에만 초점을 두고 예산이 결정되도록 하지 못하게 하는 것을 의미하는 것이다. 그래서 원조예산이 기준에서 점증을 초과하는 단절적 변화를 가져오게 될 가능성도 높아지는 것이다.

2) 국내의 사회민주적 속성과 단절적 예산변화 가능성

이 책은 Ⅳ장에서 원조유형별 예산변화 패턴 차이의 유의성을 다른 차원과의 관계에서도 살펴보기 위해 국가별 사회민주적 속성과의 상관성을 살펴보았다. 즉 원조유형별 예산변화 패턴 차이의 외연(外延)의 한 측면으로 국가별 원조예산의 단절적 변화 정도와 사회민주적 속성과의 관계를 살펴본 것이다. 분석결과에 따르면 공적개발원조 유형별로 사회민주주의 속성과 단절성 간의 상관관계 정도나 유의성이 서로 다른 것으로 나타났는데, 그중에서도 공적개발 무상원조예산은 사회민주적 속성이 강할수록 단절적으로 증가할 가능성이 높은 경향을 보이는 것으로 나타났다. 이는, 특히 무상원조예산의 단절적 변화 가능성이 국내의 사회민주적 속성 측면에서도 어느 정도 설명이 가능하다는 의미이다. 더욱이 다자원조예산의 경우 사회민주적 속성이 예산변화의 점증성과 관련된다는 결과는, 사회민주적 속성을 강하게 지니는 국가의 무상원조예산의 단절적 발생 가능성이 다자원조예산보다 상대적으로 더 높다는 것을 보여준다.

물론 이때의 논의는 이 책에서 분석된 국가들의 사회민주적 속성이 높을 경우에 더 잘 부합된다는 전제는 존재한다. 그럼에도 불구하고 논의가 가능한 것은, Esping-Andersen(1990)이 제시한 16개 국가 중 이탈리아와 미국을 제외하고는 사회민주적 속성이 모두 존재하며 그중에서 11개 국가는 4 이상의 지수를 보인다. 따라서 비록 이 책에서 분석된 23개 국가 모두가 해당되는 것이라고는 볼 수 없고 모든 국가가 사회민주적 속성을 지니고 있다고는 볼 수 없겠지만, 국내의 사회민주적 속성에 따른 무상원조예산의 단절적 예산변화 가능성이 다른 원조유형, 특히 다자원조예산보다는 더 높다고 할 수 있다. 그렇기 때문에 단절적 예산변화 발생에 따른 원조유형 간 예산변화 패턴 차이의 비교에 대한 국내 차원의 또 다른 설명이 될 수 있다.

그렇다면 이러한 사회민주적 속성과 공적개발원조 활동과의 관계를 어떻게 설명할 것인가. 둘의 관계가 유의미한 상관성을 지니고 있다는 것이 기존의 관련 연구들(Noël and Thérien, 1995; White, 2004; Lumsdaine, 1993)의 결과이고 이 책의 분석에서도 기존연구들을 보충(보완 또는 수정)해 줄 수 있는 유의미한 결과가 나타났는데, 둘의 관계가 어떠한 점에서 관련되는가에 대한 설명이 필요한 것이다. 이에 대해서는 두 가지 측면으로 나누어서 설명할 수 있다. 첫째, 사회민주적 복지체제 추구와 공적개발원조 활동이 서로 유사한 가치를 공유하고 있고 그 결과 그 가치가 국내에서 국제 차원으로 발현되기 때문이라는 것과 둘째, 사회민주주의적 성향이 강한 국가들은 전략적으로도 국제원조를 증대시키기도 한다는 것이다.

① 국내적 가치의 국제적 발현

첫 번째 설명과 관련해서 보면, 여기서 말하는 유사한 가치란 보편적 복지를 추구하는 연대성(solidarity)을 의미하는데, 이 가치는 사회민주주의적 속성이 강한 복지체제에서 중요시 여기는 핵심적인 가치 중 하나이다. 이미 실증분석에서도 사회민주적 국가가 보편주의적 연대를 중요시 여기고 있다는 점은 확인되었으며[Bergman, 2007: 80, 86 — 88; Esping — Andersen, 1999(박시종 역, 2006: 155 — 178), 1990(박시종 역, 2007: 62 — 67)], 그리고 보편적 연대는 사람들의 가난이나 빈곤이 개인적 노력이나 능력 부족에 따른 것이라기보다는 운(luck) 혹은 불운과 관련된다는 신념을 그 배경으로

하고 있다(Alesina, Glaeser and Sacerdote, 2001).[44] 이는 국내의 소득평등(equity) 정도와 국제원조와의 관계가 서로 밀접하다는 점에서도 알 수 있다. Rao(1997)가 원조공여국을 대상으로 23년간의 자료를 분석한 결과에 따르면 국내의 소득평등 정도가 높은 국가일수록 더 많은 원조를 하는 것으로 나타났다. 즉 국내적으로 소득평등에 대하여 관대한 원조공여국가일수록 더 많은 원조예산을 배분한다는 것이다. 이는 국제적인 소득 불평등을 해결할 수 있는 하나의 수단인 원조는 국내의 소득평등 달성을 이룩한 국가일수록 더 높은 성과(performance)로 나타난다는 것에 대한 경험적 결과이다.[45] 이를 통해 국내에서의 보편적 연대성 가치에 대한 강조

---

44) Alesina, Glaeser and Sacerdote(2001)의 실증연구에 따르면 사람들의 가난이 그들의 개인적 노력보다는 운에 따른다는 신념을 강하게 지니고 있는 국가일수록 사회지출수준이 높았고 여기에 해당되는 국가들은 Esping-Andersen(1990)의 복지체제 구분에서 말하는 사회민주적 국가들이었다. 그런 점에서 사회민주적 복지국가의 보편적 연대의식에는 개인의 가난을 개인적 노력이나 능력 부족만으로 치부하지 않고 불운 등에 따른 문제라고 인식하는 것도 포함된다고 할 수 있다.

45) 여기서, 원조를 과연 국제적인 소득 불평등 해결의 수단이라고 할 수 있는가에 대한 의문이 제기될 수 있다. 이 논의를 좀 더 포괄적으로 보면, 원조는 원조의 목적이 있고 그래서 목적이 달성되면 중단되는 것(Cut-off Point)이므로 이를 정의의 원칙에 의해서 계속적으로 발생하는 부의 재분배로는 보기 어렵다는 의문이다. 이 점은 원조의 목적이나 동기와 관련된다. 이에 대해서는 이 책이 깊게 다루지는 않았지만, 일반적으로 원조의 목적을 크게 외교적 목적, 경제적 목적, 인도적 목적으로 구분한다고 할 때, 인도적 목적이 어느 정도 정의의 관점에서 국제적인 소득 불평등 해결에 대한 수단으로 원조를 강조하는 입장에 해당되는 것이라고 할 수 있다. 그렇게 본다면 국제적인 소득불평등 개선의 한 방법으로 원조의 동기가 포함될 수 있다.
물론 논자에 따라 원조의 목적들 중 하나에만 초점을 두고 그에 기초해서 모든 논의를 진행할 수도 있을 것이다. 즉 원조의 중단점을 고려하여 원조는 현실적이고 전략적인 면에서만 이루어지는 것이라고 볼 수도 있을 것이다. 하지만 복합적인 동기와 목적들이 얽혀 있다고 보는 것이 더 현실적일 것이다. 이는 원조의 동기 자체를 명확히 규명하는 것이 어려울 뿐만 아니라 특정의 동기만 존재한다는 것을 확인하는 것도 매우 어렵기 때문이다. 실제로 원조의 동기에 대한 실증연구들의 결과는 상당히 다양하게 나타나고 있다. 그래서 원조를 다양한 측면에서 다양한 목적들이 복합적으로 존재하고 있는 것으로 인정하는 것이 비록

가 국제 원조에서도 연계되어 나타난 것이라는 추측이 가능하다.

이러한 연대성에 기초한 보편적 복지추구라는 가치가 국내 차원을 넘어 국제 차원으로 발현(연대성 중시의 사고가 국경을 뛰어넘는 합의를 형성)되는 것은 Goldstein and Keohane(1993: 3 - 30)의 논지처럼 제도화된 아이디어가 규칙들(rules)을 일반화시키고 이슈 영역들을 서로 연결(linking)시키는 역할을 하기 때문이다. 이 연결은 특히 정책의 일관성이 규칙의 형태로 제도화된 원리에 기초해서 요구될 때 더 잘 형성된다. 즉 연대성 가치의 중시라는 아이디어가 정책들로 실행되면서 제도화되면, 연대성 가치와 유사한 가치가 적용되는 다른 영역들과의 연결성에도 영향을 주는 것이다.

사회민주주의적 속성이 제도화된 복지체제와 공적개발원조와의 상관성도 이러한 논리에서 기인한 것이며, 그것은 Noël and Thérien(1995), White(2004), Lumsdaine(1993)의 연구들에서 확인된다. 원조와 복지 국가의 정책들은 같은 가치를 표현하고 있으며, 이

추상적인 면이 없지는 않지만 더 현실적인 대안이 된다. 그렇기 때문에 원조는 국제적인 배분적 정의를 위한 것이라고 할 수 없다는 주장에 전적으로 동의하여 원조활동의 소득 불평등 해결과 같은 목적을 전혀 고려하지 않는 것은 오히려 더 많은 논란이 예상된다고 판단된다. 역으로 생각하면 정의의 측면에서 원조를 하지 않고 오로지 전략적 동기 때문에 원조를 한다고 할 때 오히려 원조를 더 지속할 수 있다. 이 점은 사회민주주의 속성과 원조와의 관계를 이 책에서 전략적인 측면에서 논의하는 것(본문에서 이어지는 두 번째 설명)에서도 알 수 있다. 그리고 설사 원조와 소득평등 실현과의 관계를 무관한 것으로 인정한다고 하더라도, Rao(1997)의 연구 결과에서와 같이 실증적으로 나타난 국제원조와 국내의 소득평등 정도와의 밀접한 관계의 의미를 설명할 필요가 있다. 적어도 표면적으로라도 둘의 관계가 상관성이 높은 것은 사실인 것이다. 그리고 본문에서도 언급되겠지만 사회민주주의 지수가 높은 덴마크에서 실시한 국민 여론조사에 따르면 전체의 74%가 세계의 빈곤퇴치에 공동의 책임을 인식하고 있다고 응답하였다. 따라서 이 책에서는 원조는 기본적으로 세계의 소득평등 개선과 같은 분배적 정의를 위한 것은 아니라는 입장만 따르기보다는 그것을 포함한 다양한 측면의 원조의 목적들을 모두 전제하므로, 사회민주주의 국가들의 국내의 소득평등정도와 원조와의 상관성에 대한 분석결과들을 모두 수용해서 논의를 진행한다.

정책(프로그램)들은 구체적인 정치적 제도에 잉태된(embedded) 동일한 사회적 가치의 표현으로 이해된다. 그 결과 비단 복지프로그램뿐 아니라 그 외 분배적 정의(Distributive Justice)에 기초한 여러 프로그램들도 서로 연결되고 일반화된다는 것이다. 대개 그 방향은 복지국가의 성향에서 국제적 원조프로그램의 성향 결정으로 나타난다고 보며, 이는 국제 협력의 국내적 토대(Domestic Foundation of International Cooperation)가 마련된 데 따른 현상으로 이해된다. 보편적 복지에 대한 사회적 가치가 사회 전반에 스며 있고(prevail) 제도화되어 있으면 그것이 원인적 메커니즘(Causal Mechanisms)로 기능해서 그와 유사한 활동에 대한 포용성도 높아진다는 것이다 (Noël and Thérien, 1995; White, 2004; Lumsdaine, 1993).

여기에 대한 실례는 주로 덴마크, 노르웨이, 스웨덴과 같은 노르딕 국가들이 해당된다. 노르딕 국가들은 Esping-Andersen(1990)의 사회민주주의적 지수에서 높은 점수를 보이는 국가들로서, 앞서 언급한 연구에서 모두 원조활동과의 상관성이 양(+)의 방향으로 높게 나타났다. 사회민주주의 지수가 높은 덴마크의 경우 2003년 여론조사에서 응답자의 74%가 세계 빈곤퇴치에 공동의 책임을 인식하고 있다고 응답했다. 글로벌 빈곤감소를 위한 공동 책임의식을 지니고 있다는 것이다. 그리고 개발도상국가에 대한 공적개발원조에 대한 여론조사에서도 1995년과 1998년간 평균 79%, 2002년에는 92.5%가 공적개발원조가 중요 또는 매우 중요하다고 응답하였다(Donnell, Lecomte and Wegimont, 2003; Fransman and Lecomte, 2004).

또 Bergman(2007)의 연구에서 분석된 스웨덴의 경우도 국내 복

지와 국제원조 간의 정책지침의 유사성과 국내와 국제 간의 이원
복지 의무(Dual Welfare Obligation)와 글로벌 정의와의 관계를 언
급한 국무총리의 연설내용 그리고 UN의 밀레니엄 개발목표에 대
한 스웨덴의 대응방식 등에서 국내의 보편적 복지 가치의 국제적
연장으로의 메커니즘을 구체적으로 보여준다. 그리고 김인춘(2011)의
연구에서 볼 수 있듯이 역사적으로도 스웨덴 복지모델의 발진과
정과 성향의 경로는 스웨덴의 국제개발원조 행태와 유사한 점이
발견된다. 같은 맥락에서 만약 국가복지의 혜택을 받지 못하는 빈
곤층에 대한 사회정책이 미비하다면 국제개발협력에 대한 국내적
정당성도 취약할 수밖에 없게 되는 것이다(고세훈, 2011: 17 – 18).
이 역시 국내적 복지와 국제적 원조 간의 상관성을 의미하는 것
이다. 이와 같은 복지체제 성향과 국제 원조와의 관계에 대한 국
내 차원과 국제 차원의 정책 연계성에 대한 논의는 더 포괄적으
로 보자면 대외정책 형성을 이해하기 위해 국내적 영향(Domestic
Influence)이나 요인의 중요성을 논의하는 것이나(Putnam, 1998: 430 –
433), 국제적 협력에 대한 이해는 국내 차원의 다양한 속성에 관
심을 가질 때 더 잘 이루어진다는 논의와도 같은 맥락의 설명이
라고 할 수 있다(Milner, 1992: 496). 이처럼 원조공여국내의 사회
민주적 속성에서 기인한 공통의 가치 추구로 인해 원조수혜국으
로의 무상원조예산의 변화(특히 단절적 변화)가 발생할 가능성이
높은 것이다. 특정한 원조수혜국으로의 원조가 아닌 정해진 분담
금에 기초하여 국제기구로 지출되는 다자원조예산의 점증적인 변
화와는 차이를 보이는 사항이다.

② 전략적 측면

두 번째로 사회민주적인 속성을 지닌 국가들은 전략적인 측면에서 다른 국가들보다 더 적극적으로 원조활동을 하는 면도 존재한다. Kärre and Svensson(1989: 231－274)의 연구에서도 볼 수 있듯이, 사회민주적 속성이 강한 스웨덴 국민들의 원조에 대한 지지는 도덕적 책임성을 강조하는 보편적 연대주의의 전통에서 공감대를 얻은 결과이기도 하지만, 한편으로는 현실적으로 복지국가의 중요한 복지제공활동의 하나인 일자리 창출이 원조활동에서 많이 파생되기 때문에 빈곤국에 대한 원조에 주요한 지지를 형성하게 된 것이다. 따라서 보편적주의 연대의식의 국제적 발현 이외에도 원조'산업'에서 파생되는 국내 일자리 창출 등의 효과에 의해서도 빈곤국에 대한 원조활동이 중요하게 여겨지게 된 것이다. 국제원조는 곧, 국내의 보편적 복지 실현의 중요한 수단 중 하나인 모든 국민에 대한 일자리 제공을 위한 하나의 방편, 즉 일자리 제공 효과를 가져다준다. 이는 국제적으로도 보편적 복지실현을 위한 연대의식의 발로(發露)가 되어 서로 맥을 같이하기 때문에, 스웨덴에서의 보편적 복지 실현의 국제적 발현은 국내에서의 복지지향 및 실현(실천)과도 부합되는 것이다. 그래서 사회민주적 속성의 국가들은 원조예산의 증가현상에 대해 그렇지 않은 국가들보다 더 긍정적일 수 있는 것이다. 따라서 스웨덴에서의 원조예산의 단절적 증가 현상과 사회민주주의적 성향 간에도 상관성을 보이는 것이라 할 수 있다.

그리고 Lancaster(2007: 190－211)의 연구에서처럼 사회민주주의적 국가들은 또 다른 전략적인 면에서, 인도주의적인 국제주의자로서의 이미지를 위해 원조활동에 많은 관심을 기울이고 원조예산의 증가를 가져온 면도 없지 않다. 스웨덴, 핀란드와 함께 노르딕 국가 중 하나인 덴마크의 경우 서유럽의 작은 국가로서 외교적인 역할 확대를 위한 하나의 매개체로 원조활동에 더 관심을 가지게 된 것이다. 이때의 관심은 원조예산규모의 상대적인 크기와 증가 변화를 익미하는 것으로, 이는 국내의 보편적 복지추구를 위한 세계적 연대의식을 표방하는 '세계의 사회적 양심(Social Conscience of the World)'을 실현한다는 것을 보이는 활동이 되는 것이다. 상대적으로 소국으로서 국제사회 질서에서 긍정적 이미지를 형성하고 그에 따른 영향력을 높이기 위한 하나의 수단이 될 수 있는 것이 원조활동이고, 더구나 '국제'원조를 통해 '자국'의 보편적 연대성 추구 의식을 더 강조해 보이기 위한 의도이기도 한 것이다. 따라서 사회민주적 속성의 국가들은 국내의 일자리 창출 등 국내에서의 보편적 복지실현의 한 방편으로 그리고 보편적 연대주의와 인도주의적인 국가 이미지 제고를 통한 국제사회에서의 외교적 활동의 입지를 넓히기 위한 활동으로 원조활동을 활용하고 있으며, 이는 원조예산규모의 확대 혹은 비교적 높은 단절적 증가 현상으로 이어지는 것이다.

유상원조예산의 추가적 단절발생의 이유

지금까지 공적개발 양자 간 원조의 비점증적 변화를 단절발생 가능성 측면에서 살펴보았다. 하지만 이 책에서 분석한 바에 의하면 양자 간 원조에서 무상원조와 유상원조는 모두 단절적인 변화를 동반한 비점증적 변화를 보이지만, 유상원조의 경우는 단절성이 강한 지속적인 단절적 변화를 보인다. 즉 무상원조가 지난 50년간 단절적 변화를 부분적으로 보이면서 단절균형적 모습을 나타내는 반면, 유상원조는 지속적인 단절변화를 보인 것이다. 이는 점증주의의 설명 한계를 극복한 단절균형이론에서의 단절현상에 대한 설명 이외에 추가적인 설명이 더 필요하다는 것을 말해 준다. 다자간 원조와 비교해서 양자 간 원조가 더 비점증적인, 즉 단절적 예산변화가 발생하는 원인을 제도적인 측면에서 설명했던 것에 추가해서 양자원조 중 유상원조가 무상원조와 달리 지속적으로 단절적 현상이 나타난 데 대한 설명이 필요한 것이다.

이에 대해서는 원금과 이자 상환의 의무를 지니고 있는 유상원조제도의 특성과, 유상원조 채권자의 동의하에 유상원조 채무국에 대한 원금과 이자를 포기하는 대규모의 부채탕감(Debt Forgiveness) 조치에서 기인한 것으로 볼 수 있다. 이러한 요인들이 유상원조가 포함된 양자 간 원조예산이 다자간 원조예산보다 더 단절적으로 변할 가능성이 높다는 설명에 추가하여 유상원조예산만의 잦은 단절적 변화 현상을 설명하게 해 준다.

Lairson and Skidmore(1997: 332−333)에 따르면, 개발도상국가들의 자본은 국내 저축보다 외부 자금에 따른 경우가 많고 많은 경우 부채에 의해 조달되며 그중 하나가 원조에 의한 것이다. 여기서 말하는 원조는 양자 간 유상원조이다. 물론 유상원조의 경우 민간자본을 대출한 것과 비교할 때 완화된 기준으로 자금이동이 이루어지기 때문에 개발도상국가의 부채 누적에 결정적인 역할을 한다고는 볼 수 없다(송영우, 2002: 288). 그러나 유상원조도 낮은 이자와 상환기간 내에 갚아야 하는 원금이 존재하는 것이기 때문에 개발도상국가의 부채 문제에 일정한 영향을 주는 것은 사실이다. 더욱이 상업기관의 차관이 많은 중소득 국가의 부채와 달리 대부분의 저소득 국가의 부채는 양자 간 유상으로 지원된 원조가 높은 비율을 차지하고 있다(Lairson and Skidmore, 1997: 329 - 330). 실제로 IMF가 조사한 과도한 채무빈국(Heavily Indebted Poor Countries)을 보면 총부채 중 민간부문과 다자간 차관 부채를 제외하고 총부채의 64%가 양자 간 차관에 따른 것이다(Kanbur, 2006: 421). 그래서 원조공여국들은 저소득 국가의 주요 신용채권자(creditor)라고도 한다. 여기에 유상원조예산의 잦은 단절적 변화 가능성이 내포되어 있다.

그것은 원조수혜국의 부채상환 능력(Debt Capacity)이 높다면 원조공여국이 원조수혜국에게 유상원조예산을 급진적으로 책정하지 않는 한(즉, 점증적으로 책정한다면) 급격한 변화가 발생하지 않으나, 원조수혜국의 부채상환 능력이 낮다면 점증적으로 유상원조예산을 결정하고 집행한다고 하더라도 기존에 제공한 원조에 대한 미상환 원리금과 미지급 이자 및 새로운 이자가 추가적으로 발생되어 단절적 변화가 나타나기 때문이다. 원조수혜국이 부채주기(Debt Cycle)에서 말하는 경로처럼 채무상환 단계를 지나 순탄하게 부채채무국에서 채권국가로 발전된다면 문제가 없으나, 대부분의 원조수혜국들은 그렇지 못하다는 것이 현실이다. 이 과정을 순탄하게 거치기 위해서는 많은 조건들이 충족되어야 하지만 눈앞에 빈곤이 문제인 원조수혜국이 그러한 조건들을 만족하기란 상당히 어려운 것이다(Hjertholm, Laursen and White, 2006). 최소한 부채에서 발생한 이자나 관련 비용들을 지불할 수 있을 정도의 국내 성장이 달성되어야 하며(Hernández-Catá, 1988: 7-8), 또 성장률이 이자율을 초과한다고 하더라도 초과된 성장에서 발생한 재원을 사용할 때 유상원조에 대한 이자 및 원금 지급이 우선되어야 하는데, 두 경우 모두 확실하지 않다. 오히려 성장을 상회하지 못하는 원조수혜국들의 부채증가 현상과, 원조사용의 전용(轉用) 사례들은 원조수혜국들의 유상원조에 대한 상환의지에 의문을 제기하게 한다. 그리고 기존의 부채이자와 원금 상환을 위한 새로운 차관이 더 필요해지는 악순환이 이루어지는데, 실제로도 원조공여국들은 원리금 상환이 이루어지게 하기 위해 계획된 차관 이외에 또 다른 추가적인 차관을 해주고 있는 실정이다(Kanbur, 2006: 422-423). 연쇄적으로 유상원조 증가가 발생되는 것이다. 그렇기 때문에 이어서 유상원조의 단절적 변화를 설명할 또 다른 설명기제가 되는 국제적 아젠다로서 부채탕감에 대한 주장이 지속적으로 제기되는 것이다.

따라서 유상원조를 받는 원조수혜국은 부채상환 및 이자 지급 능력이 부족하기 때문에 원조공여국은 새롭게 유상원조예산을 책정하고 집행할 때 동시에 이전의 유상원조에 대한 미지급 이자와 원금이 자동적으로 추가되어 비록 점증적으로 유상원조를 증가한다고 하더라도 단절적 변화의 결과를 보이게 되는 것이다. 즉, 이는 원조공여국이 유상원조예산을 점증적으로 결정하는 것과는 상관없이 단절적 예산변화가 발생하는 것은 이자와 원금 상환 조건이 있는 유상원조의 제도적 특성과 원조수혜국의 열악한 부채상환 능력, 그리고 유상원조 상환을 위한 또 다른 유상원조 예산지원 행태 등에서 기인한 것이다.

통상적으로 적용되는 유상원조의 조건(차관액을 제외한 조건들)을 예로 들어 보면, 유상원조는 같은 양자 간 원조인 무상원조와 달리 약정된 기간 내에 이자와 원금을 상환해야 하는 의무를 지닌다고 했는데, 구체적으로 <표 23>에 그 실례가 나타나 있다. 다음 표는 차관액 1억 원에 대한 조건을 만기 10년, 거치기간 3년, 금리 2.5%, 6개월 균등 분할상환으로 한다고 했을 경우이다.

<표 23> 공적개발 유상원조 원금과 이자 상환(예)

날짜	대출 잔금	차관원리금의 미래가치			차관원리금의 현재가치 (10%의 할인율 적용)
		원금	이자	합계	
2011/1/1					
2011/7/1	10,000		125	125	119
2012/1/1	10,000		125	125	114
2012/7/1	10,000		125	125	108
2013/1/1	10,000		125	125	103
2013/7/1	10,000	625	125	125	591
2014/1/1	9,375	625	117	742	558
2014/7/1	8,750	625	109	734	526
2015/1/1	8,125	625	102	727	496
2015/7/1	7,500	625	94	719	468
2016/1/1	6,875	625	86	711	441
2016/7/1	6,250	625	78	703	416
2017/1/1	5,625	625	70	695	392
2017/7/1	5,000	625	63	688	370
2018/1/1	4,375	625	55	680	349
2018/7/1	3,750	625	47	672	329
2019/1/1	3,125	625	39	664	310
2019/7/1	2,500	625	31	656	292

2020/1/1	1,875	625	23	648	275
2020/7/1	1,250	625	16	641	259
2021/1/1	625	625	8	633	244
합계					6,761

* 단위: 십만 원. 차관액 1억, 만기 10년, 거치기간 3년, 금리 2.5%, 6개월 균등 분할상환
* 기간별로 상환이 이루어진 경우의 예임

　이　예는　증여율이　32.39%($\frac{10,000-6,761}{10,000} \times 100$)이기　때문에
공적개발원조의 증여율 조건인 25% 이상을 만족하므로 공적개발
원조에 해당된다. 하지만 증여율이 100%는 아니기 때문에 공적개
발 무상원조가 아닌 유상원조이다. 표에서는 기간별로 발생한 원
금과 이자를 상환했을 경우를 나타내고 있는데, 문제는 이 상환액
들이 상환되지 못하고 누적될 경우이다. 앞서 논의한 바와 같이
대부분의 원조수혜국들은 상환능력이 낮기 때문에 최초 원조공여
국이 제공한 유상원조 규모는 설사 추가적인 유상원조가 없더라
도 지속적으로 증가되며, 유상원조가 계속이루어지는 경우에는 해
당 연도의 유상원조액에 이전에 제공한 유상원조의 원금과 이자도
포함되게 된다. 그 이외(원금 상환-미상환, 이자 회수 및 수금)에
도 유상원조는 무상원조에 비해 절차의 까다로움과 복잡성 그리고
감독 등에 따른 비용이 발생하게 되는데(주동주, 2009: 21-24),
이 역시 제도적 비용 증가에 따른 원조예산의 단절성을 이끈다.
따라서 공적개발 유상원조는 무상원조보다 더 잦은 단절적 변화
를 보이게 되는 것이다.
　한편, 지금까지는 공적개발 유상원조가 새롭게 이루어질 때 이
전의 유상원조에 대한 이자나 미지급 원금 및 체납된 이자에 대
한 새로운 이자발생으로 인해 증가방향으로의 단절적인 변화가

발생한다는 것이었는데, 물론 감소방향으로의 단절적 변화도 발생한다. 이는 원조공여국들이 부채상환 능력이 열악한 원조수혜국들에게 대규모 부채탕감을 실시하는 데서 비롯된다. 그리고 누적된 이자와 원금을 특정한 계기에 일시적으로 갚는 경우도 이에 해당된다. 유상원조가 발생했음에도 불구하고 이 책에서 제시한 유상원조 자료는 물론이고 여타 유상원조의 통계자료들에서 음(-)으로 표시된 유상원조액이 나타나는 이유가 바로 이 때문이다. 지원된 유상원조 자금보다 더 큰 원조상환금이 회수되었거나 원조공여국이 이전의 유상원조에 대한 미상환금을 탕감해 주는 경우이다. 실제로 프랑스가 시행한 대표적인 부채탕감 사례를 보면, 1989년의 사하라 이남 아프리카 35개국에 대한 부채탕감, 1990년의 7개 저발전국가에 대한 부채탕감, 1992년의 4개국에 대한 부채의 일부 탕감, 1994년의 중·저소득 국가를 포함한 14개 국가에 대한 부채탕감 등이 있으며(Chang, Fell and Laird, 1999: 90), 2002년에는 프랑스 전체 공적개발원조의 25%에 해당하는 부채탕감을 시행하였다. 그 이외에도 앞서 살펴본 <표 17>에 나타나 있는 바와 같이 많은 국가들이 부채탕감을 실시해 오고 있다. 이러한 대규모 부채탕감은 유상원조의 감소방향으로의 예산단절에 큰 영향 요인이 된다. 다음에서 논의되는 일본의 무상원조 사례분석에서도 이를 알 수 있다.

결국, 양자 간 원조의 예산변화에서 단절적 발생 가능성이 다자간 원조보다 더 높다는 이유들에 추가해서, 유상원조는 유상원조제도의 내재적 특징과 외부의 제도적 조치 등으로 인해 무상원조예산보다 더 잦은 단절적 예산변화가 나타나고 있다고 할 수

있다. 더 잦은 단절적 예산변화는 지속적인 단절적 예산변화 패턴
으로 나타나고 있는 것이다.

무상원조 예산변화 패턴의 사례: 영국과 미국

지금까지의 분석에 의하면 국제 및 국내적 차원에서 나타나는
제도적 구조상의 안정성 유지 등에 대한 이유들로 인해 세 가지
원조유형 간에 양자 간 원조는 다자간 원조보다 상대적으로 단절
적 변화가 발생할 가능성이 더 높다는 것을 알 수 있다. 그중에서
도 무상원조예산은 간헐적 단절에 따른 단절균형적 패턴으로 변
화되는 반면, 유상원조는 무상원조예산에 해당되는 단절적 변화
가능성에 더하여 유상원조제도의 내재적 특성에 따라 추가적으로
단절이 더 잦게 나타나서 지속적인 단절적 변화 패턴을 보인다는
것을 살펴보았다. 이러한 설명은 원조유형 '간'의 예산변화 패턴
차이에 초점을 둔 것이다. 즉 국제 및 국내적 차원에서 원조예산
이 단절적으로 변화될 가능성이나 그 정도에 따라 원조유형 간
예산변화 패턴이 서로 다른 모습을 형성하게 된 것을 살펴본 것
이다. 이는 OECD/DAC 전체를 포함해서 분석한 결과나 개별국가
를 대상으로 한 분석결과에서 나타난 원조유형 간 예산변화 패턴
차이에 대한 설명이었다.

이 책은 여기서 나아가, Taleb(2007)이 말하는 검은 백조(black
swan)에 대해서도 함께 살펴보기로 한다. 즉, 원조유형 간 예산변
화의 패턴이 서로 다른 이유(패턴 차이 비교)를 설명하는 데서 나

아가 특정한 원조유형에서 보이는 특정한 원조예산변화의 패턴을 결정한 단절적 예산변화의 시점에 대한 설명을 함께 하고자 한다. 따라서 이를 위해 원조유형별로 개별 국가를 중심으로 사례분석을 실시한다. 무상원조 예산변화 패턴의 대표적인 사례로 영국에 대해 살펴보고, 무상원조 예산변화의 패턴인 단절균형 패턴이기는 하나 타 국가들에 비해 상대적으로 다소 특이한 모습을 보인 사례로 미국의 무상원조 예산변화의 패턴에 대해서도 살펴본다.

1) 영국

무상원조예산은 단절균형적인 모습으로 변화되고 이는 OECD/DAC 전체를 포함한 분석이나 개별국가를 대상으로 한 분석 모두에서 확인되었다. 영국의 무상원조예산 역시 지난 50여 년간 단절균형적인 패턴을 보이면서 변화되어 왔다. 단절적 예산변화는 보인 해는 [그림 14]에서 보는 바와 같이 감소방향으로의 단절을 보인 1973년, 증가방향으로의 단절을 보인 1976년, 감소방향으로의 단절을 보인 1982년과 1987년, 증가방향으로의 단절을 보인 1988년과 2000년, 2005년이다. 영국의 무상원조 예산변화 패턴은 원조와 관련된 제도 마련이나 기구 설립, 집권당의 이념, 그리고 과거 식민지 국가에 대한 원조활동 등에 따른 역사적 배경 등의 요인들과 관련된다.

영국의 원조 관련 제도적 기관들은 본격적인 공적개발원조 활동의 이전 시기라고 할 수 있는 1950년대의 개발협력 활동부터 여러 곳으로 나누어져 있었다. 그러다 1961년 기술협력부(Department of Technical Cooperation)가 설립되면서 통합되었고, 1964년에는 해외개발부(Ministry of Oversease Development)가 설립되면서 원조와 관련된 업무를 담당하는 장관급 지위의 조직이 되었다(OECD, 2010e; Barder, 2005). 이때부터 오늘날 말하는 공적개발원조 활동이 체계화되어 본격화했다고 볼 수 있다. 당시 원조예산은 점증적인 변화를 보이지만 대체로 감소방향이었다.

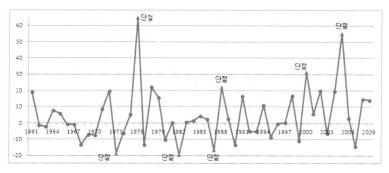

[그림 14] 영국의 무상원조의 예산변화

그러나 1973년에 감소방향으로의 단절적인 변화가 발생하게 된다. 이는 1970년 보수당이 집권하게 되면서 해외개발부를 해체하고 외교부로 관련 업무를 이관하면서 해외개발청(Overseas Development Administration)으로 격하하면서 나타났다. 따라서 원조예산의 단절적 변화는 원조활동의 조직 자체의 변화로 인해 원조예산의 기준(base)이 변화되거나 무용해짐으로써 나타난 것이다. 특히 이때 관련 조직 규모 자체가 축소되었기 때문에 단절적 변화의 방향이 감소로 나타난 것이다.

다시 단절적 변화가 나타난 것은 1976년이다. 1974년 노동당이 집권하게 되면서 원조활동에도 제도적 변화가 나타난다. 그것은 해체되었던 해외개발부가 다시 설립된 것이다. 이는 다시 원조예산결정의 기준(base)의 변화를 의미하는 것이며, 별도의 조직으로 확대되었기 때문에 그 규모가 커진 것이다. 그리고 과거 식민지 국가들에 대한 국제적인 책무가 강조되어 식민 국가들에 대한 무상원조 제공에 대해서도 관심이 높아졌다. 원조활동에서 원조공여국과 수혜국 간의 구조적 관계가 과거 식민지 지배관계로 맺어진 경우 원조예산의 단절적 변화 가능성은 더 높다는 앞서 살펴본 <표 16>의 내용은 당시 원조예산변화의 단절적 변화를 이해할 수 있게 해준다. 영국의 경우 한 단위 증가 시 76%의 예산변화가 발생하는 것으로 나타나고 있다. 그리고 이 시기에는 별도의 원조조직이 설립됨에 따라 최초로 개발원조 백서가 발간되기도 하였다. 원조활동에 대한 정부 차원의 관심 자체가 높아진 것이다.

그 후 원조예산은 1982년과 1987년에 단절적 변화가 발생한다. 이때는 감소방향으로의 단절적 변화이다. 당시 원조예산의 변화는 보수당의 집권과 더불어 오일 쇼크 등에 따른 경제위기 상황에서 영국 정부가 원조 관련 조직을 개편하면서 나타났다. 대표적으로 1979년 영국의 대처 수상은 해외개발부를 없애고 관련 업무를 다시 외교부로 재편입시켰다. 조직 자체의 변화뿐 아니라 원조활동을 하는 담당인력도 대규모 축소(2,300명에서 1,500명으로)하기에 이른다(Barder, 2005). 물론 이듬해인 1988년에는 증가방향으로의 단절적 변화가 발생하기도 한다. 이는 경제위기로 인해 원조공여국 역시 어려움이 있지만 그보다는 가장 큰 영향을 받는 것은 개

발도상국들이기 때문에 오히려 원조의 필요성이 OECD/DAC 등의
국제사회에서 더 강조되었기 때문이다(Führer, 1996: 26).

그리고 다시 2000년과 2005년에 증가방향으로의 단절적 변화
가 나타난다. 이는 1997년 노동당이 집권하게 되면서 장관급 지
위인 국제개발부(Development for International Development)가 설
립되고 국제개발법도 제정되는 등 원조에 대한 정부의 노력이 커
진 데서 비롯되었다. 그뿐 아니라 식민지 국가에 대한 국제적 책무
도 강조되었고, 당시 원조활동에 대한 국제적 합의의 영향이 크게
영향을 미치기도 했다. 즉, 앞서 살펴보았던 국제적 차원의 원조
예산에 영향을 준 2000년도의 밀레니엄 선언과 그에서 비롯된 여
러 목표 및 선언들은 국가별로 원조예산변화에 일정한 영향을 주
었고 이는 영국에서도 마찬가지였다. 실제로 밀레니엄 선언 이후
후속조치와 이행모습을 보면 이를 알 수 있다.

예컨대, 영국은 밀레니엄 개발목표 이행을 위해 주요 원조예산
집행기관인 국제개발부가 원조활동에 대한 행동계획(Action Plan)을
발표하고 이행하게 되는데, 원조예산과 관련된 행동계획에는 FinMark
신용기금과 도전기금(Challenge Funds)을 조성해서 금융지원을 늘
리는 것과, 정부기관 이외에 민간분야의 공적개발원조 활동에 대
한 지원을 늘리는 조항을 신설한 것을 들 수 있다(OECD, 2006e).
공적개발원조의 범위에는 개발도상국의 개발과 관련된 활동을 하
는 자국의 NGO에 대한 지원자금도 포함되기 때문에 후자의 경
우도 공적개발원조 예산에 해당된다. 그리고 영국은 밀레니엄 개
발 선언의 목표 중 절대빈곤 및 기아 퇴치 목표에 부응하기 위해
특히 취약국가에 대한 원조예산의 증대를 강조하는 실천방안을

제시하였다. 그 결과 2000년대의 예산변화에서 증가방향으로의 단절적 변화가 나타난 것이다.

2) 미국

미국의 공적개발 무상원조의 예산변화는 50년간의 기간을 통틀어서 종합적으로 본다면 OECD/DAC 전체를 포함해서 분석한 결과나 개별국가들을 분석해서 도출한 결과와 마찬가지로 대체로 단절균형적으로 변화해 왔다. 하지만 특징적인 것은 1991년을 기점으로 그 이전에는 주로 점증적(물론 단절적 변화는 있음)이었지만 그 이후에는 단절적 변화가 동반되는 단절균형적 예산변화 패턴이 나타난다는 것이다. 다시 말해, 전체 예산의 변화패턴이 단절균형적인 것에는 해당되지만 세부적으로 보면 단절균형적 패턴을 형성하게 하는 단절적 변화의 발생이 1991년 이후에 자주 발생(1991년, 1996년, 2002년, 2003년, 2005년, 2008년)했다는 특징이 있는 것이다. 그래서 Ⅳ장에서 분석한 바와 같이 전반적으로 보면 점증적이었던 기간이 더 길었기 때문에 단절성 정도나 단절확률이 다른 국가들에 비해 낮았다. 특정 기간에 집중된 단절적 변화들로 단절균형 패턴을 이루고 있는 미국의 이러한 모습은 그 이외의 국가들이 지난 50년간 고른 분포로 단절균형적인 예산변화를 해 온 모습과 비교해 볼 때 특징적인 점 중 하나라고 할 수 있다. 따라서 공적개발 무상원조예산의 단절균형적 패턴에 대한 특징적인 사례로서 미국에 대해 1991년 이후의 단절적 예산변화가 잦은 이유를 살펴보기로 한다.

1990년대 이후 미국의 무상원조 예산변화는 원조예산 담당기관들의 수적 증가와 원조예산마련과 관련된 추가적인 기금 설치 그리고 9 · 11 테러사건 및 전쟁에 따른 원조활동의 증가에서 비롯된 것으로 볼 수 있다. 크게 세 가지 요인, 즉 원조 관련 추가적인 기관 및 부서설치와 기금 설치 그리고 국내외적 환경변화는 실제로 원조예산의 단절적 변화에 영향을 주었던 것이다. 이 요인들은 단절적 예산변화를 낳은 제도적 요인들이다. 이에 대해서는 논의 진행과정과 정리부분에서 알 수 있다.

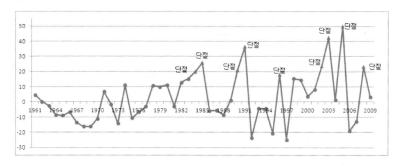

[그림 15] 미국의 무상원조의 예산변화

공적개발원조의 예산과 관련된 담당기관 및 부서들이 증가하게 된 시기는 1990년에 들어서 미국의 공적개발원조의 주요 정책 담당기관인 국제개발처(USAID: US Agency for International Development)에 대한 비판의 목소리에서 시작되었다.46) 비판의 내용은 국제개

---

46) 공적개발원조의 조건에 해당되지 않는 원조들이 다른 기관들에서도 집행되고는 있었다. 그러나 Ⅰ장에서 살펴본 공적개발원조의 조건에 부합하는 원조예산을 집행하는 핵심적인 기관은 국제개발처이다. 그래서 당시 원조 중에서 공적개발원조 운용과 관련된 비판은 국제개발처에 대한 비판들이었다.

발처의 관리 허술 문제와 새로운 변화와 기회에 둔감하여 적절한 대응이 이루어지지 않으며 효과성에도 의문이 든다는 것들이었다. 따라서 이에 대해 새로운 대안 마련에 대한 요구가 높아졌고, 그 결과 여러 정부부처들이 공적개발과 관련된 국제원조 프로그램들을 별도로 설치하게 된 것이다. 대표적으로 재무부는 대외 금융정책지원 프로그램을 설치하였고, 보건부의 질병통제센터는 개발도상국의 질병관련 지원을 위한 자금을 별도로 조달하기 시작했다(Lancaster, 2007: 62 - 109).

그리고 2000년대에 이르러서는 부시 미국 대통령이 대규모 원조예산을 늘리고자 국제개발처의 원조예산과는 별도로 밀레니엄 도전 기금(Millennium Challenge Account)을 설치하였고, 기금 운영을 위해 별도의 독립적인 기관으로서 밀레니엄 도전 기관(Millennium Challenge Corporation)을 설치하여 원조예산을 큰 폭으로 증가시켰다. 당시 이러한 원조예산증액은 여론의 긍정적인 반응과도 관련되는데, 실제로 당시 여론조사에 의하면 예산증액이 필수적으로 동반되어야 하는 GNI 대비 0.7%라는 국제적인 합의 달성을 위해 세금에 의한 공공기금(Taxpayer Fund)을 사용하는 것에 대해 71%가 찬성입장을 보였다(OECD, 2006c).

이외에도 정부는 국내외의 국제개발협력과 관련한 정보를 공유하고 언론 홍보 등을 위해 개발지원 및 홍보관(Development Outreach and Communication Officers) 제도를 신설하기도 했으며, 2006년에는 국무부 장관의 주도로 국무부 내에도 국제원조 이사실(Director of Foreign Assistance)이라는 조직을 설립하기도 하였다. 이처럼 새로운 기관 및 조직 설치와 기금 설립은 그동안의 원조예산에 변화,

즉 예산의 단절적 증가가 이루어지도록 하는 주요 요인이었다.

미국의 무상원조예산의 단절적 변화들은 이처럼 미국 내의 국제개발처에 대한 자성적인 비판 목소리에서 비롯된 것이기도 하지만, 그와 동시에 그동안 미국이 공적개발원조의 절대액 규모로는 다른 OECD/DAC 국가들에 비해 상위권에 위치하고는 있었지만 GNI 대비 원조의 비율은 하위권에 머물러 있었던 것에 대한 국제사회의 비판의 목소리도 영향을 미쳤다. 국제사회는 국제적 합의에 따라 각 국가에 권고되고 있는 GNI 대비 0.7%까지 원조예산을 늘리도록 지속적으로 요구하고 있다. 따라서 이러한 지속적인 요구와 미국보다 경제규모가 적은 유럽의 덴마크, 스웨덴, 노르웨이, 네덜란드 등의 국가들은 이미 GNI 대비 권고액을 달성한 것을 의식해서, 2000년 189개의 유엔회원국이 참가하여 공적개발원조에 대한 중요한 이정표로서 국제적 합의를 도출한 UN의 밀레니엄 선언과 몬테레이(Monterrey) 합의 이행을 위한 미국의 적극적인 조치가 있었던 것이다. 그래서 특히 2000년대 이후 동료심사(Peer Review) 보고서 등에서도 국제선언 후속조치에 따른 미국의 원조예산의 증가에 대한 약속 이행 노력을 긍정적으로 평가하고 있다(OECD, 2011d; 권율·정지선·박수경, 2008: 44 – 60; 한국국제협력단, 2009: 97 – 100). 이 시기에 미국인들의 공적개발원조에 대한 지지도도 높은 편이었다. 2001년과 2002년에 조사된 공적개발원조에 대한 국민들의 지지도는 79%였고, GNI 대비 0.7% 달성에 대한 지지도도 65%였다(Donnell, Lecomte and Wegimont, 2003; Fransman and Lecomte, 2004).

그리고 이와 함께 미국은 2001년의 9.11 테러사건과 이후 2002년과 2003년간 이라크와 아프가니스탄과의 전쟁에 따른 복구를 위한 원조활동도 원조예산의 잦은 단절적 변화를 가져오게 한 요인이 되었다. 이는 미국의 전체 공적개발원조 예산의 비중에서 국방부가 지출한 공적개발원조 예산의 비중이 증가된 점에서도 알 수 있다. 1998년에 3.5%에서 2002년에는 5.6%, 그리고 전쟁 이후인 2005년에는 21.7%로 크게 증가하였다(OECD, 2006c: 26). 그리고 이라크 구제 및 재건 기금(Iraq Relief and Reconstruction Fund)의 설치 등도 이어졌다. 또 원조대상국의 변화에서도 전쟁 복구 등과 관련한 원조예산사용의 주요 기준(base)이 변화되었다는 것을 알 수 있다. <표 24>에서 볼 수 있듯이 전쟁 이전인 1998년과 2002년 사이의 원조예산사용의 대상국가에 아프가니스탄은 20위에 머물렀고 비중도 1% 정도였으며, 이라크는 상위 20위에 포함되지도 않았다. 그러나 그 이후에는 두 나라가 1위와 2위에 위치하며 원조예산사용에서 상대적으로 큰 비중을 차지하고 있다. 이처럼 미국은 밀레니엄 개발목표 달성을 위한 노력 속에서 동시에 전쟁에 따른 복구지원이 원조예산으로 편성되면서 전제 원조예산의 증가는 물론이고, 또 원조사용 기준에 대한 선례가 없던(혹은 중점적으로 지원되지 않아서 해당 국가에 대한 정보가 적었던) 새로운 원조대상국의 변화에 따라 원조예산의 단절적 변화가 발생하게 된 것이다.

<표 24> 미국의 원조제공 상위 20개 원조수혜국

1998~2002년 평균		2003~2007년 평균		2008~2009년 평균	
원조수혜국	비중, 금액	원조수혜국	비중, 금액	원조수혜국	비중, 금액
이집트	10, 1060	이라크	24, 5,241	아프가니스탄	10, 2,530
파키스탄	3, 280	아프가니스탄	5, 1,177	이라크	10, 2,529
콜롬비아	2, 255	이집트	3, 701	수단	4, 895
요르단	2, 231	수단	3, 590	에티오피아	3, 764
세르비아	2, 204	콩고	3, 604	팔레스타인	3, 662
인도네시아	2, 199	콜롬비아	3, 577	콜롬비아	3, 641
페루	2, 193	파키스탄	2, 536	이집트	2, 549
보스니아헤르체고비나	2, 181	에티오피아	2, 518	케냐	2, 512
인도	2, 169	요르단	2, 506	파키스탄	2, 480
볼리비아	1, 135	나이지리아	1, 286	남아프리카	2, 448
혼두라스	1, 132	우간다	1, 250	요르단	2, 392
에티오피아	1, 124	팔레스타인	1, 232	우간다	1, 358
모잠비크	1, 123	인도네시아	1, 228	나이지리아	1, 357
미크로네시아	1, 114	케냐	1, 217	조지아	1, 340
남아프리카	1, 110	페루	1, 207	아이티	1, 288
필리핀	1, 109	볼리비아	1, 191	리비아	1, 267
방글라데시	1, 108	잠비아	1, 183	탄자니아	1, 264
팔레스타인	1, 108	인도	1, 186	인도네시아	1, 255
아이티	1, 102	세르비아	1, 182	모잠비크	1, 240
아프가니스탄	1, 97	아이티	1, 155	짐바우	1, 235

* 자료: OECD(2011d)
* 비중 단위는 %, 금액단위는 백만 달러
* 불변가격(기준연도: 2008년) 사용

1990년대 이후 미국의 원조예산의 변화는 이처럼 여러 요인들
이 동시에 작용하면서 잦은 단절적 변화를 동반하게 되었는데, 물
론 2000년대 이후 미국의 원조예산의 단절적 변화의 원인을 국제
사회의 요구 등에 부응한 조치 형태를 띠면서 '실질적'으로는 전

략적인 이유에서 안보정책과 연계한 결과에서 비롯된 면이 더 강하다는 추측이 있기도 하다(주동주·김학기·김석환·김계환, 2009: 47). 물론 그런 면도 강하지만 1990년대의 미국 원조예산 담당기관들의 설치와, 9·11테러 이전에 밀레니엄 개발목표에 대한 미국의 원조예산증대를 위한 조치들이 시도되었다는 점에서 전적으로 그와 같이 해석할 수는 없다.

결국, 미국의 무상원조예산이 1990년 이후에 잦은 단절적 변화가 발생하면서 단절균형적 패턴의 모습을 보이게 된 것은 1990년부터 시작된 기존의 원조담당 기관에 대한 비판의 결과로 정부의 각 부처에서 별도로 원조예산을 마련해서 집행하는 기구나 제도들을 신설한 것과, 2000년대에 밀레니엄 개발목표 이행 등과 관련한 별도의 기금과 독립된 추가적인 원조예산 집행기관의 설립, 그리고 테러 사건과 그에 따른 이라크와 아프가니스탄과의 전쟁 복구 지원 등에 원조예산이 지원되었기 때문인 것이다. 이러한 요인들은 단절균형 예산이론에서 말하는 제도적 측면에서의 변화들이며 이는 단절적 예산변화에 영향을 주었다. 즉 원조예산기관의 증가나 새로운 설치 등은 기존의 기준에 의하지 않는 새로운 제도적 장치와 규칙이 마련된 데서 오는 추가적인 예산증대가 되며, 또 밀레니엄 개발목표에 부응한 새로운 기금 설치 등은 국제적인 선언과 합의로서 제도의 비공식적인 제약의 영향에서 발생한 예산변화이다. 그리고 전쟁 후 복구 지원에 따른 원조대상국의 변화는 기존의 원조예산사용 대상국과의 구조적 관계변화에 따른 것이다.

한편, 그렇다면 미국의 원조예산이 1990년 이전에는 왜 점증적인 변화가 강했는가에 대한 의문이 남는다. 1990년대 이후의 단절적 변화 발생이 지금까지 설명한 것과 같다면, 같은 맥락에서 그렇다면 그 이전의 점증적 변화의 현상은 어떻게 설명될 수 있는가라는 것이다. 즉 간헐적으로 증가방향으로의 단절적 예산변화를 보이는 다른 국가들과는 달리 미국은 대체로 점증적으로 지속되어 온 것에 대한 궁금증이다.

이에 대해서는 미국이 그동안 공적개발원조에 대해 지니고 있었던 입장을 살펴보면 어느 정도 추측이 가능하다(주동주·김학기·김석환·김계환, 2009: 48-49). 미국은 비록 공적개발원조 예산으로 포함되지는 않지만(공적개발원조와 해외원조의 개념 구분에 대해서는 Ⅰ장 참고), 실질적으로는 해외원조를 더 많이 그리고 더 큰 변동(증가방향)을 보이면서 실시해 오고 있다는 주장을 지속적으로 하고 있었다. 이는 크게 네 가지 측면의 주장이 해당된다.

첫째는 국제적인 안보 비용을 미국보다 많이 지출하고 있는 국가는 없다는 것이다. 군사비 지출을 보면 전 세계 비중의 약 41.5%를 차지하고 있다. 전쟁방지 비용과 평화유지 비용은 공적개발원조에서 말하는 개발이나 빈곤타파를 위해서 매우 중요하다는 측면에서 미국이 그에 대해 많은 부분을 차지하고 있다는 점도 고려되어야 한다는 것이다. 따라서 비단 공적개발원조 예산 자체만을 놓고 미국의 안보 비용에 편승하는 국가와의 수평적 비교는 불공평하다는 것이다. 만일 안보 비용(안보유지 비용인 군사원조)까지 모두 포함한다면 GNI 대비 원조예산비율은 물론이고 증가방향으로의 예산변화도 더 많이 발생할 수 있다는 것이다.

둘째는 공적개발원조 대상국가에 포함하지 않는 체제전환국들(동유럽 및 러시아 등)이나 소득 수준이 높은 국가들에 대한 원조도 지원하고 있다는 것이다. 실제로 밀레니엄 도전 기관(Millennium Challenge Corporation)에서는 USAID에서 지원하지 않는 국가들도 지원하고 있다. 그럼에도 불구하고 이들에 대한 추가적인 지원 등은 공적개발원조 예산의 실적으로 반영되지 않는다는 것이다.

셋째는 공적개발원조는 미국의 회계연도가 아닌 달력의 1년 주기를 기준으로 발표되고 있어 통계 산정에 실질적인 실적을 반영하지 못하는 측면이 있다는 것이다. 미국의 회계연도가 9월 30일인 데 반해 OECD/DAC는 연말을 기점으로 통계가 작성되기 때문에 회계연도가 서로 어긋나는 점이 있다는 것이다.

넷째는 미국은 비단 정부뿐 아니라 실질적으로 개인 원조공여자의 금액 비율이 대단히 높다는 주장이다. 오히려 특정 국가의 공적개발원조 전체를 능가할 정도로 미국의 개인 기부자의 공적 기여 및 빈곤퇴치 등을 위한 원조가 이루어지고 있다는 것이다.

따라서 이러한 모든 사항을 고려할 때 미국의 공적개발원조의 예산은 공식적인 통계에서 말하는 예산의 규모 및 증가 변화보다 더 크거나 잦다고 할 수 있다는 것이다. 군사·안보 비용, 공적개발 비대상국에 대한 지원, 통계상 문제, 개인원조액 등에서 '원조'는 계속 이루어지고 있기 때문에 '공적개발원조'의 조건에만 맞는 원조예산에만 관심을 두고 단절적으로 변화시킬 만한 강력한 유인들이 존재했던 것은 아니라는 것이다. '원조'를 급격히 늘리거나 줄이기 위한 유인들이 존재하기는 했겠지만 그것이 반드시 '공적개발원조'의 예산에만 해당되는 것은 아니었던 것이다. 그래서 공적개발원조 활동 기간에 공적개발원조 예산에 대해서는 비교적 점증적인 변화를 보인 것이고, 1990년대 이후에는 앞서 설명한 바대로 포괄적인 해외원조보다 공적개발원조 자체에 대한 활동들의 영향으로 이에 대한 단절적 변화 등이 발생한 것이다.

유상원조 예산변화 패턴의 사례: 일본

유상원조예산은 모든 국가들에서 지속적으로 단절적인 변화를 보인다는 점에서, 이 변화의 패턴과 크게 차이를 보이는 특이한 국가 사례가 존재하지는 않는다. 다만 일본의 경우 전체 공적개발원조예산에서 유상원조예산의 비율이 다른 국가들에 비해 상대적으로 높다는 점과, 전통적으로 유상원조에 많은 관심을 가져왔다는 특징이 있다. 따라서 일본의 사례를 중심으로 유상원조 예산변화에서의 단절적 변화 패턴의 지속성을 살펴보기로 한다. 일본 역시 50년 동안 두 번의 점증적 변화(1976년, 1973년)를 제외하고는 모두 단절적 변화를 보인다.

일본의 공적개발원조 활동의 가장 큰 특징으로 들 수 있는 것은 유상원조에 대한 관심이 다른 국가들보다 상당히 높고 그래서 공적개발원조 예산의 많은 부분이 유상원조로 집행되고 있다는 점이다(OECD, 2010; 강철구·홍진이, 2009; 진상기, 2010). 이러한 일본의 높은 유상원조예산은 원조수혜국의 원금과 이자 상환에 따른 예산변화와 함께 부채탕감 조치에서 비롯되는 단절적 변화가 다른 국가들보다 더욱 자주 발생하게 하는 요인이 된다. 특히 체납전의 원금 및 이자 그리고 체납된 후의 원금 및 이자의 상환과 부채탕감이 동시에 발생할 경우에는 감소방향으로의 단절적 변화

가 더 자주 발생하게 된다. 또 유상원조를 담당하는 일본국제협력
은행(Japan Bank for International Cooperation)은 1997년 이래로 누
적된 채무문제가 심각한 아프리카의 과도한 채무빈국에 대한 유
상원조 자체를 순차적으로 중지하기도 하였다. 그래서 1994년을
기점으로 그 이전에는 증가와 감소 방향으로의 단절적 변화가 함
께 나타났지만, 이후에는 1998년과 1999년, 2008년의 증가 방향으
로의 단절적 변화를 제외하고 모두 감소방향으로의 비교적 큰 폭
의 단절적 변화가 발생하고 있다. 특히 2000년대에는 그 정도가
더 크다. 이는 과거의 원금상환 기간이 도래함과 동시에 원조수혜
국들에 대한 부채탕감조치를 위한 국제적 합의를 이행하는 과정
에서 일본이 과거부터 지속적으로 많은 유상원조예산을 집행한
데서 비롯된 것이라 할 수 있다.

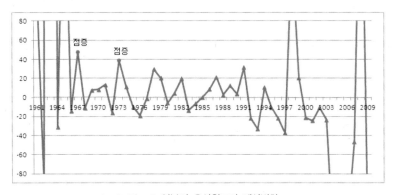

[그림 16] 일본의 유상원조의 예산변화

실제로 <표 25>를 보면 일본의 높은 유상원조 예산지출로 인
한 상환액과 부채탕감의 영향으로 무상원조예산의 변화가 단절적

으로 발생될 가능성이 높다는 것을 알 수 있다. 1960년대의 초기 유상원조에 대한 상환기간이 부분적으로 도래한 1980년대부터 상환액이 차지하는 비율이 그전과 비교해서 크게 늘어났고, 부채탕감에 대한 국제적 합의 이행이 본격적으로 시작된 1990년대 이후 특히 2000년대에는 대규모 유상원조에 따른 부채가 탕감되었음을 알 수 있다.

본래 일본은 부채탕감에 대해 원조수혜국의 도덕적 해이를 조장하는 원인이 된다는 이유로 처음에는 부채탕감과 관련한 국제적 합의 이행에 대해 소극적으로 대처하였다. 하지만 2000년 밀레니엄 개발목표에 대한 국제적인 합의가 도출되어 그에 부응하면서, 또 동시에 전후 자국의 경험(유상원조를 통해 경제를 재건한 경험)은 특수한 것임을 인식하여 현재의 원조수혜국들은 정치적인 불안정과 종족 간의 분쟁 등에 따른 것이므로 이를 다른 측면에서 볼 필요가 있다는 인식에서 양자원조의 13%까지 부채탕감을 실시하기에 이른다(외교통상부, 2007: 229). 유상원조의 비율에서 보면 <표 25>와 같이 그 비중은 더욱 높다. 그렇기 때문에 최근 일본의 지속적인 단절적 예산변화는 주로 감소방향으로 나타나고 있는 것이다.

이처럼 공적개발원조에서 세계 1위의 채권국가라고 불리는 일본은 유상원조의 원금과 이자 등의 상환과 관련된 개발도상국가들의 대규모 채무 문제에 직면하게 되면서 국제적인 합의 이행뿐 아니라 자국의 원조정책 개선을 위한 차원에서도 유상원조에 대한 대응이 필요함을 인식하였다. 따라서 유상원조 제도의 내재적인 특성과 부채탕감이라는 국제적 합의 등의 영향으로 단절적인

예산변화가 발생되었는데, 특히 일본은 유상원조예산 자체의 규모
가 높기 때문에 다른 국가들에 비해 더욱 더 지속적인 단절적 모
습이 강하게 나타나게 되었다.

<표 25> 일본의 유상원조예산에서 부채상환과 탕감의 비율변화

연도	상환액 비율	부채탕감 비율
1960~1969년	2.1%	-
1970~1979년	4.7%	0.009%
1980~1989년	12.7%	1%
1990~1999년	36.5%	4.1%
2000~2007년	376.2%	146.5%

* OECD/DAC 통계자료(International Development Statistics Online DB)

일본이 다른 국가들에 비해 유독 유상원조에 대해 높은 관심을
가지고 있는 것은 과거 세계은행으로부터 전후 복구자금을 제공
받아 경제개발을 추진한 독특한 개발경험으로부터 유래한 것이며
(권율·정지선·박수경, 2008: 170), 또 일본의 공적개발원조의
기본원칙이 원조수혜국의 자조노력을 지원한다는 것이므로 원조
금액을 상환해야 하는 의무를 지닌 유상원조가 원조수혜국의 자
조력을 길러 주기에 부합하다는 것 때문이다(강철구·홍진이, 2009:
235-236). 그리고 일본의 경우 원조활동에서 국민들의 지지를
우선시하는 경향이 있으므로 상환되는 유상원조가 국민들의 지지
를 얻는 데 유리한 면이 있기 때문이기도 하다(OECD, 2010d: 33-
34; 장준호·정복철, 2008: 332-333).[47) 그래서 앞으로도 일본의

47) 국민들의 여론이 더욱 중요하게 된 것은 1986년에 일본의 유상원조를 받는 과
정에서 발생한 필리핀 대통령의 부정부패 사건 때문이다(Lancaster, 2007).

유상원조예산에 대한 높은 관심과 집행은 계속될 것으로 보인다. 그렇기 때문에 앞으로도 일본의 유상원조의 예산변화는 지속적인 단절적 패턴을 보일 가능성이 높은데, 이는 이미 많이 지출된 유상원조예산에 따른 것이기도 하고, 또 특히 앞에서 살펴본 <표 15>의 원조대상국의 수가 다른 국가들에 비해 많다는 점과 <표 21>에 본 바와 같이 원조집중도도 낮은 편(분절성이 높은 편)이며, <표 18>에서와 같이 비구속성의 비율이 높아지고 있다는 것 그 중에서도 <표 20>처럼 다른 국가들에 비해 실질적인 비구속성이 높다는 점 등을 종합해서 볼 때 더욱 그러하다.

2. 다자원조예산의 점증적 변화

국제적 차원

다자원조예산은 초기 단절적 변화를 보이지만 1987년을 제외하고 최근 약 35년간 지속적인 점증적 변화 패턴을 보이는 것을 확인하였다. 이는 무상원조와 유상원조의 예산변화보다는 단절발생의 가능성이 낮은 데서 비롯된 것이다. 즉 양자원조와 비교해서 단절적 변화의 가능성이 낮고 점증적인 예산변화가 지속되는 요인이 존재하기 때문인 것이다. 따라서 지금의 논의는 원조유형 간 예산변화 패턴에 초점을 두고 있기 때문에 앞서 논의한 두 양자원조예산과 비교해서 다자원조 예산변화의 점증성에 대해 살펴본다.

이 역시 국제적 차원과 국내적 차원으로 나누어서 논의될 수 있다.

우선 국제적인 차원에서 살펴보면, 앞서 양자원조 예산변화 설명에서 언급한 바와 같이 그동안 원조공여국들의 핵심 협의기구인 OECD/DAC의 경우 양자 간 원조와 관련된 다양한 지침들은 생산해 온 반면 상대적으로 다자간 원조에 대한 체계적인 지침은 아직 수립한 바 없다(박명지, 2010: 39). 따라서 그동안의 원조공여와 관련된 국가들 간의 국제회의에서 제도의 비공식적인 제약이나 맥락에 따라 영향을 미친 많은 합의와 선언 등은 주로 양자 간 원조에 해당되는 것들이 대부분이었다고 볼 수 있다. 그래서 단절발생의 가능성을 두고 무상 및 유상원조와 다자원조예산을 비교하면 상대적으로 다자원조예산은 국제적인 합의 이행에 따른 변화요인은 적다고 할 수 있다.

그러나 양자 간 원조에서 살펴본 세 가지 측면의 원조예산에 변화를 줄 수 있는 국제적인 합의 중에서 특히 원조효과성에 대한 국제적 선언들과 합의는 양자 간 원조뿐 아니라 다자간 원조활동에 대해서도 지속적으로 강조되어 왔으며, 또 비교적으로 원조공여국의 다자원조 예산지출 변화에 어느 정도 관련될 수 있는 것이라 할 수 있다. 비록 원조공여국이 직접 집행하면서 사용되는 예산이 아니라 간접적으로 사용되는 것이기는 하나 원조예산의 출처가 내국민이므로 다자간 원조예산에도 원조효과성에 따라 변화를 줄 수 있는 여지가 있기 때문인 것이다. 그래서 그동안 원조의 효과성에 대한 여러 회의와 선언들은 비단 양자 간 원조뿐 아니라 국제기구를 통한 다자간 원조에 대해서도 관심을 가져온 것이 사실이다.

하지만 다자원조의 경우는 원조의 효과적 사용의 주체는 국제기구이기 때문에 양자원조와 같이 원조공여국의 원조예산이 원조 사용의 효과성의 유무에 따라 쉽게 변화될 가능성은 적다. 물론 다자기구의 원조 사용의 효과성이 낮다고 할 때 원조예산을 지원하는 원조공여국의 입장이 예산변화 등의 행위로 반영될 수는 있겠지만, 원조공여국이 지출하는 다자기구로의 다자간 원조예산은 원조효과성의 결과에 따른 변화보다는 이미 계획된 분담금으로 지출되기 때문에 다자기구의 원조사용의 효과성 결과에 따른 원조공여국의 다자기구로의 원조예산지출의 변화 가능성은 양자 간 원조보다는 낮다고 할 수 있다.

물론 앞서 언급한 바와 같이 OECD/DAC는 양자 간 원조와 관련된 다양한 지침들을 생산해 왔으나 다자간 원조에 대한 체계적인 지침은 아직 수립한 바 없었지만, 대신 OECD/DAC은 동료검토(Peer Review)나 원조관리(Managing Aid: Practices of DAC Member Countries)와 같은 지침서를 통해 간접적으로 다자협력에 대한 모범관행을 제시해 왔다. 원조관리(Managing Aid)는 원조공여국이 다자기구를 활용하는 데 크게 세 가지 제언을 하고 있다. 그것은 다자간 원조를 담당하는 부처 간 일관성 향상, 전략수립의 중요성, 다자 기구에 대한 평가의 필요성이다(박명지, 2010: 39－40). 하지만 이러한 노력 역시 다자기구가 원조예산의 주체임을 전제한 것이기 때문에 분담금 위주의 원조예산을 지원하는 원조공여국의 다자간 원조예산에 미치는 변화 가능성은 낮다고 할 수 있다.

따라서 원조의 효과성에 대한 국제회의와 선언이 비록 양자 간 원조나 다자간 원조예산 모두에 영향을 줄 수 있는 것이기는 하지만 양자 간 원조예산변화에 상대적으로 더 큰 영향을 준다고 할 수 있다. 원조효과성 평가는 원조공여국가의 원조예산사용의 정당성 근원의 하나가 되었기에 원조효과성 평가에 따라 예산변화(낮은 효과에 따른 삭감 및 중단 등)의 가능성이 높아질 수 있는 것이다. 이러한 원조효과성은 원조예산사용의 국내적 정당성 차원뿐 아니라 국제적 회의에서 강조될수록 원조공여국들의 국제규범의 유행 편승(便乘)과 동형화로 특히 더 영향을 받게 된 것이다.

결국 원조공여국의 다자원조 예산지출은 양자 간 원조예산지출과 같이 직접적으로 운영되는 것이 아니므로, 국제적 차원에서 제도의 비공식적 제약 요인의 중요한 측면인 국제적 선언과 합의가 실질적인 단절적 예산변화를 동반하는 변화를 발생시켰다고 보기는 어려운 것이다. 이러한 유의한 영향 차이가 원조유형 간, 즉 무상 및 유상원조를 포함하는 양자원조예산과 다자원조예산 간의 변화 패턴의 차이를 드러내는 또 다른 모습인 것이다.

국내적 차원

1) 다자원조 예산지출의 제도적 장치

오늘날 개발도상국가들에 대한 원조활동과 같은 국제사회의 다양한 활동에 관한 이해는 단일국가 혹은 해당되는 양 국가 간의 관계만을 파악하는 것으로는 부족하다. 국제적 이슈의 주제가 해당 국가들에 국한되었던 냉전 당시의 안보, 군사 및 정치적 이슈들(High Politics)뿐 아니라 이제는 전 지구적 관심이 필요한 경제·문화·인권·환경 등의 이슈들(Low Politics)이 등장했기 때문이다. 더 이상 한 국가가 자국의 문제를 국가 간의 외교 및 군사 관계만으로는 해결할 수 없고 다양한 행위자들과의 상호 관계와 협력이 필요하게 된 것이다(서창록·이연호·곽진영, 2002: 21). 따라서 국제적인 문제는 해당 국가나 양국 당사자들만의 문제가 아니라 여러 관련자들의 상호 협조체제를 통한 해결이 필요해졌다. 이는 복잡하고 다양한 국제 차원의 문제가 대두되고 있는 현실에서 비롯된 것이다. 그중에서도 특히 빈곤, 저발전, 기아, 질병 등 인도주의적 사안에 대한 국제사회문제는 개별국가들의 힘만으로는 해결하기보다는 국제사회의 협력이 더욱 필요한 영역이다. 다자간 협력을 통해 이러한 문제를 해결하기 위한 국제기구 설립의 필요성이 강조된 것은 바로 그 때문이다(박광섭, 2004: 68-69).

개발도상국가들에 대한 국제사회의 원조활동이 개별 원조공여국의 활동에 머물지 않고 국제기구를 통해 이루어지게 된 것도 이러한 배경에서 비롯된 것이다. 개별 원조공여국가들의 입장에서 보면 직접 원조수혜국에 지원하는 원조예산(양자원조)과 달리 원조 관련 국제기구에 지원하는 이러한 원조예산은 다자원조활동이 되는 것이다. 물론 앞에서 살펴본 공적개발 다자원조활동에 관한 조건들은 만족해야 한다.

원조공여국가들의 원조 관련 국제기구들에 지출되는 공적개발 다자원조예산은 국제기구를 통해 집행(원조제공)이 이루어지기 때문에, 원조공여국가들의 다자원조예산의 변화는 원조공여국이 국제기구로 이동시키는 예산의 변화를 의미한다. 따라서 어떻게 원조공어국가들이 다자원조 항목으로 국제기구에 원조예산을 지출하는지에 대한 이해가 우선 필요하다. 이에 대한 이해는 원조공여 국가들이 다자원조의 예산을 점증적으로 변화시키는지 아니면 단절적 혹은 급변하게 변화시킬 가능성이 높은지에 대해 알 수 있게 해준다.

국제기구는 일반적으로 안보, 경제, 사회 혹은 다른 관련된 분야에서 회원국의 공동목적을 추구하기 위하여 회원국 간의 협력을 촉진할 제도적인 장치(Institutional Machinery)를 제공하는 국가경계를 뛰어넘는 공식적인 제도(Formal Arrangement) 또는 국제협력의 제도화(Institutionalization of International Cooperation), 공통의 목적을 위한 합의를 이끌어 내는 제도화된 수단 등으로 정의된다(Plano and Olton, 1982: 319 – 320; 서창록, 2004: 83; 박광섭, 2004: 68 – 69). 이에 비추어 보면 국제기구에 의한 공적개발 다자원조활동은 개발도상국가들의 개발을 위한(일정한 분야) 원조공여국가들 간(회원국들 간)의 국제적 협력의 제도적 장치인 것이다. 이러한 국제기구에서도 국가의 정책형성과 유사하게 정책의제를 구성하고 정책의제로 편성된 문제는 국제기구의 회의를 통하여 공식적으로 토론에 부쳐지고 결의안 또는 결정안이 제안된다. 이후 표결 혹은 합의 방식으로 최종적인 결의(resolution)나 결정(decision)을 채택한다(박정택, 1996: 294 – 295). 이러한 원조 관련 국제기구들(또는 국제기구 중에 원조정책을 시행하는 경우)의 결의와 결정은 개발도상국가들에 지원할 원조예산결정과 관련 깊다. 이 원조예산은 회원국들인 원조공여국의 다자원조예산에서 비롯된 것이므로 다자원조 국제기구들의 공적개발원조 활동과 관련된 정책결정은 회원국들의 다자원조 예산변화에 영향을 미치게 된다.

원조공여국가들의 원조예산이 국제기구로 유입되는 것(원조공여국에서의 다자원조예산의 지출)은 OECD/DAC에서 정한 국제기구에 회원국으로서 지불해야 하는 분담금(contribution)과 자발적 기여금(Voluntary Contribution) 그리고 출자가 해당된다. 이는 곧 국제기구 예산의 수입 출처이기도 하다.[48] 이 세 가지 형태로 지출되는 원조공여국가들의 공적개발 다자원조예산은 국제기구가 주도적인 집행을 하지만, 그렇다고 해서 모든 경우에 통계상 공식적으로 각 원조공여국가들의 다자원조예산으로 계상되지는 않는다. 그것은 각 회원국들의 원조예산이 국제기구의 어떤 종류의 예산으로 편성되는가에 따라 달라지기 때문이다.

다자원조활동을 수행하는 국제기구의 예산은 크게 정규예산(Regular Resource)과 기타 예산(Other Resources)으로 나누어지는데, 여기서 원조공여국가들의 다자원조 예산지출로 계상되는 것은 정규예산으로 편성되는 예산을 의미한다. 정규예산은 원조공여국이 원조수혜국이나 지역, 분야 등 용도를 지정하지 않은 기여금이 편성된 것으로, 해당 국제기구의 중장기 계획에 따라 사용된다. 이를 핵심기여(Core Contribution) 혹은 미지정 기여(Unearmarked Contribution)라 하며 통계상 공식적으로 공적개발 다자원조로 계상된다. 반면 자금의 목적이나 조건 및 기간, 지원국가 등이 명시된 기금은 비핵심공여 혹은 지정 기여라고 하여 국제기구의 기타 예산으로 편성되며, 이는 통계상 공식적으로 양자 간 원조로 계상된다.

---

48) 물론 이외에도 국제기구의 수입에는 회전기금(revolving 혹은 운영기금), 과세, 영업수입, 차입금과 기채, 기부 등이 있으나 전체 예산에서 차지하는 비율은 미미하다. 한편, 자발적 기여금을 사업 분담금이라고 하기도 한다.

여러 원조공여국가들은 각 다자원조 국제기구에 이러한 핵심기여와 비핵심기여금을 서로 다르게 지출하고 있다(OECD, 2010b; 박명지, 2010: 24−25; 박재영, 2003: 196−220; Rosenthal, 2004: 355−356; Mendez, 1997: 283−286). 따라서 원조공여국들의 공적개발 다자원조는 다자원조의 조건(I장의 내용)에 비추어 볼 때 분담금과 자발적 기여금 그리고 출자 등의 종류에서 특히 미지정 기여금의 형태로 다자원조활동을 하는 국제기구로 지출되는 예산을 의미한다고 볼 수 있다.49)

2) 다자원조 예산지출 과정에서의 점증적 예산변화 가능성

① 다자원조 예산지출로서 분담금

원조공여국가들의 다자원조 예산변화를 보기 위해 각 종류별 예산 지출조건을 살펴볼 필요가 있다. 세 종류의 예산지출 조건은 국제기구의 회원국으로서의 원조공여국가들이 따라야 하는 제도적 규칙이 된다. 우선, 분담금의 경우 특정의 기준에 따라 회원국(원조공여국)들을 사정(查定)하여 규모를 결정한다. 각 국가가 지불하는 분담금은 강제성을 지니고 있기 때문에 원조공여국들의

---

49) 이 세 형태의 자금이 100% 다자원조예산으로 계상되는 것은 아니다. 원조활동과 전적으로 관련된 기구라면 모두 다자원조로 계상되지만 부분적으로 원조활동에 관련된 기구에 대한 분담금은 각 기구마다 달리 정하고 있다. 즉 각 국제기구별 적격계수(Coefficient for Core Contributions)가 있는 것이다. 적격계수는 다자기구의 ODA 적격금액을 산정하기 위한 것으로, 다자기구의 집행금액 중 해당 적격계수와 곱한 금액만큼만 ODA로 인정된다(한국수출입은행, 2009). 예컨대 Food and Agricultural Organization의 경우는 분담금의 51%, United Nations Educational, Scientific and Cultural Organization은 44%가 인정된다(OECD, 2010b).

분담금에 따른 다자원조 예산변화는 자국이 지출하게 되는 분담금의 변화와 관련된다고 할 수 있다. 분담금은 각 국가의 지불능력에 기초하는데, 주요 사정 기준으로 삼는 것이 국민소득이며 그 외에도 재정형편이나 외환사정 등을 고려한다. 이러한 분담률(Scale of Contributions)은 주로 국제연합에서 결정한 것을 다른 국제기구들에서도 그대로 사용하는 경우가 많다. 따라서 원조공여국이 여러 원조 관련 국제기구에 가입되어 있다고 해도 국제연합에서 결정된 해당 국가의 분담률에 따라 다자원조예산을 지출한다고 볼 수 있다. 그렇다면 바로 이 분담률의 급격한 변화가 해당 국가의 다자원조예산의 (단절적) 변화를 나타내는 것이 된다.

그러나 분담률이 급격히 변화될 가능성은 크지 않는데, 그것은 분담률 산정방식에서 알 수 있다. 분담률의 기준연도는 과거 6년의 평균 국민소득과 과거 3년의 평균 국민소득을 합한 것의 평균이 되므로 특정 연도의 국민소득이 급변하더라도 불규칙적 변화를 완화하는 일종의 이동평균(Moving Average) 값을 사용하므로 분담률의 급변은 드문 것이다. 각각 6년과 3년의 평균에 다시 평균을 하기 때문에 더욱 그러하다.[50] 그리고 무엇보다도 OECD/DAC의 경우 선진국에 해당하는 국가들로 주로 구성되어 있는 까닭에 후진국들의 국민소득 변화 정도와 달리 국민소득 자체의 급변은 드물다고 할 수 있다. 국민소득을 고려한 산정방식뿐 아니라 그 외에 고려되는 외채 등에 대해서도 매년 산정근거를 바꾸는 것이 아니라 한 번 결정되면 3년간 그 기준이 유지된다. 이는 사정된

---

50) (과거 6년 평균 GNI + 과거 3년 평균 GNI)/2.

분담률의 급격한 상승이나 하락을 막아 국가 예산 과정의 안정성을 주기 위한 것이다. 그리고 분담률의 산정방식도 6년 단위로 검토가 이루어지기 때문에 단기간의 예산변화에 영향을 줄 만큼의 산정방식의 변화가 잦은 것도 아니다. 결정적으로, 과도한 분담률의 변화를 막기 위하여 분담률 과다변동 제한제도(Scheme of Limits)를 시행하기도 했다(외교통상부, 2008; 대한민국 정책포털, 2008; 박재영, 2003: 202 - 203).

물론 단절적 예산변화가 발생될 소지가 있기도 한데, 대표적으로 분담금을 체납하는 경우이다. 전년도와 달리 지불 자체를 거부해 버리면 그것이 단절적 변화가 될 수 있는 것이다. 그러나 여기에 대해서도 일정한 제도적 장치로 대응하고 있다. 분담금 지불을 미납함으로써 발생하는 불이익 등을 통해 지불을 강제하는 여러 요소들이 그것이다. 대표적인 것이 해당 국제기구의 총회 등에서 투표권을 행사하지 못하게 하는 제재나 이사회 입후보의 자격정지 및 일반적 권리 정지나 제명 등의 조치와 일부 기구의 경우 체납에 대한 이자를 부과하기도 한다. 실제로 이자부과의 경우 수금률(Collection Rate)을 높이는 결과를 보여주고 있다(Mendez, 1997: 295). 그런 점에서 미납해서 발생하는 다자원조예산의 단절적 변화를 최소화하는 장치들도 존재하고 있는 것이다.

이와 같은 국제기구로의 분담금 지불의 강제적 요소에 대한 정당성과 지속성은 공공재적 관점에서 이해될 수 있는데, 그것은 개발도상국이나 저개발국가에 대한 원조활동이 인류사회의 안정과 평화 그리고 공존과 같은 국제공공재(International Public Goods)에 해당한다고 할 때 공공재의 일반적인 속성으로 인해 원조활동이 주는 전 지구적 이익에서 발생하는 무임승차 문제에서 비롯된다. 다시 말해 국제기구의 존재를 공공재 이론적 관점에서 보면 국제기구활동의 성과 이용(향유) 측면에서 발생하는 무임승차 문제 해결을 위해서 회원국들에 대한 국제적 규칙과 규제를 설정하고 회원들이 이를 준수하도록 하며 그에 따른 보상과 처벌 규정을 마련해 놓고 있는 것이다(김진·심승진, 2010: 22; 박재영, 2007: 58-59). 분담금 지불에 대한 강제적 요소가 원조에 따른 인류 공동의 가치실현 공유에서 발생할 수 있는 무임승차를 최소화하기 위한 규정이며, 그것은 분담금 미납이나 체납으로 발생하는 단절적 예산변화 가능성을 낮게 해 주는 역할을 하는 것이다.

따라서 분담금에 의한 원조공여국들의 다자원조 예산변화는 예산결정 구조(분담률 산정방식이나 점증적 지불 이행 방식)로 인해 단절적 변화를 보일 가능성은 낮다고 할 수 있다. 실제로 UN의 사례를 통해 볼 때 원조공여국들의 분담률 변화는 대체로 크지 않다. 한편, 분담률에 대한 상한선과 하한선도 정해져 있기 때문에 미국과 같이 다른 나라에 비해 상당히 높은 분담률을 보이는 국가(또는 그럴 만한 여건이 갖추어진 나라)가 국제기구의 의사결정에서 영향력 행사 강화 목적으로 급격히 높이는 것도 쉽지 않다.[51]

---

51) 국제기구에 대한 분담률과 국제기구의 의사결정과정 간의 영향력에 관한 논의는 또 다른 하나의 이슈로 다루어진다(Rosenthal, 2004). 그러나 그것은 본 논의의 초점에서 벗어나는 주제이다. 이 책에서는 각 원조공여국들의 다자 국제기구로 지출되는 다자원조 예산변화의 단절적인 가능성을 논의하는 것에 초점을 두고 있으므로 이에 대해서는 논의하지 않는다.

② 다자원조 예산지출로서 자발적 기여금

다음으로, 미지정 기여금으로 자발적 기여금 형태와 출자 형태로 다자원조 국제기구로 원조예산이 지출되는 것에서도 원조공여국의 다자원조예산의 점증적 변화 가능성을 살펴볼 수 있다. 자발적 기여금은 앞서 살펴본 분담금과는 달리 원조공여국가들로부터 자발적으로 기여금을 모금하는 것을 의미하는 것으로, 다자원조예산이 단절적으로 변화될 수 있는 주요 요인이 될 수 있다. 분담금의 경우 분담률의 산정방식이나 지불이행의 강제력 등으로 큰 변화가 있을 가능성이 낮지만, 자발적 기여금의 경우는 개별 회원국들의 자발성에 기초하고 있으므로 예산변화 가능성이 높은 것이다. 하지만 크게 두 가지 점에서 자발적 기여금을 통한 다자원조 예산변화도 단절적 변화 가능성이 실제로는 높지 않다는 것을 알 수 있다.

우선, 자발적 기여금은 도덕적 의무감에서 비롯되는 것일 수도 있으나 법률이나 규정에 의해 구속받는 것이 아니기 때문에 언제든지 기여금 제공이 중단될 수 있다. 그래서 회원국들로부터의 자발적 기여금에 크게 의존하는 국제기구들은 자발적 기여금을 제공하는 국가들의 견해를 무시하기 어려운 것이 현실이다(박재영, 2003: 213). 자발적 기여금의 인센티브가 되는 것이 원조공여국의 국제기구를 통한 국제사회에서의 영향력 확대이기 때문이다. 그렇지만 자발적 기여금이 정규예산으로 편성된다면 미지정 기여금이 되므로 자발적 기여금 제공 국가의 영향력은 상대적으로 작아진다. 자발적 기여금을 제공하지 않는 모든 나라들(주로 수적으로 우위에 있는 개발도상국가)의 의견에 따라 예산이 집행되기 때문이다. 그래서 자발적 기여금을 제공하는 원조공여국의 경우 미지정 기여금의 형태보다는 원조수혜국이나 지역 그리고 기간 등 용도를 정해서 지원하게 되는데, 이는 지정 기여가 되어 다자원조예산이 아닌 양자원조예산이 된다. 따라서 자발적 기여금이 전적으로 다자원조예산이 되는 비중은 실질적으로 작아진다. 예컨대 다자원조 관련 기구 중 하나인 United Nations Office on Drugs and Crime에 제공된 회원국들의 2007년도 자발적 기여금을 보면, 미지정 기여는 8.2%에 불과하고 나머지는 모두 지정 기여금이다(박재영, 2007: 505－506). 이 사례에서는 자발적 기여금의 상당 부분이 다자원조가 아닌 것이다. 최근에는 이처럼 미지정 기여가 감소하고 지정 기여가 더 증가하고 있는 추세이다(권율, 2010: 18; 박명지, 2010: 26, 박재영, 2007: 508). 결국 분담금을 포함한 전체 다자원조예산에서 미지정 기여금 형태의 자발적 기여금이 차지하는 비중이 작아지므로 비록 자발적 기여금의 변화가 단절적 예산변화에 주요한 영향을 미칠 수 있다고 하더라도 분담금의 비단절적 변화를 상쇄할 만큼의 영향력이 크다고는 볼 수 없는 것이다.

그리고 비록 자발적 기여금이 큰 비중을 차지한다고 하더라도 자발적 기여금의 안정적이고 예측 가능성을 높이기 위한 제도적 장치들이 실질적인 다자원조예산의 단절적 변화 정도를 감소시킨다. 1997년에 UN을 비롯한 주요 다자원조 국제기구들은 과거의 자발적 기여금의 모금 방식을 1년 단위에서 3~5년 동안 일정 정도의 자발적 기여금이 제공되도록 하는 방식으로 바꾸게 된다(박재영, 2003: 214). 이 방식은 국제기구와 자발적 원조공여국과의 교섭을 통해 국가별로 일종의 쿼터제를 운영하는 것으로 할당의 주된 기준을 국민총생산으로 정하고 있다. 그렇기 때문에 국민총생산의 기준이 최대 5년간 큰 변화가 없다면 비록 자발적 원조라고 하더라도 다자원조예산의 급격한 단절적 변화가 자주 발생하지는 않는 것이다.

요컨대, 비록 자발적 기여금이라고 하더라도 자발적 기여금이 다자원조예신으로 인정되는 미지정 기여금으로 지정되는 비중이 그렇지 않은 경우보다 상대적으로 적고, 국민총생산을 기준으로 3~5년간의 기여금이 지속적으로 제공되기 때문에 단절적 예산변화의 가능성이 '자발적'이라는 기여금의 특성보다는 낮고 또 단절적으로 예산변화가 생기더라도 전체 다자원조예산에 미치는 영향은 크지 않다고 할 수 있다.

③ 다자원조 예산지출로서 출자금

마지막으로, 다자원조를 수행하는 국제기구에 대한 원조공여국가들의 출자금 지출도 원조공여국의 다자원조예산이므로 이에 대해서도 다자원조예산의 단절적 변화가능성을 살펴볼 필요가 있다. 출자금은 일반적으로 회원국의 경제력을 기준으로 할당된다. 출자금으로 운영되는 국제기구 중 하나인 International Monetary Fund 의 경우 출자 할당액은 5년마다 재검토된다(박재영, 2003: 215-216). 출자금은 해당 국제기구의 의사결정과정에서 출자한 국가가 행사할 수 있는 표를 결정하는 역할을 하는데, 그렇기 때문에 관련 이슈에 대한 이해관계가 있는 국가나 출자능력이 강한 국가의 경우 출자 지분을 늘리려고 한다. 따라서 필요시 출자금액을 크게 높이게 된다면 이는 전년 대비 출자금의 급변을 초래할 수 있다.

하지만 출자 지분변경을 위해서는 총지분의 85% 이상의 찬성이 있어야 하므로 지분의 변경이 쉽지 않다. 기존 지분율이 높은 회원국의 견제(반대)나 특정 국가의 지분율이 높아지는 것은 나머지 국가들의 지분율이 낮아지는 것이므로 쉽게 이루어지지 않는 것이다. 이처럼 출자금으로 지출되는 다자원조예산의 경우도 출자금이 경제력에 따라 결정되므로 급격한 경제력의 변화(점증적 변화 기준을 초과하는)가 발생하지 않을 가능성이 높고, 또 그 기준이 매년 달라지는 것이 아니라 5년간 유지되며, 그리고 출자 지분의 변경이 쉽게 이루어지지 않기 때문에 단절적 변화를 보이는 경우가 드물다고 할 수 있다.

이와 같이 원조공여국들이 다자원조 관련 국제기구로 지출하는 다자원조예산은 회원국으로서의 의무에 따르고 권리를 위해 제도화되어 있는 규칙을 따르기 때문에 연도별 예산변화가 크지 않을 가능성이 높다. 이는 다자원조예산을 결정하고 지출하는 제도적 구조의 변화가 크지 않다는 것을 의미한다. 예산결정에서의 기준(base)이 견고하고 그에 따른 기대 충족도 큰 마찰 없이 이루어지는 것이다. 그래서 기준에 의한 점증적 범위 내에서 예산이 변화될 가능성이 높은 것이다. 다만 다자원조 관련 국제기구의 수 증가와 그에 따라 원조공여국들이 새로운 국제기구에 가입하게 되면서 다자원조에 대한 예산의 변화가 점증적이지 않은 모습을 보일 수는 있을 것이다. 그리고 비단 새로운 국제기구의 등장으로 해당 국제기구에 가입하게 되면서 추가적인 다자원조예산이 급변하는 경우뿐만 아니라, 원조공여국들이 기존에 존재하던 원조 관련 국제기구에 점차 가입하게 되면서 다자원조예산이 단절적으로 변화될 수도 있다. 이 점은 다자원조예산의 변화가 최초(초기)에는 단절적인 경향이 몇 차례 있었다는 점에서 확인될 수 있다. 즉 앞서 Ⅳ장에서 분석한 다자원조예산의 단절성 경향에서 살펴보았듯이 1970년대 초반까지 보였던 단절적 예산변화들은 기존의 국제기구나 새롭게 만들어지는 국제기구(국제기구의 수적 증가) 등에 원조공여국가들의 가입이 증가되면서 나타난 것이라 볼 수 있다. 그 후 원조공여국들의 국제기구의 가입에 큰 변화가 없게 되면서 지금까지 살펴본 비교적 안정적인 제도적 규칙 및 규정들에 따라 다자원조예산을 지출하게 됨으로써 점차 점증적인 예산변화를 보이게 된 것이다.

실제로 스위스의 예를 들어 보면, 스위스가 다자원조예산을 지출하는 주요 다자원조 관련 국제기구에 <표 26>과 같이 지출하였다. 2003년에서 2009년간 각 국제기구에 지출된 다자원조예산은 매 연도별 큰 변화를 보이지 않고 있다. 대부분의 국제기구에 매년 유사한 규모의 예산이 지출되고 있는 것을 알 수 있다. 물론 국제기구별로 연도별 예산변화가 거의 없는 것은 아니다. 예산변화는 주로 신탁기금의 설치와 종료에 따른 것인데, 스위스를 비롯한 대부분의 국가들이 단절적 변화를 발생시킬 만큼의 특정 기구나 특정한 신탁기금의 개수를 갑자기 늘리지는 않는다. 물론 예외가 없는 것은 아닐 것이다.

<표 26> 스위스의 다자원조예산의 기관별 배분 실적

기구 명	2003년	2004년	2005년	2006년	2007년	2008년	2009년
UNDP	52.0	52.0	52.0	52.0	52.0	54.0	54.0
UNICEF	18.0	17.8	18.0	18.0	18.0	20.0	20.0
UNRWA	10.8	12.7	10.5	12.5	14.0	15.2	14.0
UNHCR	13.0	13.5	11.0	11.0	11.0	11.8	12.5
IDAb	176.9	176.9	176.9	204.5	200.4	204.2	280.6
AfDB	1.8	1.7	1.7	1.7	1.6	−	−
AfDFb	71.6	35.8	51.2	55.4	54.0	51.3	58.0
ADF	13.9	13.9	13.3	13.3	13.3	13.3	13.2
IIC	1.3	1.1	1.2	1.2	1.2	−	−
GEF	17.7	17.1	16.8	16.1	23.4	28.6	28.3
CGIAR	10.8	11.5	12.0	12.0	12.0	12.2	13.4
GICHD	−	−	8.0	8.0	8.0	7.7	7.6
GFATM	6.6	3.0	5.0	6.0	7.0	7.0	7.0

* 자료: OECD 통계자료(International Development Statistics Online DB)
* 단위: 백만 스위스프랑

그리고 실제 집행된 국제기구별 예산의 변화가 크지 않다는 것
뿐 아니라 앞으로의 예산집행 계획에 대해서도 다자원조예산은
변화가 크지 않으며, 변화가 있다고 하더라도 점증적인 범위 내에
서 이루어진다. 이는 <표 27>에서 보는 바와 같이 2008년 당시
2013까지의 기구별 다자원조 예산지출 계획을 공개한 덴마크의
사례를 보면 알 수 있다.

<표 27> 덴마크의 다자기구별 예산배분 계획

기구 명	2008년	2009년	2010년	2011년	2012년	2013년
UNDP	401.0	371.0	371.0	371.0	371.0	371.0
UNICEF	207.2	207.2	207.2	207.2	207.2	207.2
UNFPA, IPPF	580.0	740.0	720.0	680.0	720.0	680.0
AfDB	20.0	20.0	20.0	20.0	20.0	20.0

| AfDF | 302.4 | 413.4 | 300.4 | 359.0 | 392.0 | 449.0 |
| EC | 507.4 | 550.8 | 601.0 | 626.4 | 643.3 | 636.2 |

* 자료: OECD(2008년 조사 자료)
* 단위: 백만 DKK

④ 다자원조 예산결정에서의 제도적 비용 감소

　다자원조예산의 점증성이 예산 지출과정에서의 제도적 안정성에 비롯된 것은 다른 한편으로 보면, 다자원조 예산결정에서 관련자들의 협상과 협의에 소요되는 제도적 비용이 증가하는 경우가 드문 것과도 같은 맥락이다. 회원국으로서 지불해야 하는 기여금이 일정한 산정방식에 의해 정해져 있기 때문에 내년도 다자원조 예산을 위한 결정에서 정보비용이나 인지비용 그리고 결정비용과 거래비용들이 급격히 증대될 만큼의 제도적 마찰이 발생하지 않는 것이다. 사실, 국제기구에 대한 신자유주의적 제도주의 관점에서 보면 국제기구의 설립이 이러한 제반 비용을 줄이기 위한 것이다. 국제기구를 포함한 다양한 원조 관련 국제제도들은 거래비용을 줄이고 정보의 비대칭성을 완화시키며 준법률적 틀을 제공해 줌으로써, 공여국의 단기적인 이해로 원조예산이 변경되기 쉬운 양자 간 원조보다 더 안정적이고 장기적으로 이루어지도록 해준다(박명지, 2010: 36; 박재영, 2007: 81-82; OECD, 2010b). 국가별로 다자원조 예산지출에서는 정책산출 변화를 위한 신호(정보)의 숫자가 적음은 물론이고 그 숫자의 증가도 쉽게 이루어지지 않으므로 단절적 산출변화를 보이는 급격한 비용 증가 모습이 나타나는 것이 아닌 것이다. 따라서 다자원조 예산결정에서 분담금이나 기여금 그리고 출자금 등과 관련된 제도적 구조변화 정도와

함께 제도적 비용 증가 측면에서 볼 때도 원조공여국들이 다자기
구로 지출하는 다자원조예산의 변화는 단절적 변화보다는 점증적
변화모습을 보이는 것이다.

실제로 이계우·구달회·박찬용(2006)의 경험적 분석에서도 나
타나 있는 바와 같이 다자원조는 원조행정의 인력과 비용 및 재
정적 부담을 절감하는 하나의 수단이 된다. 즉 공적개발원조 예산
을 자국 내에 있는 조직과 인력을 이용하여 집행하지 않고 UN,
세계은행 등 국제기구를 통해 자국의 원조예산을 집행하는 이유
는 원조예산집행에서 발생하는 관련 비용들의 절감 때문이라는
것이다. OECD/DAC 회원국 중 직원 수에 비하여 이미 원조예산
규모가 상대적으로 큰 국가에서 공적개발원조 예산이 계속 증가
하는 경우, 공적개발원조 예산의 집행을 위해 많은 직원을 개발도
상국에 직접 보내서 현장의 상황을 파악하는 등의 평가·점검 업
무 및 국내에서 행정적인 관리업무를 하기란 상당한 부담이 될
것이다. 그렇다고 증가하는 원조예산에 비례하여 직원과 운영예산
을 증가시키면 재정적 부담이 늘어갈 것이다. 그래서 자국의 원조
예산을 직접 집행하기보다는 다자간 원조기구에 신탁기금을 설치
하여 그 집행을 일임함으로써 자국의 행정비용과 재정적 부담을
절감할 수 있기 때문에 다자간 원조방식을 더 선호할 수 있다는
것이다.

이를 위해 이계우·구달회·박찬용(2006)의 연구에서는 통계자
료를 검토한 결과를 제시하고 있는데, 그것은 공적개발원조 관련
업무에 종사하는 직원의 수가 파악되는 국가들에 한해서 이들 국
가의 총 공적개발원조 예산을 관련 직원 수로 나눔으로써 원조

관련 직원 1인당 원조집행 예산규모가 어느 정도 되는가를 분석하였다. 이들이 검토하고자 하는 가설에 따르면 직원 1인당 공적개발원조 집행 예산규모가 큰 국가일수록 그 국가의 전체 공적개발원조 중에서 다자원조기관과 협력하는 공적개발원조의 비중이 커야 될 것이다. 분석결과에 따르면 원조 관련 직원 1인당 공적개발원조 예산규모와 다자간 공적개발원조 비율이라는 두 변수 사이에는 어느 정도 상관관계가 존재하였다. 즉 직원 1인당 공적개발원조 예산이 많은 나라는 다자원조기관과 협력하여 원조를 집행함으로써 자국의 원조행정의 인력과 예산을 절약하려는 유인이 존재한다는 가설을 부인하기 어렵다는 것이다. 이처럼 국제기구로의 다자원조를 통해 다양한 제도적 비용을 최소화하는 것은 제도적 마찰 유인이 적다는 데서 비롯된 것이므로 단절적 변화의 가능성은 낮은 것이다.

결국, 국가들의 국제기구 등을 통한 협력은 스스로 달성하기 힘든 중요한 목적을 달성하기 위한 것이며 그중 하나가 국제 차원의 빈곤문제이다. 빈곤 해결을 위한 원조활동에 초점을 둔 국가들의 이러한 협력은 국제기구의 협의 과정을 거쳐 이루어지므로 협력 내용에 대한 시간적 지속성을 높여주고 해당 국내 정책에 대한 정보 제공 등 국내 정책 결정에 중요한 영향을 미친다(Lairson and Skidmore, 1997: 128−129). 그런 점에서 국제기구를 통한 공적개발 다자원조는 회원국들의 원조예산결정에 영향을 주면서 지속적으로 활동이 이루어지게 한다. 즉 협약이나 제도적 규칙에 따른 원조예산부담 정도를 결정한 것은 국내에서 국제기구로 이동할 예산에 영향을 미치며, 그 결정 사항은 한시적인 것이 아니라 회원으로서 지속되는 것이다. 그렇기 때문에 지속적 활동을 유지할 수 있도록 급격한 예산부담이 결정될 가능성은 낮다. 따라서 공적개발 다자원조예산은 국제기구로의 자금이동에 대한 제도적 규칙(분담금 산정 방식, 지불불이행 방지를 위한 제도적 장치, 자발적 기여금의 지정 기여금화 현상, 자발적 기여금의 일정 정도의 지속성 확보 장치, 출자금 변동방식의 제한 장치 등의 방법, 그 외 기타 장치들)이나 비용 등의 측면에서 볼 때 단절적 변화 가능성은 낮다고 볼 수 있다. 물론 원조 관련 국제기구나 원조활동을 추가하는 기존의 국제기구 수의 증가와 그 국제기구에 가입하는 경우가 증가할 때에는 원조공여국의 다자원조예산에 단절적 변화가 발생할 가능성은 높아진다는 점은 배제할 수 없다. 하지만 앞서도 언급했듯이 이는 주로 원조활동의 초기에 해당되었으며 이 책의 분석결과에서도 확인했었다. 그러나 그 이후에는 점증적인 예산변화를 보이는 것이 공적개발 다자원조예산의 전반적인 변화 패턴의 모습이다.

다자원조 예산변화 패턴의 사례: 덴마크

공적개발 다자원조예산은 초기에 단절적 변화를 보인 이후 지속적으로 점증적인 변화를 보이고 있다. 이에 대해서는 국제기구 등으로 원조예산이 이동하는 제도적 장치들에서 비롯된 것으로 양국 간에 직접적으로 원조예산이 이동되는 양자 간 원조보다는 단절적인 변화를 유인할 요소가 적은 데서 비롯된 것이다. 그래서 OECD/DAC 전체 국가를 포함해서 분석한 결과나 개별 국가들을 분석한 결과에서도 단절발생의 정도는 초기 국제기구의 가입에 따른 단절적 변화를 제외한다면 양자 간 원조보다 더 낮은 단절적 변화를 보이고 있다. 즉 국가별로 미세한 차이가 없는 것은 아니지만, 전반적으로 보면 OECD/DAC 전체 국가를 포함해서 분석한 것과 개별 국가들의 모습에서도 유사한 모습을 보이고 있음을 확인했다.

여기서도 원조유형 간 예산변화 패턴의 차이 비교에서 나아가 예산변화 패턴에서 보이는 단절시점에 대한 설명을 시도한다. 단절발생의 시점들에 대해 국가 사례를 중심으로 좀 더 구체적으로 살펴보는 것이다. 단절시점에 대한 설명이란 예산변화 패턴이 어떠한가에 따라 단절이 발생하는 이유들에 대한 설명일 수도 있고, 지속적으로 점증적인 변화가 되는 즉, 단절이 발생되지 않은 이유들에 대한 설명일 수도 있다. 다자원조 예산변화의 덴마크 사례에 대한 설명은 후자에 해당된다.

덴마크는 Ⅳ장에서 알 수 있었듯이 OECD/DAC 전체를 포함하여 분석한 다자원조 예산변화 패턴의 모습보다 단절성의 정도가 낮을 뿐 아니라 단절확률도 낮다. 그리고 단절횟수도 적으며, 단절경향에서 점증적 변화를 보이는 시기도 길다. 따라서 덴마크의 다자원조 예산변화의 패턴은 OECD/DAC 전체 국가를 포함해서 분석한 패턴의 결과나, 개별 국가들의 분석결과와 비교할 때 상대적으로 더 강한 정도의 점증적인 예산변화 패턴의 모습을 보인다고 할 수 있다. 단절적 변화를 보인 시기는 아래 [그림 17]에서 보듯이 1967년, 1969년, 1971년, 1978년, 1984년이고, 그 이후부터는 지속적으로 점증적 변화를 보이고 있다.

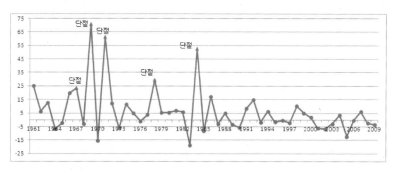

[그림 17] 덴마크의 다자원조의 예산변화

덴마크 역시 단절적 변화가 원조활동 초기에 집중되어 나타나는 것은 OECD/DAC 전체 국가들의 분석이나 여타 국가들의 분석과 동일하다. 이러한 경향은 앞서 전체 국가들에 대한 설명에서와 마찬가지로 당시 다자원조활동을 하는 국제기구들의 설립에 따른 가입 증대와 기존 국제기구들의 다자원조활동에 따른 추가적인 다자원조 예산지출 등에 따른 것이다. 덴마크 역시 이와 같은 이유가 해당된다. 여기에 추가하여 덴마크의 경우는 공적개발원조활동 초기부터 원조예산 자체의 증액을 위해 노력해 왔다는 사실에서도 초기의 다자원조 예산변화에 단절적 변화가 발생하였다고 할 수 있다.

1960년대에 덴마크는 경제 규모에 비해 가장 적은 규모의 원조공여국이라는 OECD/DAC의 비판이 있었다. 그 비판의 근거는 덴마크의 원조규모는 GNI의 0.13% 정도이며, 이 수치는 당시 OECD/DAC 전체 평균치인 0.48%보다도 낮을 뿐 아니라 덴마크보다 낮은 국가는 3개국뿐이라는 것이었다. 물론 이 비판이 원조예산증대의 유일한 결정적인 이유라고 단정 지을 수는 없지만,[52] 1960년대 후반부터 1970년대에 이르기까지 기존 원조규모의 3배에 가까운 원조예산을 늘리게 된다(Lancaster, 2007: 192-193). 그래서 국제사회에 원조규모 증대를 위한 권고사항이었던 GNI 대비 0.7%도 달성하게 되었다.

여기서, 한 가지 의문은 덴마크의 공적개발원조 예산의 증대가 다자원조예산의 증대에 특히 영향을 준 것에 대한 것이다. 물론 원조예산의 증대가 다자원조예산의 증대로 이어지는 것은 아니며, 오히려 다자원조예산의 점증성에 대한 앞의 설명에서와 같이 다자원조예산보다는 양자 간 원조에 더 큰 영향을 주는 것이 사실이다. 덴마크 역시 마찬가지이다. 하지만 한 가지 특징적인 것은 원조활동 초기에 덴마크는 다자간 원조에 더 큰 비중을 두었다는 점이다. 이는 <표 28>에서 확인할 수 있는데, 1960년대에 덴마크의 다자원조예산의 비중이 67.7%에 이르고, 이는 노르웨이(69.7%)에 이어 두 번째이며, OECD/DAC 회원국들의 평균인 31.2%의 두 배 이상이다. 이처럼 북유럽의 소국인 덴마크가 국제사회에서 자국의 영향력을 확대하고 입지를 강화하기 위한 수단으로 다자원조를 적극적으로 활용한 것이다(정지원 외, 2010: 60). 그래서 당시의 원조예산증대를 위한 노력이 양자원조예산보다 오히려 다자원조예산에 더 초점이 맞추어진 것이다. 따라서 덴마크는 원조활동 초기에 다자기구에 대한 가입 등과 관련한 요인뿐 아니라 원조예산증대를 위해 다자원조에 초점을 두었다는 점에서도 1967년, 1969년, 1971년, 1978년의 단절적 변화가 설명될 수 있다.

---

52) 앞서 국내 사회민주적 속성과 원조와의 관계에서 논의한 바와 같이 전략적인 이유도 존재할 것이다.

국가	1960~1969	1970~1979	1980~1989	1990~1999	2000~2009
호주	11.7	15.8	27.9	24.6	17.8
오스트리아	53.9	50.7	27.1	44.2	36
벨기에	16.7	29.6	36.9	41.5	35.9
캐나다	26.4	34.1	35.8	32	26.7
덴마크	67.7	45.2	46.8	42.2	36.7
핀란드	–	57.5	39.7	39.8	41.4
프랑스	6.3	19.5	22.8	23.6	34.1
독일	16.1	30.7	32.1	36	38.7
그리스	–	–	–	72	52.2
아일랜드	–	80.4	60.4	47	32.8
이탈리아	23.3	67.2	47.4	50.6	63.4
일본	13.4	25.4	31.8	23	28.8
한국	–	–	90.9	46.1	30.1
룩셈부르크	–	–	78.5	34.3	27.2
네덜란드	35.1	30.5	29.5	30.1	27.6
뉴질랜드	–	21.8	20.6	21.7	23
노르웨이	69.7	49.5	41.8	31.3	26.9
포르투갈	–	–	52.8	28.1	38.4
스페인	–	–	33.2	34.9	38
스웨덴	64.3	41.5	31.6	29.3	30.6
스위스	38.8	40.8	27.3	27.9	24.5
영국	13.6	34.7	42.8	44	34.9
미국	11	25	26.1	26.6	15.7
평균	31.2	38.9	40.2	36.1	33.1

* 자료: OECD/DAC 통계자료(International Development Statistics Online DB)
* 단위: %

그리고 덴마크는 1980년대에 다시 원조예산을 GNI 대비 1%까지 증대하기 위한 정부 차원의 원조정책의 목표를 설정한다. 이목표 달성을 위해 다자원조예산과 양자원조 등 전반적인 원조예산증액에 관심을 두게 되었으며, 그 결과 1992년에 목표를 달성하게 된다. 물론 이때는 1960년대와 1970년대에 비해 다자원조예산의 비중이 감소되고 원조예산증액을 위한 초점이 주로 양자 간 원조에 있었기 때문에 다자원조예산에서 단절적 변화를 동반하는 정도의 증가 현상이 발생하지는 않았다. 그러나 1980년대의 GNI 대비 1% 달성이라는 목표가 1984년의 다자원조예산의 단절적 증가 현상에 일정 부분 영향을 준 것은 사실이다.

이처럼 덴마크의 다자원조예산은 원조활동 초기에 다자원조예산의 비중이 높은 상태에서, 원조예산증대를 위한 노력에 따라 원조예산의 전반적인 증가추세에서 다섯 번의 단절적 증가를 보였다. 물론 [그림 17]에서 보는 바와 같이 점증적인 감소를 보이는 등 항상 증가를 보인 것은 아니다. 하지만 원조예산증대를 위한 덴마크 정부의 노력으로 인해 다자원조에 관심을 둔 당시의 상황에서 단절적 증가로의 예산변화가 발생할 가능성이 더 높았던 것이다. 그래서 단절적 증가로의 특징이 다른 변화들(점증이나 감소)보다 더 부각된다고 할 수 있다.

하지만 덴마크의 다자원조 예산변화 역시 OECD/DAC 전체를 포함한 다자원조예산의 변화 패턴과 같이 원조활동 초기에 단절적 예산변화모습이 발생한 후, 그 이후에는 지속적인 점증적 변화를 보인다. 이는 다자간 원조예산의 점증적 변화를 설명한 앞의 설명들(다자원조 예산지출의 제도적 장치의 안정성 등)이 덴마크의 경우에도 해당되기 때문이다. 그에 덧붙여 덴마크는 다음의 이유들에서도 다자원조예산의 점증적 변화 패턴이 유지되었다고 볼 수 있다.

그것은 덴마크의 다자원조 예산지출의 원칙에서 찾을 수 있다.

덴마크는 다자원조예산에서 지속적이고 장기적인 다자원조 예산 지출을 강조하고 있다(Danida, 2008). 이를 위해 다자원조 예산지출 대상 기관수를 최소화하는 전략을 세우고 있는데, 이는 다자기구에 추가적으로 가입함으로써 발생하는 단절적 예산증가나 혹은 탈퇴함으로써 나타나는 단절적 예산 감소현상이 발생할 가능성의 감소를 의미한다. 이러한 원칙에 따라 덴마크는 다른 국가들에 비해 특정한 다자원조 기구에 중점적으로 예산을 지출하며 지속성을 유지하고 있다. 특정한 다자원조 기구에 지속적으로 예산을 지출하는 것은 큰 변동이 없는 분담금 지출 등의 다자원조 예산지출의 제도적 장치에 의해 안정적으로 예산이 지출된다는 것을 의미한다. <표 29>에서 보듯이 덴마크는 전통적으로 UN을 통한 다자원조 예산지출에 높은 비중을 두고 있다. 그렇기 때문에 UN 회원국으로서 지출되는 다자원조예산의 제도적 장치의 변화가 급변되지 않는다면 그에 대한 예산지출의 변화도 급변되지 않는 것이다. 따라서 다자원조예산의 점증적 패턴이 유지되는 것이다. 이러한 덴마크의 다자원조예산의 점증적 지출 패턴은 앞서 살펴본 <표 27>에 나와 있는 2008년에 공개된 2013년까지의 각 기구별 다자원조 예산지출 계획에서도 확인된다.

<표 29> 덴마크의 다자기구별 원조예산지출 현황

다자원조 예산총액 및 다자기구	1960~1969	1970~1979	1980~1989	1990~1999	2000~2009
다자원조 예산총액	1,190.33	3,899.58	7,531.23	10,292.47	10,337.99
UN Agencies	795.54	2,686.91	3,866.98	4,750.09	4,101.91
European Union	0	267.26	1,125.92	1,441.97	2,301.16
IDA	263.75	642.5	1,109.18	1,187.46	967.29
AMCs, IBRD, IFC, MIGA	113.08	70.42	143.93	209.89	347.12
Regional Development Banks	0	1	189.27	554.44	750.92
GEF	0	0	0	49.82	126.73
Montreal Protocol	0	0	0	21.21	16.47
Other Agencies	7.17	131.01	1,095.95	2,077.57	1,726.34

* 자료: OECD/DAC 통계자료(International Development Statistics Online DB)
* 단위: 백만 달러
* 10년간 총액을 나타낸 것임

VI

원조예산의 패턴 발견은

어떤 의의를 주는가?

1. 예산연구와 원조정책에 주는 의의

예산연구에 주는 의의

지금까지 논의한 공적개발원조의 유형별 예산변화에 대한 패턴 분석과 패턴 간의 차이에 대한 이 책의 분석결과는 크게 두 가지 측면에서 네 가지의 함의를 제공해 주고 있다. (1) 예산연구 측면에서의 함의와 (2) 원조정책 측면에서의 함의가 그것이다. 세부적으로 보면, 예산연구 측면에서는 예산이론 적용의 확대, 예산이론의 발전적인 대안 제시, 예산연구에서 패턴 분석에 대한 방향제시 등을 들 수 있고, 원조정책 측면에서는 유형별 원조예산에 대한 심층적이고 새로운 이해와 그에 따른 원조정책시행에서 고려할 정보 제공 등을 들 수 있다. 이러한 연구의 함의들은 지금까지 분석한 결과를 기술하고 설명하는 과정에서 도출된 것이며, 앞으로 이론적(이론적 연구 분야)으로나 현실적(현실적 정책 분야)으로 유용할 것으로 기대된다.

우선 예산연구 측면에서 볼 때, 첫 번째로 이 책의 분석결과는 예산이론의 적용을 확대하였다는 점에서 의의를 지닌다고 할 수 있다. 예산이론 적용의 확대란 예산이론이 적용된 분석대상의 사례가 기존연구들에서는 거의 다루어지지 않았던 분야였다는 점과, 단절균형 예산이론의 적용범위가 기존연구들보다 더 포괄적이었다는 점이다. 전자는 지금까지 예산이론에서 공적개발원조 예산을 구체적인 사례로 선정하여 중점적으로 분석한 연구가 거의 없었다는 점과, 그중에서도 이 책에서 특히 관심을 가지는 단절균형 예산이론의 적용 사례로서 공적개발원조 예산을 적용한 사례도 없었다는 것을 동시에 의미한다. 후자는 기존의 단절균형 예산이론의 적용이 주로 특정 국가 내(중앙 혹은 지방정부)에 한정되거나 일부 Breunig, Koski and Mortensen(2009)의 연구와 같이 두 국가 간의 비교연구를 하는 정도였지만, 이 책에서는 OECD/DAC 국가 전체를 분석대상으로 삼았다는 점에서 적용범위가 더 포괄적이라는 것을 의미한다.

이러한 시도는 예산이론의 적용범위가 더 넓어질 수 있는 것을 보여주기도 하지만, 다른 한편에서 본다면 원조연구에서 단순히 원조규모가 증가 혹은 감소되는가를 고찰하는 데서 나아가 예산이론을 적용하여 공적개발원조 예산규모의 변화를 예산이론적 관점에서 분석해서 유용한 정보를 얻을 수도 있음을 의미하는 것이기도 하다. 따라서 예산연구를 중심으로 본 관점에서는 공적개발원조 예산을 구체적인 분석사례로 선정함으로써 예산이론의 다양한 현실적 적용 가능성을 시도하여 적용사례를 넓히는 것이 되며, 동시에 원조연구에서는 예산이론적 배경에 기초해서 원조예산의 변화가 의미하는 바를 고찰할 수 있게 해 주는 것이다. 이는 결국 기존 예산이론이 되었든 또 다른 대안적 예산이론이 되었든 예산이론의 현실적 적절성을 확인하는 기회를 넓히는 하나의 시도라 할 수 있고, 그런 점에서 이 책이 그에 부합하는 한 사례를 분석한 것이라 할 수 있다. 앞으로도 지배적인 예산이론이든 대안적인 예산이론이든 이론의 타당성과 신뢰성 확보 차원에서 현실의 다양한 영역에 적용될 필요가 있고 또 그 과정에서 다양한 적합 증거와 부적합 사례들을 확인하는 것이 중요하다. 이는 궁극적으로 예산연구에서 이론발전의 밑거름이 될 수 있을 것이다. 이 점은 이어서 논의할 두 번째 함의와 관련된다.

두 번째 예산연구에서의 함의는 예산이론의 발전적인 대안을 제시하였다는 점이다. 이 책에서는 공적개발원조 예산에 대한 분석에 비교적 최근의 예산이론이면서 기존의 지배적인 예산이론인 점증주의 예산이론을 수정 및 보완한 단절균형 예산이론을 적용하여 그에 기초하여 결과를 도출하였다. 물론 이 책에서 전적으로 단절균형 예산이론만을 적용한 것은 아니고 점증주의 예산이론을 일부 수정하여 함께 이론적 배경으로 활용하였다. 그 결과 공적개발원조의 유형별 예산변화는 단절균형 예산이론(무상원조)과 수정된 점증주의 예산이론(다자원조) 각각에 부합하는 패턴을 보이는 것으로 나타났다. 하지만 공적개발 유상원조는 두 이론을 적용하기에 부적합한 것으로 나타났는데, 그것은 지속적인 단절을 보이는 패턴이었기 때문이다. 이는 점증주의의 단점을 보완하고 등장한 단절균형 예산이론에 대한 현실 적용의 유용성에 대해 일정 부분 의문을 제기할 수 있는 여지를 남긴다. 물론 이 의문을 이 책에서의 단편적인 사례에만 해당되는 것이라고 쉽게 여길 수도 있겠지만, 사회과학에서의 이론 발달 과정에 비추어 볼 때 예산이론의 또 다른 발전적인 대안을 제시해 줄 수 있는 하나의 계기가 될 수도 있다고 보인다.

구체적으로, 비록 한 이론이 참(true)이라고 말하는 것이 적절하지 않다고는 하더라도 그 이론이 그 이전의 이론보다 상대적으로 더 좋은 이론이고 가장 유용하다고는 할 수 있다. 그런 점에서 단절균형 예산이론도 예산변화를 설명하는 지금까지의 이론 중에서 유용한 이론 중 하나라고 할 수 있다. 그러나 항상 참이라고는 볼 수 없으므로 그에 부합하지 않는 사실이 관찰될 수 있다. 따라서 예산이론에서도 반증 가능성을 열어 두어 좀 더 발전적인 예산이론의 대안들이 나타날 수 있는 계기를 이 책이 마련할 수도 있을 것이다. 물론 여기서 말하는 발전적인 대안이 점증주의를 보완한 단절균형 예산이론의 등장에 버금가는 정도의 형태를 지닌 이론의 등장을 의미한다고도 볼 수 있지만, 그보다는 단절균형 예산이론에서의 부분적인 수정이 될 수도 있다. 예컨대 생물학자들이 특정한 유기체를 선택해서 전반적인 유기체를 연구하는 것은 해당 유기체가 모든 유기체를 대표하기 때문이라기보다는 그 유기체를 사용하여 더욱더 효과적으로 연구가 이루어질 수 있기 때문에 선택한 것과 같이(Ostrom, 1990: 26), 마찬가지로 단절균형 예산이론이 공적개발원조 예산변화를 모두(세 유형) 설명할 수 있는 이론이라고는 할 수 없다. 하지만 그렇다고 해서 단절균형 예산이론이 일반적인 예산변화를 설명하는 데 갖는 핵심적인 사항을 간과해서는 안 되며, 오히려 점증, 단절, 단절균형적 예산변화 특성 모두가 단절균형 예산이론 자체에서 논의가 불가능한 것은 아니기 때문에 유상원조의 단절적 특징을 단절균형 예산이론에서 추가적으로 설명하려는 시도를 하는 것(방안을 마련하는 것)이 더 적절하다고 할 수 있다. 따라서 이 책의 결과가 단절균형 예산이론의 탄생에 버금가는 또 다른 대안적인 예산이론의 가능성을 보여주기도 하며 또는 단절균형 예산이론에서 지속적인 단절현상을 설명할 수 있는 설명기제를 추가적으로 포함할 필요성을 제기해 주기도 한다는 점에서 예산이론의 발전적인 논의의 기회를 제공해 주고 있다고 할 수 있다.

세 번째 함의는 패턴 분석에 초점을 둔 예산연구를 할 때 이 책이 하나의 선례가 될 수 있다는 점이다. 서론에서도 언급했듯이 예산연구에서 패턴에 대한 연구는 예산의 모든 것을 설명하려는 유일의 예산모델에만 얽매이는 데서 오는 문제를 완화할 수 있는 현실적인 대안일 수 있다. 그러나 문제는 그동안 예산의 패턴을 어떻게 도출할 것인가에 대한 진지한 논의는 물론이고 그에 대한 방법론적 합의가 마련되지도 않았다는 점이다. 그런 점에서 이 책에서 사용한 예산의 패턴 연구방법은 하나의 방안이 될 수 있다. '단절균형 예산이론'에 기초해서 예산의 '변화정도'를 패턴 구분의 기준으로 삼는 것이다. 물론 여기서 단절균형 예산이론을 패턴 분석에 활용하였다고 해서 유일의 예산이론을 적용한 것을 의미하는 것은 아니다. 분석 과정에서 점증주의와의 상호 관련성에 기초해서 적용하기도 했으며, 분석결과에서도 단절균형 예산이론에서 설명되지 않았던 현상이 관찰되기도 하였다는 점에서 단절균형이론이 예산현상을 설명하는 데 단독으로 사용된 것은 아니다. 다만 예산현상들 중 예산변화에 기초한 패턴을 분석할 때 유용한 기준 제공의 역할을 한다는 것을 의미한다. 따라서 패턴 연구 자체는 유일의 예산이론에 기초한 예산연구와의 차별성을 보이는 방법이지만, 한편으로는 예산패턴을 일정한 기준에 의해 구분하거나 설명하고자 할 때는 현존하는 예산이론 중 연구자가 분석하고자 하는 사례에 대한 설명의 적절성이 높은 예산이론을 배경으로 분석하는 것이다. 그런 점에서 이 책은 기존의 예산연구와 달리 패턴 연구가 지니는 의미를 설명해 주면서 동시에 패턴연구에서 활용될 수 있는 이론적 배경으로 단절균형 예산이론의 적절성을 보여주는 것이라 할 수 있다. 그리고 예산의 어떤 측면에서 패턴을 규정지을 기준을 마련할 것인가와 관련하여 예산의 변화에 초점을 두고 할 수 있다는 점도 보여주는 사례라 할 수 있다. 따라서 이 책이 예산패턴 분석의 한 가지 방법론적 사례를 제공한다는 의의를 지닌다.

원조정책에 주는 의의

네 번째 함의는 원조활동 및 정책과 관련한 것으로, 우선 공적개발원조 활동을 다각적인 면에서 이해하는 데 유용한 정보 도출과 그에 따른 정책적 함의를 제공해 주고 있다는 점이다. 무엇보다도 공적개발원조 예산의 유형별 분석이 이루어졌기 때문에 단순히 전체 원조예산의 경향이나 특징을 기술하는 데 머물지 않고,

원조유형별로 원조예산의 변화가 어떻게 이루어지고 있는가에 대한 분석에서 도출된 패턴을 기술하고 유형별 패턴의 차이를 설명함으로써 원조활동에 대한 새로운 이해를 돕는다. 이러한 원조유형별 예산변화의 패턴 차이와 패턴 차이에 대한 이유 설명은 원조 관련 정책들을 결정하고 실행할 때 원조유형별로 접근방식을 다르게 할 필요성을 보여주고, 동시에 원조예산변화에 대한 증감 논의에서도 원조유형별 제도적 차이에서 기인한 예산변화 패턴을 참고할 필요성을 보여준다. 예컨대 다자원조와 달리 양자원조예산의 경우 일관적이지 못하고 단절적 현상이 간헐적으로 발생해서 계획된 원조예산이 집행되지 않는 등의 비효과성이 지적된다면, 그 이유를 양자원조의 단절적 발생 가능성이 다자원조보다 높은 이유를 이 책의 연구결과와 같이 설명하고 그에 대한 방안을 원조수혜국과의 관계에 관심을 두고 모색하거나 국가 내의 높은 분절적 원조결정 및 집행에 대한 개선에 초점을 두고 제시할 수 있을 것이다. 공적개발원조 예산의 분절성과 관련하여 우리나라의 예를 들면, 2008년과 2009년에 양자원조를 실시한 부처 및 기관이 각각 37개와 36개로 원조예산의 분절성이 높으며, 연도별로 전년도에 실시한 부처나 기관이 이듬해에 실시하지 않는 경우도 있고 규모의 변화도 발생하고 있어 단절적 변화가 발생하고 있다고 볼 수 있다(한국수출입은행, 2009). 따라서 이러한 현상을 함께 진단함으로써 유형별 원조예산변화의 차이를 이해시키고 그에 따라 정책을 마련할 수 있을 것이다.

원조유형별 예산변화 패턴에 따른 차이를 살펴본 이 책의 연구결과가 주는 원조활동의 이해에 대한 함의는 이뿐만 아니라 원조활동의 국내복지체제와의 관련성에서도 찾을 수 있다. 그동안 국내복지체제의 국제적 원조활동으로의 상관성이 원조와 복지가 추구하는 가치의 유사성으로 인해 단순히 같은 방향으로만 작용되고 있는 것으로 논의되어 왔지만, 이 책에서는 이에 대해 새로운 측면의 증거제공의 기능과 함께 부분적인 수정이 필요함을 제시해 준다. 원조예산의 정적인 규모의 다소(多少)뿐 아니라 원조예산의 동적인 변화의 대소(大小)와 사회민주적 성향의 복지체제와의 관계를 분석하였다는 것과, 원조유형별로 방향성이 다르거나 상관성이 없다는 연구결과가 그것을 말해 준다. 국제적 원조활동의 국내적 토대로서 복지가 원조유형별로 차이를 보이는 것은 원조유형별 예산변화의 차이를 다른 측면에서도 그 유의성을 지니고 있음을 확인해 주는 동시에, 둘의 관계를 살펴볼 때 원조의 유형에 따라 다른 고려가 필요하다는 것을 의미한다. 주로 무상원조의 국내적 토대로서 사회민주적 성향의 복지체제가 유의하게 기능하고 있는 것을 알 수 있다. 따라서 국내적 복지토대 마련의 중요성을 세계화 시대의 국가 위상제고의 한 사례가 되는 원조활동과의 연계성과 관련지어 정당성을 얻고자 할 때나, 역으로 국내복지 제도의 확대에 따라 외국사례와 비교하여 국내적 복지 토대에 걸맞게 원조예산확대의 필요성을 강조할 때, 원조유형별 구분 없는 주장들은 잘못된 것이라 할 수 있다. 원조유형별 의미하는 바가 다름을 고려하는 것이 더 정교한 논의가 될 수 있을 것이다.

2. 한계와 미래과제

하지만 연구의 한계 역시 존재한다. 단절균형 예산이론을 중심으로 예산변화의 패턴을 도출하고 패턴 간의 차이를 설명했지만, 그래도 여전히 의문에 남는 것은 각 유형별 단절시점에서 발생하는 검은 백조(Black Swan) 출현의 원인을 모두 밝혀내지는 못했다는 것이다. 물론 이 점에 대해서는 이 책이 원조유형별 패턴 차이에 중점을 두었다는 점에서 이 책의 방향 및 관심과는 차이가 있기 때문에 논외로 취급할 수도 있다고 대응할 수 있고, 또 각 패턴에서 몇몇 국가들의 사례를 논의했던 부분에서 단절시점을 중심으로 단절경향에 대한 검은 백조 출현에 대해 간략히 논하기도 하였다고 말할 수 있을 것이다. 그러나 단절적 현상 연구에서 단절발생 시점의 원인 규명은 또 다른 의의를 지닌 과제라 할 수 있다. 그런 점에서 각 유형별 단절시점에서의 모든 검은 백조 출현의 원인 분석까지 이루어지지 못한 것은 일정 부분 한계로 남는다. 그리고 이 책이 개별 국가의 예산변화 패턴에 대해서는 구체적인 국가별 사례를 모두 고려할 만큼의 관심을 두지는 않았다는 한계도 지니고 있다. 특징적인 국가들을 중심으로 논의를 진행하기는 했지만 모든 국가들을 세밀하게 다루지는 못한 것이다. 이에 대해서는 거시적 측면에서 전체 국가의 전반적인 원조유형별 예산변화의 패턴 차이를 살펴보는 것이 이 책의 주요 관심 범위였기 때문에 한계를 인정하는 바이다.

이러한 연구의 한계들은 앞으로 새로운 연구과제가 될 수 있을 것으로 보인다. 원조유형별로 단절현상 시점의 검은 백조 출현의 원인을 탐구하거나, 개개의 국가별로 원조유형별 패턴 차이의 정도를 비교하는 연구가 바로 그것이다. 나아가 이 책은 OECD/DAC 회원국에 초점을 두었지만 더 포괄적으로 비(非) OECD/DAC국가들을 포함한 연구도 가능할 것이며, 원조공여 주체를 NGO에 초점을 두고 분석할 수도 있을 것이다. 또 개별 원조공여국이 분석단위가 되는 것이 아니라 다자원조 국제기구들을 분석단위로 삼을 수도 있을 것이다. 그리고 한국의 경우에는 현재 대북지원예산이 공적개발원조 예산으로 포함되지 않고 있는데, 이에 대한 별도의 예산변화 패턴 연구도 가능할 것이다. 특히 한국의 특수 사례인 대북지원예산의 경우 지방자치단체별이나 대북지원 NGO 등으로 원조가 이루어질 때 다양한 요인들이 관련되고 있기 때문에 (Kim, 2011), 이에 기초해서 예산변화에 대한 연구도 진행될 수 있을 것이다. 그리고 원조를 소재로 다른 효과를 낳고자 하는 정책의 예산을 분석하는 연구도 가능할 것이다. 실제로 오늘날 원조는 다양한 소재로 활용되는 경우가 많다(김민주, 2013). 이러한 차후 연구들에 이 책이 좋은 참고자료가 될 것으로 기대한다.

참고문헌

강병구(2005). 재정지출의 점증주의적 성향에 대한 실증분석, <재정 정책논집>, 7(1): 3 - 18.

강철구·홍진이(2009). 일본 국제원조정책의 배경과 특징에 대한 고 찰, <행정논총>, 47(3): 225 - 244.

고민경·이희진(2008). 한국 공적개발원조(ODA)의 문제점과 혁신방 향, <국가전략>, 14(4): 61 - 89.

고세훈(2011). 복지국가와 공적개발원조: 국제협력을 위한 국내적 토대의 중요성, <국제개발협력>, 2: 11 - 24.

구정우·김대욱(2011). 세계사회와 공적개발원조: 한국 ODA 결정 요인 분석, <한국사회학>, 45(1): 153 - 190.

권 율(2010). 우리나라 다자원조정책에 대한 비판적 고찰, <국제개 발협력연구>, 2(2): 1 - 27.

권 율·정지선(2009). <북유럽 주요국의 언타이드 원조정책과 시 사점>, 대외경제정책연구원.

권 율·정지선·박수경(2008). <양자 간 개발기구의 체계와 활 동>, 통일연구원.

권 율·김한성·박복영·황주성·홍수연(2006). <우리나라 대외 원조정책의 선진화방안: 국제개발협력 패러다임의 변화와 한 국 ODA의 개혁과제>, 대외경제정책연구원.

권 율 외(2009). <OECD/DAC 주요 규범과 ODA 정책개선 방안>, 대외경제정책연구원.

권해룡(2006). <개발협력을 위한 한국의 이니셔티브>, 삶과 꿈.

기획재정부(2010). '우리나라 ODA/GNI 비율 0.1% 달성', 기획재정부 보도자료.

김경훈(2011). ODA 효과성 국제비교와 시사점, <SERI 경제 포커
　　스>, 349: 1 – 16.

김면회·안숙영(2011). 통일 독일의 공적개발원조(ODA) 정책: 변화
　　요인과 주요 특징, <한독사회과학논총>, 21(2): 3 – 29.

김민주·윤성식(2009). 우리나라 지방채발행변화에 대한 신제도론적
　　분석, <한국지방자치학회보>, 21(2): 79 – 99.

김민주(2013). 한국행정의 '전통' 만들기: 하나의 소재로서 원조활동
　　과 그것의 역설, <한국행정연구>, 22(3): 1 – 27.

＿＿＿＿(2011). 원조수혜국의 거버넌스: 원조수혜를 위한 이행조건인
　　가? 선택조건인가?, <한국행정학보>, 45(4): 253 – 281.

＿＿＿＿(2010). 공공문화기관의 예산효율성 측정과 평가: 공공도서관
　　사례를 중심으로, <한국사회와 행정연구>, 21(3): 77 – 101.

김은미·김지영·이재은(2011). <한국 ODA에 대한 국민인지 제고
　　전략>, 한국국제협력단.

김은미·김지영·김지현·조혜림(2010). <선진원조기관의 DAC 권
　　고사항 및 평가비표 적용 현황과 KOICA의 대응방향 연구>,
　　한국국제협력단.

김은미·김지현(2009). <한국 원조체계의 분절(fragmentation)이 원
　　조효과성에 미치는 영향 및 개선방안>, 한국국제협력단.

김인춘(2011). 지속가능성과 경쟁력을 위한 스웨덴 국제개발협력의
　　전략: 스웨덴 복지모델의 관점, <국제개발협력>, 2: 49 – 70.

김종덕(1997). <원조의 정치경제학>, 경남대학교출판부.

김준석(2010). 중견국가와 인도적 국제주의 외교정책, <세계지역연
　　구논총>, 28(1): 265 – 290.

김진·심승진(2010). 국제간 선호불확실성 하에서 국제공공재의 적
　　정공급을 위한 유인합치적 메커니즘 분석, <국제경제연구>,
　　16(1): 21 – 38.

김철회(2005). 정부지출변동의 패턴과 결정요인에 관한 연구: 한국
　　중앙정부의 기능별 지출변동을 중심으로, <한국행정학보>,

39(3): 115 − 136.

남궁근(1994). 지방정부 예산결정에서의 점증주의와 환경결정론, <사회과학연구>, 12(1): 107 − 154.

노상환(2009). 국제비교를 통한 한국의 ODA 배분방향 분석, <국제지역연구>, 13(2): 115 − 134.

대한민국정책포털(2008). '국제기구 분담금 산정방식', 홈페이지 (www.korea.kr) 자료.

박광섭(2004). <현대국제정치론>, 대경.

박명지(2010). <대외무상원조의 다자협력 효과성 제고방안>, 한국국제협력단.

박정택(1996). <국제행정학>, 대영문화사.

박재영(2003). <국제기구정치론>, 법문사.

_____(2007). <유엔과 국제기구>, 법문사.

박형중(2007). <구호와 개발 그리고 원조>, 도서출판 해남.

박효진・윤순진(2011). 한국의 대외원조 녹색화 담론 분석: 양자 간 무상원조를 중심으로, <경제와 사회>, 89: 175 − 216.

배인명(2007). 민선 서울특별시장의 정책정향에 대한 비교연구, <한국지방자치학회보>, 19(4): 217 − 238.

배진수・강성호・한희정(2006). <유엔 MDGs(천년개발목표) 달성을 위한 한국의 추진전략 및 기여방안>, 한국국제협력단.

서문근영(2010). 2010년 다자원조 보고서 주요내용, <한국의 개발협력>, 2010년 2호, 대외경제협력기금.

서창록(2004). <국제기구: 글로벌 거버넌스의 정치학>, 다산출판사.

서창록・이연호・곽진영(2002). '거버넌스의 개념: 거버넌스의 개념과 쟁점에 관한 소고', 김석준 외, <거버넌스의 정치학>, 법문사.

송영우(2002). <국제정치경제론>, 건국대학교출판부.

연합뉴스(2011). 'KOICA ODA교육원 개원 1주년: 성과와 과제', 3월 15일자 뉴스.

유금록(2007). 한국의 중앙정부예산에 있어서 정책단절의 시계열분석, <한국행정학보>, 41(2): 95 − 116.

유영옥(2006). <세계화시대의 국제관계와 정치사상>, 홍익재.

윤성식(2003). <예산론>, 나남출판.

원구환(2009). 광역자치단체 예산의 점증분석, <한국지방자치연구>, 11(3): 41-64.

이계우・박지훈(2007). 한국의 공적개발원조 20년의 평가, <한국개발연구>, 29(2): 41-74.

이계우・구달회・박찬용(2006). <다자간 개발원조기관과의 협력지원정책의 필요성과 추진방향을 위한 연구>, 외교통상부.

이문영・윤성식(2003). <재무행정론>, 법문사.

이정희(2010). 최근의 주요 예산이론들의 비교, 평가 및 발전방향에 관한 연구, <한국행정학보>, 44(4): 103-130.

이태주(2003). 한국의 대외원조 정책에 대한 인류학적 연구: '선진국 만들기'와 발전 담론, <비교문화연구>, 9(1): 139-174.

외교통상부(2008). '국제기구분담금 개요', 홈페이지(www.mofat.go.kr) 자료.

_____(2007). <OECD 개발원조위원회 회원국의 원조정책>, 외교통상부.

장준호(2007). <국제정치의 패러다임: 전쟁과 평화>, 한울.

장준호・정복철(2008). 국제개발협력의 두 가지 모델 비교연구: 독일과 일본의 공적개발원조(ODA)를 중심으로, <세계지역연구논총>, 26(3): 311-338.

장지향(2010). 신흥 중견국가의 공적개발원조: 한국의 경제 시설 및 생산 분야 중점지원 전략, <국제지역연구>, 14(3): 421-440.

정미경・김동열(2010). 공적개발원조(ODA)의 지원 분야 및 행위자별 유형 분석: 아시아지역 중심, <아시아연구>, 13(2): 111-142.

정상희(2010). <선진 원조 집행방안 모색을 위한 국별 비교연구>, 한국국제협력단.

정지원・권율・한바란・정지선・박수경・이계우(2010). <우리나라 다자원조 추진전략과 정책과제>, 대외경제정책연구원.

주동주・김학기・김석환・김계환(2009). <선진국의 ODA 공여실태

분석과 한국의 대외원조 전략>, 산업연구원.

주동주(2008). 국제원조의 유무상 효과 논쟁과 한국의 ODA 정책방향, <국제지역연구>, 12(1): 375 – 394.

_____(2009). 유무상 원조 이원화 운영의 문제점 및 개선방안, <OECD 개발원조위원회 가입과 대외원조의 개선방안>, 국회 세미나 자료.

진상기(2010). 우리나라 공적개발원조(ODA) 체계 분석: 선진공여국의 제도 비교분석을 중심으로, <한국행정연구>, 19(2): 103 – 131.

채동식·이강우·남정희(2005). <공적개발원조에 관한 법적 개선방안>, 국회사무처 법제실.

하연섭(2003). <제도분석: 이론과 쟁점>, 다산출판사.

한국국제협력단(2009). <국제개발협력의 이해>, 한울.

한국수출입은행(2009a). 국제ODA 동향, 경협 조사자료 2009 P – 2.

_____(2009b). <2009 우리나라 ODA 확정통계 주요내용>, 한국수출입은행.

함성득·이상호·양다승(2010). 총액배분자율편성제도의 효과에 관한 실증적 연구, <행정논총>, 48(4): 295 – 323.

Acharya, Arnab, Ana Teresa Fuzzo de Lima and Mick Moore(2006). Proliferation and Fragmentation: Transactions Costs and the Value of Aid, *Journal of Development Studies*, 42(1): 1 – 21.

Alesina, Alberto, Edward Glaeser and Bruce Sacerdote(2001). *Why Doesn't the United States Have a European – Style Welfare State?*, Brookings Papers on Economic Activity 2.

Alesina, Alberto and David Dollar(2000). Who Gives Foreign Aid to Whom and Why?, *Journal of Economic Growth*, 5(1): 33 – 63.

Arimoto, Yutaka and Hisaki Kono(2007). *Foreign Aid and Recurrent Cost: Donor Competition, Aid Proliferation and Budget Support*, RIETI Discussion Paper Series 07 – E – 051.

Arvin, Mak B. and Torben Drewes(2001). Are there biases in German bilateral aid allocations, *Applied Economics Letters*, 8(3): 173 – 177.

Bailey, John and Robert J. O'connor(1975). Operationalizing Incrementalism: Measuring the Muddles, *Public Administration Review*, 35(1): 60 − 66.

Barder, Owen(2005). *Reforming Development Assistance: Lessons from the UK Experience*, Center for Global Development.

Baumgartner, Frank R. and Bryan D. Jones(1993). *Agendas and Instability in American Politics*, Chicago: University of Chicago Press.

Beckett, Julia(2002). Early Budget Theory: The Progressive Theory of Public Expenditures, In Aman Khan and W. Bartley Hildreth(ed.) *Budget Theory in the Public Sector*, London: Quorum books.

Berg, Elliot(1993). *Rethinking Technical Cooperation: Reforms for Capacity Building in Africa*, UNDP.

Bergman, Annika(2007). Co − Constitution of Domestic and International Welfare Obligations: The Case of Sweden's Social Democratically Inspired Internationalism, *Cooperation and Conflict*, 42(1): 73 − 99.

Breunig, Christian and Chris Koski(2009). Punctuated Budgets and Governors' Institutional Powers, *American Politics Research*, 37(6): 1116 − 1138.

Breunig, Christian, Chris Koski and Peter B. Mortensen(2009). Stability and Punctuations in Public Spending: A Comparative Study of Budget Functions, *Journal of Public Administration Research and Theory*, 20(3): 703 − 722.

Brown, Stephen(2009). National Development Agencies and Bilateral Aid, In Paul A. Haslam, Jessica Schafer and Pierre Beaudet.(eds.). *Introduction to International Development: Approaches, Actors, and Issues*, Oxford University Press.

Caiden, Naomi(1978). Patterns of Budgeting, *Administration Review*, 38(6): 539 − 544.

_____(1982). The Myth of the Annual Budget, *Administration Review*, 42(6): 516 − 523.

Chalmers, Alan Francis(1999). *What is this Thing Called Science?*, third edtion, Indianapolis: Hackett Pub.

Chang, Hyun—sik, Arthur M. Fell and Michael Laird(1999). *A Comparision of Management Systems for Development Co—operation in OECD/DAC Members*, OECD.

Chang, Charles C., Eduardo Fernández—Arias and Luis Servén(1998). *Measuring Aid Flows: A New Approach*, The World Bank.

Choudhury, Enamul(2007). Budgeting as a Institutional Practice: Modeling Decision Making in the Budget Process, In GöKtug̃ Morcöl. (ed.), Handbook of Decision Making, Boca Raton: CRC/Taylor & Francis. Taylor & Francis.

Collier, Paul(2007). Bottom Billion: Why the Poorest Countries Are Failing and What Can Be Done About It, Oxford University Press.

Cooray N. S. and Md. Shahiduzzaman(2004). Determinants of Japanese Aid Allocation: An Econometric Analysis, IUJ Research Institute Working Paper 2004—4, International Development Series.

Curran, Patrick J., Stephen G. West and John F. Finch(1996). The Robustness of Test Statistics to Nonnormality and Specification Error in Confirmatory Factor Analysis, Psychological Methods, 1(1): 16—29.

Dalen, Hendrik P. van and Mieke Reuser(2006). What Drives Donor Funding in Population Assistance Programs?: Evidence from OECD Countries, Open Access publications from Tilburg University.

Danida(2008). Assessing Multilatural Organisation Effectiveness, Ministry of Foreign Affairs of Denmark.

David, O., M. Dempster and A. Wildavsky(1974). Toward a Predictive Theory of Government Expenditure: U.S. Domestic Appropriations, British Journal of Political Science, 4: 419—452.

Danziger, James N(1976). Assessing Incrementalism in British Municipal

Budgeting, Journal of Political Science, 6(3): 335 – 350.

Dempster, M. A. H. and Aaron Wildavsky(1979). On Change or, There is no Magic Size for an Increment, Political Studies, 27(3): 371 – 389.

Degnbol – Martinussen, John and Poul Engberg – Pedersen(2003). Aid: understanding international development cooperation, London: Zed Books Ltd.

DFID(2005). The UK's Contribution to Achieving the Millennium Development Goals, Department for International Development.

Donnell, Ida Mc, Henri – Bernard Solignac Lecomte and Liam Wegimont(2003). Public Opinion Research, Global Education and Development Co – operation Reform: In Search of a Virtuous Circle, OECD Development Centre.

Doornbos, Martin(2001). Good Governance: The Rise and Decline of a Policy Metaphor?, Journal of Development Studies, 37(6): 93 – 108.

Gould, Stephen Jay and Niles Eldredge(1977). Punctuated Equilibria: The Tempo and Mode of Evolution Reconsidered, Paleobiology, 3(2): 115 – 151.

Esping – Andersen, G∅sta(1990). The three worlds of welfare capitalism, 박시종 역.(2007). <복지 자본주의의 세 가지 세계>, 성균관대학교 출판부.

_____(1999). Social Foundations of Postindustrial Economies, 박시종 역(2006). <복지체제의 위기와 대응: 포스트 산업경제의 사회적 토대>, 성균관대학교 출판부.

Easterly, William and Claudia R. Williamson(2011). Rhetoric versus Reality: The Best and Worst of Aid Agency Practices, Wold Development, 39(11): 1930 – 1949.

Evans, Peter and James E. Rauch(1999). Bureaucracy and Growth: A Cross – National Analysis of the Effects of "Weberian" State Structures on Econimic Growth, American Sociological Review, 64(5): 748 – 765.

Eldredge, Niles and, Stephen Jay Gould(1972). Punctuated Equilibria: An Alternative to Phyletic Gradualism, In Thomas. J. Schopf(ed.). Models in Paleobiology, San Francisco: Freeman, Cooper and Co.

Forester, John(1984). Bounded Rationality and the Politics of Muddling Through, Public Administration Review, 44(1): 23 — 31.

Fransman, Jude and Henri — Bernard Solignac Lecomte(2004). Mobilising Public Opinion against Global Poverty, OECD Development Centre.

Fukuyama, Francis(2004). State — building: Governance and World Order in the 21st Century, Ithaca: Cornell University Press.

Führer, Helmut(1996). The History of Official Development Assistance, OECD/GD94(67).

Givel, Michael(2010). The Evolution of the Theoretical Foundations ofPunctuated Equilibrium Theory in Public Policy, Review of Policy Research, 27(2): 187 — 198.

Goldstein, Judith and Robert O. Keohane(1993). Ideas and Foreign Policy: An Analytical Framework, In Judith Goldstein and Robert O. Keohane, eds., Ideas and Foreign Policy: Beliefs, Institutions, and Political Changes, Ithaca: Cornell University Press.

Good, David A.(2011). Still Budgeting by Muddling Through: Why Disjointed Incrementalism Lasts, Policy and Society, 30(2011): 41 — 51.

Gounder, Rukmani(1994). Empirical Results of Aid Motivations: Australia's Bilateral Aid Program, World Development, 22(1): 99 — 113.

Green, Duncan(2008). From poverty to power: how active citizens and effective states can change the world, Oxfam International.

Grindle, Merilee S.(2004). Good Enough Governance: Poverty Reduction and Reform in Developing Countries, Governance: An International Journal of Policy, Administration, and Institutions, 17(4): 525 — 548.

Hall, Peter A. and Rosemary C. R. Taylor(1996). Political Science and the Three New Institutionalism, political Studies, 44: 936—957.

Hernández—Catá, Ernesto(1988). Issues in the Design of Growth Exercises, International Monetary Fund working paper WP/88/65: 1—28, International Monetary Fund.

Hjertholm, Peter and Howard White(2006). Foreign Aid in Historical Perspective, In Finn Tarp and Peter Hjertholm(eds.). Foreign aid and development: lessons learnt and directions for the future, New York: Routledge.

Hjertholm, Peter, Jytte Laursen and Howard White(2006). Foreign Aid and the Macroeconomy, In Finn Tarp and Peter Hjertholm.(eds.). Foreign aid and development: lessons learnt and directions for the future, New York: Routledge.

Hopkins, Raymond F.(2006). Political Economy of Foreign Aid, In Finn Tarp and Peter Hjertholm.(eds.). Foreign aid and development: lessons learnt and directions for the future, New York: Routledge.

Hyun—sik Chang, Arthur M. Fell and Michael Laird(1999). A Comparison of Management Systems for Development Co—operation in OECD/DAC Members, OECD.

Jepma, C. J. and Bartels(1986). Economic Impacts of Untying of Foreign Aid of European Community Countries, Report to the European Commission.

John, Peter and Helen Margetts(2003). Policy Punctuations in the UK: Fluctuations and Equilibria in Central Government Expenditure since 1951, Public Administration, 81(3): 411—432.

Jones, Bryan D. and Frank R. Baumgartner(2005). A model of choice for Public Policy, Journal of Public Administration Research and Theory, 15(3): 325—351.

Jones, Bryan D., Tracy Sulkin and Heather A. Larsen(2003). Policy Punctuations in American Political Institutions, American Political

Science Review, 97(1): 151 – 169.

Jones, Bryan D., Frank R. Baumgartner and James L. True(1998). Policy Punctuations: U.S. Budget Authority, 1947 – 1995, Journal of Politics, 60(1): 1 – 33.

Jones, Bryan D., James L. True and Frank R. Baumgartner(1998). Does Incrementalism Stem from Political Consensus or from Gridlock? American Journal of Political Science, 41(4): 1319 – 1339.

Jordan, Meagan M.(2003). Punctuations and Agendas: A New Look at Local Government Budget Expenditures, Journal of Policy Analysis and Management, 22(3): 345 – 360.

Josepa M. Miquel – Florensa(2007). Aid Effectiveness: A comparison of Tied and Untied Aid, (http://dept.econ.yorku.ca/research/workingPapers/working_papers /2007/April2007_TiedUntied.pdf)

Kanbur, Ravi(2000). Aid, Conditionality and Debt in Africa, In Finn Tarp and Peter Hjertholm.(eds.). Foreign aid and development: lessons learnt and directions forthe future, New York: Routledge.

Kärre, Bo and Bengt Svensson(1989). The Determinants of Swedish Aid Policy, In Olav Stokke.(ed.), Western Middle Powers and Global Poverty: The Determinants of the Aid Policies of Canada, Denmark, the Netherlands, Norway and Sweden, Uppsala: Scandinavian Institute of African Studies.

Kemp, Kathleen A.(1982). Instability in Budgeting for Federal Regulatory Agencies, Social Science Quarterly, 63(4): 643 – 660.

Key, Vladimer O.(1940). The Lack of a Budgetary Theory, American Political Science Review, 34(6): 1137 – 1144.

Kim, Min Ju(2011). The Combinations of Causal Factors for South Korean Local Government Aid Activities to North Korea. Paper presented at the annual meeting of the Western Political Science Association, San Antonio.

King, Kenneth and Simon McGrath(2004). Knowledge for Development? Comparing British, Japanese, Swedish and World Bank Aid, London: Zed Books Ltd.

Knack, Stephen and F. Halsey Rogers and Nicholas Eubank(2011). Aid Quality and Donor Rankings, World Development, 39(11): 1907 — 1917.

Knack, Stephen and Philip Keefer(1995). Institutions and Economic Performance: Cross — Country Tests Using Alternative Institutional Measures, Economics and Politics, 7(3): 207 — 227.

Knack, Stephen and Aminur Rahman(2007). Donor Fragmentation and Bureaucratic Quality in Aid Recipients, Journal of Development Economics, 83(1): 176 — 197.

_____(2003). Aid Intensity, Donor Fragmentation and the Quality of Governance, World Bank.

Keohane, Robert O. and Joseph S. Nye(1987). Power and Interdependence revisited, International Organization, 41(4): 725 — 753.

Lairson, Thomas D. and David Skidmore(1997). International political economy: the struggle for power and wealth, second ed., TX: Harcourt Brace & Company.

Lancaster, Carol(2007). Foreign Aid: Diplomacy, Development, Domestic Politics, The university of Chicago Press.

Lewis, Verne B.(1981). Toward a Theory of Budgeting, Public Budgeting & Finance, 1(3): 69 — 82(최초 1952년 Public Administration Review에 발표된 Lewis의 논문을 1981년 Public Budgeting & Finance에서 재발간한 논문임).

Lindbaek, Jannik, Guy Pfeffermann and Neil Gregory(1998). The evolving role of multilateral development banks: History and prospects, EIB Papers, 3(2): 61 — 81.

Lindblom, Charles E.(1959). The Science of "Muddling Through", Public Administration Review, 19(2): 79 — 88.

Lumsdaine, D. H.(1993). Moral Vision in International Politics: the Foreign Aid Regime, 1949 − 1989, Princeton University Press.

Maizels, Alfred and Machiko K. Nissanke(1984). Motivations for Aid to Developing Countries, World Development, 12(9): 879 − 900.

March, James G. and Herbert A. Simon(1958). Organizations, New York: John Wiley & Sons.

Maruyama, Magoroh(1971). Cybernetics, In Fremont J. Lyden and Ernest G. Miller.(ed.), Planning Programing Budgeting: A Systems Approach to Management, Chicago: Markham Publishing Company.

Maizels, Alfred. and Machiko. K. Nissanke(1984). Motivations for Aid to Developing Countries, World Development, 12(9): 879 − 900.

McGillivray, Mark and Edward Oczkowski(1992). A two − part sample selection model of British bilateral foreign aid allocation, Applied Economics, 24(12): 1311 − 1319.

McGillivray, Mark(2003). Modeling Foreign aid Allocation: Issues, Approaches and Results, Discussion Paper No. 2003/49, United Nation University.

Mendez, Ruben P.(1997). Financing the United Nations and the International Public Sector: Problems and Reform, Global Governance, 3: 283 − 310.

Miller, Gerald J.(1991). Government financial management theory, New York: M. Dekker.

Milner, Helen(1992). International Theories of Cooperation among Nations: Strengths and Weaknesses, World Politics, 44(3): 466 − 496.

Mueller, Eva(1971). Public Attitudes Toward Fiscal Programs, In Fremont J. Lyden and Ernest G. Miller.(ed.), Planning Programing Budgeting: A Systems Approach to Management, Chicago: Markham Publishing Company.

Morcöl, GöKtug(2007). Decision Making: An Overview of Theories, Contexts, and Methods, In GöKtug Morcöl. (ed.), Handbook of Decision Making, Boca Raton: CRC/Taylor & Francis.

Musgrave, Richard A.(1959). The theory of Public Finance: A Study in Public Economy, New York: McGraw−Hill Book Company.

Noël, Alain and Jean−Philippe Thérien.(1995). From domestic to International Justice: The Welfare State and Foreign Aid, International Organization, 49(3): 523−553.

Nye, Joseph S.(2009). Understanding international conflicts: an introduction to theory and history, 7th ed, 양준희 · 이종삼 역(2009), <국제분쟁의 이해: 이론과 역사>, 한울아카데미.

OECD(2011a). 2011 DAC Report on Multilateral Aid, DCD/DAC (2011)21.

_____(2011b). Development Co−operation Report 2011, OECD.

_____(2011c). Implementing the 2001 DAC Recommendation on Untying Aid: 2010−2011 Review, OECD.

_____(2011d). The United Stated: DAC Peer Review 2011, OECD.

_____(2010a). DAC Statistical Reporting Directives, OECD/DAC(2010)/ 40REV1.

_____(2010b). 2010 DAC Report on Multilateral Aid,DCD/DAC (2010)32.

_____(2010c). Development Co−operation Report 2010, OECD.

_____(2010d). Japan: DAC Peer Review 2010, OECD.

_____(2010e). UK: DAC Peer Review 2010, OECD.

_____(2009a). Better Aid, Managing Aid: Practices of DAC Members Countries, OECD.

_____(2009b). Italy: DAC Peer Review 2010, OECD

_____(2008a). Is It ODA?, OECD.

_____(2008b). DAC Special Review on Development Co−operation of Republic of Korea, OECD.

_____(2008c). Report of the 2008 Survey of Aid Allocation Polices and Indicative Spending Plans, OECD.

_____(2007). DAC Statistical Reporting Directives, DAC(2007)34, OECD.

_____(2006a). DAC in Dates: The History of OECD's Development Assistance Committee, OECD.

_____(2006b). Implementing the 2001 DAC Recommendation on Untying Official Development Assistance to the Least Developed Countries, OECD.

_____(2006c). The United Stated: DAC Peer Review 2006, OECD.

_____(2006d). Netherlands: DAC Peer Review 2006, OECD.

_____(2006e). United Kingdom: DAC Peer Review 2006, OECD.

_____(2005). Sweden: DAC Peer Review 2006, OECD.

_____(2004). Italy: DAC Peer Review 2004, OECD.

_____(1996). Shaping the 21st Century: The Contribution of Development Co-operation, OECD/DAC.

Ostrom, Elinor, Clark Gibson, Sujai Shivakumar and Krister Andersson (2002). Aid, Incentives, and Sustainability. Stockholm: Sida.

Ostrom, Elinor(1990). Governing the Commons: the evolution of institutions for collective action, New York: Cambridge University Press.

Padgett, John F.(1980). Bounded Rationality in Budgetary Research, The American Political Science Review, 74(2): 354−372.

Patashnik, Eric M.(1999). Ideas, Inheritances, and the Dynamics of Budgetary Change, Governance: An International Journal of Policy and Administration, 12(2): 147−174.

Plano, Jack C. and Roy Olton(1982). The International Relations Dictionary, 3nd ed., California: ABC−Clio.

Premchand, A.(1983). Government Budgeting and Expenditure Controls: Theory and Practice, Washington, D.C.: International Monetary Fund.

Putnam, Robert D.(1988). Diplomacy and Domestic Politics: The Logic of Two−Level Games, International Organization, 42(3): 427−460.

Ragin, Charles C.(1987). The Comparative Method: Moving beyond Qualitative and Quantitative Strategies, Berkeley: University of California Press.

Rao, J. Mohan(1997). Ranking Foreign Donors: An Index Combining the Scale and Equity of Aid Giving, World Development, 25(6): 947 – 961.

Riddell, Roger C.(2007). Does Foreign Aid Really Work?, New York: Oxford University Press.

Robinson, Scott(2004). Punctuated Equilibrium, Bureaucratization, and Budgetary Changes in Schools, The Policy Studies Journal, 32(1): 25 – 39.

_____(2007). Punctuated Equilibrium Models in Organizational Decision Making, In Göktug̃ Morcöl. (ed.), Handbook of Decision Making, Boca Raton: CRC/Taylor & Francis.

Rosenthal, Gert(2004). The Scale of Assessments of the UN Budget: A Case Study of How the United States Exercises its Leverage in a Multilateral Setting, Global Governance, 10: 353 – 372.

Schick, Allen(1983). Incremental Budgeting in a Decremental Age, Policy Science, 16(1983): 1 – 25.

Schraeder, Peter J., Steven W. Hook and Bruce Taylor(1998). Clarifying the Foreign Aid Puzzle: A Comparison of American, Japanese, French, and Swedish Aid Flows, World Politics, 50(2): 294 – 323.

Shishido, Shuntaro and Naonobu Minato(1994). A Comparative Study of Official Development Assistance by Major Industrial Countries: An Econometric Analysis, The Developing Economies, XXXII – 1: 3 – 12.

Spero, Joan Edelman(1982). The politics of International Economic Relations, second edition, London: St Martin's Press.

Taleb, Nassim Nicholas(2007). The Black Swan: the Impack of the Highly Improbable, 차익종 옮김(2008). <블랙스완>, 동녘

사이언스.

Thorbecke, Erik(2000). The Evolution of the Development Doctrine and the Role of Foreign Aid, 1950 – 2000, In Finn Tarp and Peter Hjertholm.(eds.). Foreign aid and development: lessons learnt and directions for the future, New York: Routledge.

Torres, Magüi Moreno and Michael Anderson(2004). Fragile States: Defining Difficult Environments for Poverty Reduction, PRDE Working Paper 1 – August 2004.

True, James L.(2000). Avalanches and Incrementalism: Making Policy and Budgets in the United States, The American Review of Public Administration, 30(1): 3 – 18.

_____(1995). Is the National Budget Controllable?, Public Budgeting and Finance, 15(2): 18 – 32.

UNDP(2003). Human Development Report, New York: Oxford University Press.

White, Howard(2004). Trends in the Volume and Allocation of Official Flows from Donor Countries, International Review of Economics and Finance, 13(3): 233 – 244.

Wildavsky, Aaron B.(2001). Budgeting and Governing, New Jersey: Transaction Publishers.

_____(1992). The New Politics of the Budgetary Process, second ed., New York: HarperCollins Publishers.

_____(1984). The Politics of the Budgetary Process, 4th ed., Boston: Little, Brown & Company.

_____(1975). Budgeting: A Comparative Theory of Budgetary Processes, Boston: Little, Brown & Company.

Williams, David and Tom Young(1994). Governance, the World Bank and Liberal Theory, Political Studies, XLII: 84 – 100.

World Bank(2007). Aid Architecture: An Overview of the Main Trends in Official Development Assistance Flow, International Development

Association Resource Mobilization.

_____(1998). Assessing Aid: What Works, What doesn't, and Why, Oxford: Oxford University Press.

_____(1997). World Development Report, Oxford: Oxford University Press.

찾아보기

김민주(金玟柱)

동양대학교 행정경찰학부 조교수

동양대학교 행정경찰학부 조교수(2013~현재)
한국지방공기업학회 총무기획이사(2014~현재)
고려대학교 일반대학원 행정학 박사(2012)
고려대학교 정부학연구소 선임연구원(2012~2013)
고려대학교 정부학연구소 연구원(2010~2012)
ROTC 42기(2004~2006)

「복지정책담당의 여성적 특성화에 관한 원인 분석」(2014)
「정책평가의 방법론으로서 퍼지집합이론의 적용 가능성:
  반부패성과 사례를 중심으로」(2014)
「한국행정의 '전통' 만들기: 하나의 소재로서 원조활동과
  그것의 역설」(2013)
「대북지원 NGO 활동의 성장과 정부 재정지원의
  상대적 중요도」(2012)
「공적개발원조의 유형별 예산변화에 대한 패턴분석:
  단절균형 예산이론의 적용」(2012, 고려대학교 박사학위논문)
「원조수혜국의 거버넌스: 원조수혜를 위한 이행조건인가?
  선택조건인가?」(2011)
「The Combinations of Causal Factors for South Korean
  Local Government Aid Activities to North Korea」(2011)
「정부의 문화원형 구축정책: 문화원형개념 구분과 정책사례를
  중심으로」(2011)
「공공문화기관의 예산효율성 측정과 평가: 공공도서관 사례를
  중심으로」(2010)
「저출산 유인요소와 대응정책에 관한 분석」(2010)
「주민자치센터의 운영효율성 비교분석: 효율성 점수와 효율적
  프론티어를 중심으로」(2009)
「쓰레기종량제의 봉투 가격인상이 쓰레기발생량 및 재활용품
  수거량에 미치는 효과분석」(2009)
「우리나라 지방채발행변화에 대한 신제도론적 분석」(2009)
「지방채발행총액한도제 실시 후 지방채발행에 나타난 변화 분석」
  (2008, 고려대학교 석사학위논문)

원조예산의 패턴

원조를 위한 돈은
어떻게 변화해왔는가?

초판인쇄   2014년 6월 2일
초판발행   2014년 6월 2일

지은이   김민주
펴낸이   채종준
펴낸곳   한국학술정보㈜
주소   경기도 파주시 회동길 230(문발동)
전화   031) 908-3181(대표)
팩스   031) 908-3189
홈페이지   http://ebook.kstudy.com
전자우편   출판사업부   publish@kstudy.com
등록   제일산-115호(2000. 6. 19)

ISBN   978-89-268-6231-5 93320